本书受到云南省哲学社会科学
学术著作出版专项经费资助

鼓楼史学丛书·区域与社会研究系列

许新民 著

清代后期云南封疆大吏的省情认知与国家治理研究

中国社会科学出版社

图书在版编目（CIP）数据

清代后期云南封疆大吏的省情认知与国家治理研究／许新民著 . —北京：
中国社会科学出版社，2017.11
ISBN 978 - 7 - 5203 - 1445 - 9

Ⅰ.①清… Ⅱ.①许… Ⅲ.①云南—地方史—清后期②国家—行政管理—
研究—中国—清后期 Ⅳ.①K297.4②D691.22

中国版本图书馆 CIP 数据核字（2017）第 294690 号

出 版 人 赵剑英
责任编辑 刘 芳
责任校对 闫 萃
责任印制 李寡寡

出　　　版　中国社会科学出版社
社　　　址　北京鼓楼西大街甲 158 号
邮　　　编　100720
网　　　址　http://www.csspw.cn
发 行 部　010 - 84083685
门 市 部　010 - 84029450
经　　　销　新华书店及其他书店

印刷装订　北京明恒达印务有限公司
版　　　次　2017 年 11 月第 1 版
印　　　次　2017 年 11 月第 1 次印刷

开　　　本　710×1000　1/16
印　　　张　17.25
插　　　页　2
字　　　数　283 千字
定　　　价　75.00 元

目　　录

图　目　录

表 目 录

导　论

一　问题的提出

清王朝经历了前中期"康乾盛世"局面，到嘉庆、道光年间，显露中衰的态势。云南史学前辈木芹先生认为，受地理区位、开发进度等因素影响，云南经济社会发展进程相对于内地有一定延时性，从乾隆中期至道光十年（1830），云南全省民田、屯田保持增长态势，农业赋税征收额相应增加，玉米、马铃薯等山地耐旱作物广泛种植，促使农业经济发展，同一时期，云南人口增长了1倍，高于该时期全国人口增长率。[①] 至咸丰元年（1851），全省人口规模据估计达到1267.5万人。[②]

从嘉庆元年（1796）至宣统三年（1911）云南辛亥革命爆发，清王朝结束对云南统治，历时116年，这一重要历史时段属于清王朝统治云南的后期，最大特征是"变革"，变革的力度、深度、广度均是前所未有的。

从国家治理角度看，作为西南边疆省份的云南，社会矛盾出现逐渐尖锐化的趋势。嘉庆二年（1797），滇西12厅州县人民因地方政府"压盐致变"，爆发大规模暴动。猛猛土司区爆发反抗暴虐土司的暴动，维西、元阳相继发生土民武装反清起义，规模相当大，反映社会矛盾走向激化。云南矿业开发出现疲态，多个银矿因"洞老山空"歇业，铜产量出现较

---

① 方国瑜主编，木芹编写：《云南地方史讲义》下册，云南广播电视大学1983年版，第133—146页。

② 葛剑雄主编，曹树基著：《中国人口史》第5卷下册，复旦大学出版社2005年版，第567页。

大幅度下降。矿业开发滑坡，白银外流，物价低落，经济疲软，不景气状况至道光朝更趋恶化（史称"道光萧条"），造成矿民失业，游民问题突出，人地关系紧张，以民间秘密结社活跃、治安状况恶化等形式反映出来。围绕着争夺矿产资源开采，回汉矛盾公开化、暴力化、蔓延化，清朝云南各级政府官员均无力挽回颓势，一味操纵利用，一再激化矛盾，最终导致咸丰年间滇西杜文秀、李文学起义，滇东南临安府马如龙起义，滇东北昭通府大关厅李永和、蓝朝鼎起义，是规模大、波及地域广的三支，零星点状的反清起义更是繁多。汉回冲突当然与清王朝民族歧视和民族压迫政策有关，其实只是云南整体层面社会矛盾尖锐化的外在表现之一，清政府因国力式微而对云南治理能力的下降，清云南地方政府统治权威的丧失，才是问题的实质与核心。与同时代发生在广西的太平天国起义，西北地区的陕甘回民起义和腹心地区捻军起义结合起来思考，得出上述结论是不困难的。所以说，云南咸同反清大起义所反映的汉回民族关系的恶化是"果"，国家治理失败才是主因。

咸同两朝云南爆发大规模反清起义，清王朝在云南的统治一度陷入崩溃境地，清政府通过调整军事战略，实现战局重大逆转。至光绪初年，各地起义武装被镇压，全省战火基本熄灭，清政府的地方统治秩序原可重新走上正常轨道。可是云南外部政治地理格局出现重大变化，光绪元年（1875）英国通过"马嘉理事件"恫吓、讹诈，索取云南权益，随之而来的是法国加快侵略越南北部的步伐，光绪十年（1884）悍然挑起中法战争，停战后通过与清政府谈判，化败为胜，达到沦越南为"保护国"的殖民目标。不久，英国发动侵略上缅甸的战争，通过武力一举吞并全缅甸，刚从战争中脱身的云南迅速被边疆危机的阴云所笼罩。

云南从王朝版图西南一隅，毗邻藩服，变成了封疆大吏认知的"边疆要地"① "地居边要"②，即政务繁杂，边务严峻，寸土必争的国防前沿。云南亦被纳入了对外开放通商的体系，融入了从封闭走向开放的近代

---

① （清）谭钧培：《谭中丞奏稿》卷5《调补滇抚谢恩折》（光绪十二年十一月），清光绪二十八年（1902）湖北粮署刻本。

② （清）林绍年：《林文直公奏稿》卷2《补授滇抚谢恩折》（光绪二十八年五月），台湾成文出版社1968年影印本。

变革潮流。尽管多位封疆大吏从国防安全和地方管理角度表示反对和忧虑，然而没能阻挡蒙自口岸于光绪十五年（1889）对外通商，设立海关，这是云南历史上第一个对外开放的口岸，从此经由蒙自海关大量进口东南亚、南亚地区的棉纱、棉布，美国、日本的煤油、洋灯、洋伞、洋针、火柴等近代工业品也漂洋而来，对外出口个旧大锡，成为云南面向东南亚、南亚市场和融入世界资本主义经济体系的一道"窗口"。光绪二十三年（1897）思茅、二十八年（1902）腾越相继对外开放通商，三十一年（1905），省会昆明自开商埠。光绪十三年（1887），南起蒙自，北与四川泸州接线的云南电报线建成接通，此后干线、支线陆续敷设，构建了川滇、滇桂、滇黔三条通外省电报线和南接越南、西接缅甸的通外国线路电报网络。宣统二年（1910），中国第一条国际铁路——滇越铁路建成通车。口岸—腹地经济地理体系和交通体系重构很大程度上改变了长期窒碍云南发展的地理区位格局，启动了云南近代化进程，引发政治、经济、社会层面一系列巨大而深远的变化。

云南治理模式近代转型与云南近代化进程相辅相成，二位一体。光绪二十七年（1901），清廷下诏变法，在统治危机期推动一场自上而下的全面革新改良运动，史称"清末新政"，是为引发云南治理模式近代转型的国家层面驱动力。作为省级层面新政的贯彻落实者，云南封疆大吏实施了一系列革新措施。政治层面，光绪三十年（1904），云南巡抚林绍年呈请裁去云南巡抚一缺，由云贵总督兼管巡抚事，被清廷接受，于是改变了云贵总督、云南巡抚两位封疆大吏同城而治的职官体制。光绪三十二年（1906），清政府为筹备宪政，启动官制改革，对地方官制相应地做了较大的调整，云南学政改为云南提学使，云南按察使改为云南提法使，增设巡警道、劝业道。筹备地方自治，先后设立云南宪政调查局、云南自治局、云南谘议局，成立云南省议会。经济层面，鼓励创办实业，发展新式农业、工业企业，成立云南省商会，支持商办滇蜀腾越铁路等；文化教育方面，停止科举，举办各级各类新式学堂。光绪二十九年（1903），云南省城成立云南高等学堂，兼管全省学务，按照新学制在府厅州县分别建设成立新式中、小学堂。举办专门教育、实业教育、师范教育，派遣留学生出国留学。军事层面，裁撤绿营，整顿防营，设立云南陆军讲武堂，使军队接受新式军事学堂教育，编练新式陆军第十九镇。社会管理层面，厉行禁烟、禁缠足，改良司法、审判体制和监狱，办理巡警，调查户口。然而，云南封疆大吏举办的新政，加重了人民的经济负担，激化了社会矛盾，在边省内外交困的形势下，催化了革命浪潮的到来。

综观清后期云南116年间的变革，我们需要思考的重要问题有：

第一，透过治乱相循的历史表象，清代后期云南封疆大吏所代表的国家治理是云南历史演变进程的重要动因。封疆大吏是中央政府派驻地方的代表，代表中央政府掌土治民。封疆大吏治理边疆代表中央王朝意志，其施政行为是国家行政管理权的具体体现，封疆大吏的行政行为固然会受到个人知识、能力、阅历、性格偏好、健康状况等因素的影响和制约，但正常情况下必须贯彻而不能违背、对抗中央王朝治理边疆的政策、方针，故封疆大吏研究应采用国家治理视角。

第二，封疆大吏对云南省情的认知是施政的前提和基础。省情是指一个省的地理环境、政治、经济、交通、人口、民族、宗教、文化、社会等方面的历史与现状，是政区面貌的综合反映，又是一个多重要素互相联系、互相作用、不断发展变化的动态系统。清代后期云南封疆大吏都是从外省调入，他们是如何认知辖区地理环境复杂性、民族多样性、文化多元性、边疆问题严峻性的？认知到何种程度？形成何种治理思想、方针、政策？

第三，在国家治理解析框架之下，云南与内地联系的演进趋势和表现如何？不难发现边疆内地一体化趋势不可阻挡，前辈历史学家方国瑜先生提出的"中国历史发展的整体性"具有远见卓识。①

二 学术史回顾

本书是历史人文地理学科下的区域历史地理研究。邹逸麟先生认为，人文地理学是研究地球表面人类活动（精神和物质）或人与环境之间关系所形成人文现象的分布、变迁及其地域差异。人类活动具有多种多样的形式，如政治、军事、经济、人口、民族、聚落、商业、交通、文化、旅

---

① 方国瑜：《论中国历史发展的整体性》，载《滇史论丛》第1辑，上海人民出版社1982年版，第5页。

游、社会生活等，这些活动与地理环境之间形成的空间分布、变迁及其规律，就是人文地理研究的具体内容。[①] 人类活动作用的结果外化为疆域、政区、军事、人口、民族、经济、城市、交通、文化等。他在强调人类活动在历史地理研究中的重要性时说，人类是引起各类地理要素分布及其变迁的主要载体，人类是有思想意识的动物，人类在不同时代、不同地域的各种政治、经济活动中产生出不同的观念、信仰、习俗、行为方式，表现为不同文化的地域差异。[②]

与本书研究相关的既有研究成果主要有以下几个方面。

（一）清代云南行政区划研究

现代中国历史地理学从沿革地理演变而来，沿革地理的主要研究领域就是疆域盈缩、政区沿革。谭其骧主编 8 卷本《中国历史地图集》[③]，是中国历史地理学也是历史政区地理具有里程碑意义的一部著作。它广泛吸收了 20 世纪以来现代历史地理学、地理学、考古学、历史学、测绘地图学的成果，对历代疆域、政区进行了精细化定点定位，直观地表现了中国历代王朝疆域、政区的变迁。该书收录了全部可考的县级以上政区名称，绘出了界线，还收集了县级以下部分重要地名。其中，云南大学方国瑜先生承担地域范围为今大渡河以南、贵阳以西、主体为云南省的编撰任务，尤中、朱惠荣两位先生也参加了此项工作，为《中国历史地图集》的问世做出了贡献。方国瑜为上述工程所撰的文稿，改写、增补后汇集而成《中国西南历史地理考释》两大册，既细致复原各个历史时期云南疆域、政区面貌，考释山川、水道、政区地名，又开辟了西南现代历史地理学的研究道路，研究了西南民族地理分布、土司区、农业、人口、移民、汛塘，是一部集大成、承前启后、具有里程碑性质的著作。全书字数近百万，是方先生晚年呕心沥血之作，在西南历史地理研究领域"具有填补空白的开创之功"[④]，为西南边疆史地研究奠定坚实基础，是 20 世纪边疆

---

①　邹逸麟主编：《中国历史人文地理》，科学出版社 2001 年版，前言第 9 页。

②　邹逸麟编著：《中国历史地理概述》，上海教育出版社 2007 年版，第 5—6 页。

③　谭其骧主编：《中国历史地图集》，中国地图出版社 1982 年版。

④　林超民：《方国瑜与西南边疆史地研究》，《思想战线》1988 年第 6 期。

史地研究取得的重大学术成果之一。

近年由复旦大学历史地理研究中心、哈佛大学哈佛燕京学社和澳大利亚格里菲斯大学三方合作开发的中国历史地理信息系统（CHGIS），通过建立连续的时间序列，描述行政区划、地名和其他基础地理要素的动态变化。中国历史地理信息系统成功开发，标志着历史政区研究成果提升到数字化、信息化的水平。云南大学陆韧教授、周琼教授、马琦副教授等一批学者参与中国历史地理信息系统建设，承担历史时期云南政区、地名考释工作。

周振鹤先生廓清行政区划史研究的基本概念和学术用语，提出了行政区划"五要素"，解析政区的通名与专名，政治地理、行政地理与政区地理的含义差别。① 并研究了政治地理视角下政区变迁的基本特点、历史上的特殊行政区划、影响行政区划变迁的因素，对历史政区地理研究理论和方法进行了系统归纳和总结。周先生进一步提出了建构历史政治地理学的设想，将研究划分成全球、国家、地方三种尺度，分别界定了各尺度的具体研究对象。② 他研究中国历史时期形成的两种基本政治地理格局，一是九州制，其所代表的分块式结构逐渐演进为中央集权与地方分权相互对立的态势。二是五服制，其衍生的圈层结构形象地反映中国边疆与内地的政治地理格局，展示出核心区与边缘区二者之间的空间关系。③ 周先生组织编撰国家新闻出版总署规划重点图书《中国行政区划通史》，共 13 卷，是中华人民共和国成立以来第一部行政区划变迁通史学术著作，其中，傅林祥、林涓、任玉雪、王卫东合著《清代卷》广泛利用历史文献，对清代地方行政制度的变迁过程和各级地方行政区划沿革进行详尽的考述，书中对云南省政区辟有专章。

政区是历史地理研究的重要基础之一，历史时期中国政区建制并非整齐划一，全国同步，在边疆地区就曾因人因地设置过许多特殊政区。陆韧

---

① 周振鹤：《行政区划史研究的基本概念与学术用语刍议》，《复旦学报》（社会科学版）2001 年第 3 期。

② 周振鹤：《建构中国历史政治地理学的设想》，《历史地理》第 15 辑，上海人民出版社 1999 年版。

③ 周振鹤：《中国历史上两种基本政治地理格局的分析》，《历史地理》第 20 辑，上海人民出版社 2004 年版。

教授《清代直隶厅解构》一文解析清代政区特殊形态——直隶厅。论文从民族构成的变化、直隶厅演进和直隶厅的管理职能等方面切入，认为直隶厅的创制是对边疆民族地区土地、人口变化的有力因应，有利于维持边疆民族地区社会稳定，实现对辖区内各民族人口进行行政管理，并指出其过渡性质，演进目标是政区全国一体化。① 凌永忠博士专题研究民国云南边疆地区特殊过渡型行政区划，回溯了清末云南沿边环弧型地带的地理环境使其成为政区设置的薄弱地带和空白区。沿边地区山高谷深，瘴疠肆虐，自然环境恶劣，成为阻碍清政府派设流官掌土治民的生态屏障，加之民族多样性、风俗差异，致使沿边地区土司林立，县级政区设置稀疏，国家行政管理能力薄弱的态势。论文讨论了清末弹压委员辖区和对汛督办辖区的设置和演变。② 陈元惠博士研究了晚清以来云南特殊行政机构河口、麻栗坡对汛督办，分析对汛督办设立的原因、经过、职责和历史作用。③

　　回溯传统地理志著作，清代官修地理总志《嘉庆重修一统志》反映嘉庆二十五年（1820）云南行政区划体系和地理面貌。民国年间修纂《清史稿·地理志》云南篇大致反映宣统三年（1911）云南政区设置状况。省志方面，嘉庆朝以来，清朝云南地方政府先后主持修纂、刊刻了 3 部通志，分别是：道光《云南通志》（阮元、伊里布等修，王崧、李诚纂）、光绪《云南通志》（岑毓英修，陈灿纂）、光绪《续云南通志稿》（王文韶、魏光焘修，唐炯等纂），3 部志书都辟有"地理"和"建置"专篇，分设舆图、疆域、山川、沿革等类目，反映该时期行政区划面貌。民国年间云南官方主持修纂了以宣统三年（1911）清朝灭亡为时间断限的《新纂云南通志》，开篇编绘了《清代分府及直隶厅州图》，编制了《历代建置沿革表》。

（二）边疆学构建与清代西南边疆治理研究

　　中国学术界提出建立边疆学学科，既有学术演进内在脉络，又存在社

---

　　① 陆韧：《清代直隶厅解构》，《中国历史地理论丛》2010 年第 3 期。
　　② 凌永忠：《民国时期云南边疆地区特殊过渡型行政区划研究》，博士学位论文，云南大学，2012 年；《论民国时期边疆管控强化过程中的普思沿边政区改革》，《中国边疆史地研究》2014 年第 4 期。
　　③ 陈元惠：《云南对汛督办：建立、发展、淬变》，博士学位论文，云南大学，2008 年。

会现实需要。美国著名历史学家特纳（Frederick Jackson Turner）提出的"边疆学说"（又称"特纳假说"），在东西方学术界享有广泛影响。① 在特纳看来，美国发展史实质上是向西部移民以及开发西部的历史，西进运动是奠定美国边疆的过程，同时也是推进美国国家成长的历史进程，所以他把边疆看成是一排流动的波浪，象征"野蛮和文明的汇合处"，而不是后人眼里的固定不变的地理界线。② 北京大学何顺果教授考察美国"西进运动"，解析区域关系中的美国西部，探讨美国西部开发的原因以及在美国历史上的重要意义，将上述问题纳入边疆史研究视野。③

近年来，国内研究边疆史地问题的学者提出建立边疆学的构想，并实质性推进了一系列有关学科理论、方法、研究内容以及丛书出版、学术刊物专栏辟设、学科点建设、人才培养的工作。马大正、李国强、方铁等先生对中国边疆学的学科定位、研究对象、研究方法和功能意义进行了思考、热烈讨论和阐发。马大正提出，中国边疆学是"一门以探求中国边疆历史和现实发展规律为目的的新兴边缘学科"。包括基础研究领域和应用研究领域。其中基础研究领域需要开展的课题研究包括中国边疆理论、中国历代疆域、历代治边政策和边疆经济、边疆人口、边疆文化等专题。④ 专家、学者们对边疆学规划的诸多课题有很好研究，构建中国边疆学能够将上述研究整合到一个学科体系之下。

马大正先生纵论边疆概念至少具有地理、历史、政治三重内涵，其含义还能衍生扩大到军事、经济、文化等层面，中国历史上的边疆在形态层面是国家统治中心区到邻国域外的过渡区域，即空间上由治理区向不治区过渡的中间地带。古代中国边疆政策的核心是统治者在指导思想支配下制定、实施边疆治理政策，对边疆进行行政管辖，综合采用各种手段，守住边界线，管好边疆土地不丢失。清代统治者对边疆的治理在思想、理念、政策上对前朝有所继承，也有重要调整、创新、发展和完善，从"中（内地）外（边疆）一体"的认识出发，以积极主动态度治理边疆各个民

---

① 1893 年特纳发表《边疆在美国历史上的重要性》，标志着"边疆学说"的诞生。

② 杨生茂编：《美国历史学家特纳及其学派》，商务印书馆 1984 年版。

③ 何顺果：《美国边疆史：西部开发模式研究》，北京大学出版社 1992 年版。

④ 马大正：《边疆研究者的历史责任：构筑中国边疆学》，《云南师范大学学报》（哲学社会科学版）2008 年第 5 期。

族，发挥他们对中央王朝的"屏藩""拱卫"作用，治理原则上坚持做到"恩威并施"与"因俗而治"二者紧密结合。① 陆韧教授认为边疆首先要从地理概念上去分析、理解，它是中国与邻国相接的特殊地理区域，其对中国大一统王朝国家疆域观及其实践的思考和解析值得重视。② 百年来边疆和边政学学术史梳理方面，李绍明回顾了20世纪上半叶中国边疆和边政研究历程；③ 李勇军讨论民国时期边政概念的演进以及多学科整合下边政学的诞生；④ 汪洪亮认为20世纪30年代中国人主要将边疆视作地理概念，20世纪40年代抗战形势下转变为从文化范畴看待边疆，避免边疆民族问题政治化。⑤

　　学术界关于西南边疆治理的研究，主要基于中央王朝视角，方铁、方慧、李世愉、邹建达先生关注历代王朝最高统治者的治边思想、治策演变，对历史上西南边疆经营、开发及其成效等领域，做了充分和深入的研究。⑥ 在照顾区域差异上，历代王朝在治理边疆上体现出类型多样与发展不平衡的特点，封建王朝治边方略形成重北轻南的倾向与传统，通过对重北轻南倾向表现及原因的分析，指出该传统方略对中国古代王朝的治边思想与治边策略产生深远影响，进而作用于我国统一多民族国家的形成发展

---

① 马大正：《中国古代的边疆与边疆政策》，《光明日报》2001年2月13日B03版；《中国古代的边疆政策与边疆治理》，《西域研究》2002年第4期。

② 陆韧：《明朝的国家疆域观及其明初在西南边疆的实践》，主持人语，《云南师范大学学报》（哲学社会科学版）2010年第5期。

③ 王利平、张原、汤芸、李绍明：《20世纪上半叶的中国边疆和边政研究——李绍明先生访谈录》，《西南民族大学学报》（人文社会科学版）2009年第12期。

④ 李勇军：《时局与边疆：民国时期边政学的发展历程》，《中国边疆史地研究》2013年第3期。

⑤ 汪洪亮：《民国时期国人对"边疆"、"边政"含义的认识》，《中国边疆史地研究》2014年第1期。

⑥ 方铁、方慧：《中国西南边疆开发史》，云南人民出版社1997年版。方铁主编：《中国边疆通史丛书·西南通史》，中州古籍出版社2003年版。方铁：《清朝治理云南边疆民族地区的思想及举措》，《思想战线》2001年第1期；《历代王朝经营西南边疆的得与失》，《社会科学战线》2012年第7期；《论元明清三朝的边疆治理制度》，《云南民族大学学报》（哲学社会科学版）2016年第1期。李世愉：《清政府对云南的管理与控制》，《中国边疆史地研究》2000年第4期；《清前期治边思想的新变化》，《中国边疆史地研究》2002年第1期。邹建达：《清初治滇述论》，《高等学校文科学术文摘》2006年第6期。

进程。①

清代边疆开发和通论性著作涉及西南边疆治理，反映在边疆政策研究②、传统治边思想、边疆民族管理机构、边疆形势演变研究③和边疆开发问题④方面出版了一批有代表性的研究成果。孙宏年关注 1911 年前后中国边疆民族地区形势变化，促使当时的国人提出仿殖民体制以及同化治边两大理念。⑤

综观上述研究时段集中于清前中期，对清代后期治理云南的历史缺乏专题研究，未见到专门著作。

云南近代史学界对清代后期云南治理问题也有涉及，谢本书先生主编《云南近代史》，是运用毛泽东在《中国革命和中国共产党》提出的"两个过程"论，即外来的帝国主义与中国本土封建主义相互勾结起来，把中国变成半殖民地和殖民地的过程，相反也是中国人民不断反抗帝国主义及其扶持的在华"走狗"的过程，作为云南近代历史发展的基本线索，据此提出和解析咸同云南各族人民大起义、辛亥革命与护国运动、云南抗战与"一二·一"运动三次革命高潮。该书对云南封疆大吏处理民族关系、边疆危机有较为细致的探讨，是采用阶级史观指导下的革命史视角。2011 年出版的《云南通史》第五卷《近代前期，1840—1919》，仍大体沿用了《云南近代史》的叙事框架，大幅增补了经济方面的内容，将"救亡"与"振兴"作为近代云南历史发展的两条主线和两大任务，对治理云南问题的探讨即以此为背景展开。

（三）清代督抚制度与云南封疆大吏研究

对清代督抚的研究横跨政治制度史、人物史、地区开发史、军事史、外交史、边疆史等诸多领域。除历年来整理出版过数量众多、部头庞大的督抚文集、清宫中档、朱批奏折等文献资料外，制度史方面的研究成果引

---

① 方铁、邹建达：《论中国古代治边之重北轻南倾向及其形成原因》，《云南师范大学学报》（哲学社会科学版）2006 年第 3 期。

② 马汝珩、马大正主编：《清代的边疆政策》，中国社会科学出版社 1994 年版。

③ 马大正主编：《中国边疆经略史》，中州古籍出版社 2000 年版。

④ 马汝珩、成崇德主编：《清代边疆开发》，山西人民出版社 1998 年版。

⑤ 孙宏年：《辛亥革命前后治边理念及其演变》，《民族研究》2011 年第 5 期。

人瞩目。海内外对清代督抚制度形成、演进问题做出过专门研究并推出成果的最早一批学人有赵希鼎①、傅宗懋②、朱沛莲③等。后继者徐春峰、李霞研究清代前期督抚制度，④ 王跃生归纳督抚体制特征。⑤ 刘伟、林乾、王雪华探讨晚清时期督抚职权膨胀及其对政治体制、政治运作的影响，⑥ 谢霞飞、关晓红讨论包括督抚体制在内的清末官制改革问题，⑦ 杜家骥、王雪华、刘凤云分别关注督抚之职掌、甄选以及选用地方官等问题。⑧ 区域督抚制度研究方面，邹建达关注云贵总督的建置演变，⑨ 龚小峰研究两江总督体制。⑩

　　清代督抚人物史研究方面，群体研究和个案研究的论著不胜枚举。按地域分，崔运武做过两江总督刘坤一的专题研究，⑪ 贾小叶关注晚清中东部督抚，⑫ 皮明庥研究湖广总督张之洞，⑬ 澳大利亚学者黄宇和的成名作研究两广总督叶名琛。⑭ 陈宏谋、林则徐、曾国藩、李鸿章、左宗棠、胡

①　赵希鼎：《清代总督与巡抚》，《历史研究》1963 年第 10 期。

②　傅宗懋：《清代总督巡抚制度之研究》，台湾政治大学 1963 年版；《清代督抚职权演变之研析》，台湾《政治大学学报》第 6 期。

③　朱沛莲编著：《清代之总督与巡抚》（修订本），台湾文行出版社 1979 年版。

④　徐春峰：《清代督抚制度的确立》，《历史档案》2006 年第 1 期；李霞：《清前期督抚制度研究》，博士学位论文，中央民族大学，2006 年。

⑤　王跃生：《清代督抚体制特征探析》，《社会科学辑刊》1993 年第 4 期。

⑥　刘伟：《甲午前四十年间督抚权力的演变》，《近代史研究》1998 年第 2 期；《晚清督抚政治——中央与地方关系研究》，湖北教育出版社 2003 年版。林乾：《咸丰之后督抚职权的膨胀与晚清政治》，《社会科学战线》1989 年第 1 期。王雪华：《论清代晚期督抚制度的变化》，《湖南社会科学》1990 年第 3 期。

⑦　谢霞飞：《清末督抚与官制改革》，《湖北大学学报》1996 年第 3 期；关晓红：《清季外官改制的“地方”困扰》，《近代史研究》2010 年第 5 期。

⑧　杜家骥：《清代督、抚职掌之区别问题考察》，《史学集刊》2009 年第 6 期；王雪华：《关于清代督抚甄选的考察》，《武汉大学学报》1989 年第 6 期；《督抚与清代政治》，《武汉大学学报》1992 年第 1 期；刘凤云：《清代督抚与地方官的选用》，《清史研究》1996 年第 3 期。

⑨　邹建达：《清代云贵总督之建置演变考述》，《中国边疆史地研究》2008 年第 2 期；《清前期云南的督抚、道制与边疆治理研究》，博士学位论文，云南大学，2012 年。

⑩　龚小峰：《两江总督的定制及职掌探述》，《史林》2007 年第 6 期。

⑪　崔运武：《中国早期现代化进程中的地方督抚》，中国社会科学出版社 1998 年版。

⑫　贾小叶：《晚清大变局中督抚的历史角色——以中东部若干督抚为中心的研究》，上海书店出版社 2008 年版。

⑬　皮明庥：《一位总督·一座城市·一场革命——张之洞与武汉》，武汉出版社 2001 年版。

⑭　［澳］黄宇和：《两广总督叶名琛》，上海书店出版社 2004 年版。

林翼、袁世凯等著名封疆大吏的研究成果也比较多，① 相关论著一直不断涌现，恕不能一一列出。

清代督抚与地方社会研究方面，刘正伟探讨督抚与江苏教育近代化的关系，② 陈德鹏分析淮系督抚启动河南近代化，③ 关晓红讨论清末两广总督陶模在地方举办新政，④ 还有多位学者研究督抚大员对清末宪政、地方官制改革、地方司法体制转型等重大制度改革、转型所起作用。⑤ 喻大华研究过义和团运动时期的山东督抚。⑥

不难发现，清代督抚研究一直是清史学界的研究重点和热点，研究成果迭出，研究领域不断拓展，研究视角不断出新，甚至在同一问题上观点争鸣，见仁见智，然而毋庸讳言，也存在制度史研究与督抚人物研究割裂的现象，见制度不见人，或者就人论人，都难以深入；督抚群体研究与个案研究割裂，只见树木不见森林，"碎片化"倾向，就区域而言畸轻畸重，直隶、两江、湖广、两广、山东、陕甘地区督抚研究较多，云贵、四川等地区关注不足；就督抚个案而言冷热不均，曾国藩、左宗棠、李鸿章、张之洞、袁世凯等军政活动时间长、事迹突出、资料丰富的督抚研究成果层出不穷，一些满蒙旗籍督抚或声明不显或任职期短的督抚则迄今无人问津；不同时段、不同地区的督抚比较研究缺乏。

清代云南封疆大吏即督抚的研究，诚如邹建达教授所总结的多是以个体展开，⑦ 集中于某些时段尤其是清前期的几位督抚，以点带面的特征十

① ［美］罗威廉（William T. Rowe）：《救世：陈宏谋与 18 世纪中国的精英意识》，中国人民大学出版社 2013 年版；杨国强：《义理与事功之间的徊徨——曾国藩、李鸿章及其时代》，生活·读书·新知三联书店 2008 年版；谢世诚：《李鸿章与晚清吏治》，《江苏社会科学》2005 年第 2 期；等等。

② 刘正伟：《督抚与士绅：江苏教育近代化研究》，河北教育出版社 2001 年版；

③ 陈德鹏：《淮系督抚与晚清河南近代化的起步》，《安徽史学》2011 年第 3 期。

④ 关晓红：《陶模与清末新政》，《历史研究》2003 年第 6 期。

⑤ 刘硕：《地方督抚与清末预备立宪》，《河北学刊》1996 年第 5 期；李细珠：《张之洞与清末地方官制改革——兼论朝廷与地方督抚的关系》，载《辛亥革命与中国近代社会——纪念辛亥革命九十周年青年学术讨论会论文集》，岳麓书社 2003 年版；王先明：《袁世凯与晚清地方司法体制的转型》，《社会科学研究》2005 年第 3 期。

⑥ 喻大华：《东省督抚与义和团运动的兴起》，《清史研究》2000 年第 4 期。

⑦ 邹建达：《清前期云南的督抚、道制与边疆治理研究》，博士学位论文，云南大学，2012年，第 4 页。

分突出，不易梳理出总体特征，看出变化过程，也不够深入。李友仁先生
出版了概略介绍清代云南督抚生平的资料书。① 总体来看，既有成果集中
在清前期吴三桂②、鄂尔泰③、张允随④、王继文⑤、蔡毓荣⑥、高其倬⑦，
以及清后期林则徐、岑毓英⑧等人身上，近年来学术界对阮元、张凯嵩、
唐炯、谭钧培、林绍年、锡良等人治滇问题偶有涉猎，不过成果仍属稀
少，⑨ 有关林则徐、张凯嵩、唐炯、谭钧培、林绍年、锡良治滇研究综述
见正文相关章节，此处不赘述。

（四）西南边疆近代化研究

陆韧教授撰文研究今滇南红河地区近代化的启动历程及其区域社会变
迁，主要利用 20 世纪初年贺宗章在滇南任职期间所获得的实地经历和著

---

① 李友仁：《清代宦滇督抚生平概略》，云南美术出版社 2006 年版。

② 滕新才：《吴三桂与清初云贵开发》，《贵州社会科学》2006 年第 2 期。

③ 研究鄂尔泰推行西南改土归流与云南水利建设的成果较多，如刘本军《震荡与回响：鄂
尔泰在西南》，博士学位论文，云南大学，1999 年；刘本军：《鄂尔泰与西南少数民族地区的水
利建设》，《思想战线》1998 年第 10 期；梁盼：《鄂尔泰与云南治水》，《中国水利》2006 年第 14
期；隋立宁：《雍正朝西南地区的社会改造——鄂尔泰改土归流与苗区经理》，硕士学位论文，
东北师范大学，2008 年；张姗：《鄂尔泰对西南地区“汉奸”的认识及治理》，《贵州文史丛刊》
2013 年第 4 期；杨寿川：《张允随与清代前期云南社会经济的发展》，《云南社会科学》1986 年
第 4 期。

④ 王燕飞：《清代督抚张允随与云南社会》，云南大学出版社 2005 年版。

⑤ 吴伯娅：《王继文与云南的开发》，《云南社会科学》1992 年第 2 期。

⑥ 秦树才：《蔡毓荣与清初云南治乱》，《云南师范大学学报》1999 年第 1 期；杨永福、黄
梅：《试论蔡毓荣的治滇思想及其实践：以〈筹滇十议疏〉为中心》，《文山学院学报》2010 年
第 1 期。

⑦ 周琼：《高其倬治滇农业思想初探》，《思想战线》2001 年第 5 期；《高其倬治滇吏治思
想初探》，《思想战线》2002 年第 5 期；《从土官到缙绅：高其倬在云南的和平改土归流》，《中
国边疆史地研究》2004 年第 3 期。

⑧ 龙永行：《评中法战争中的岑毓英》，《中央民族学院学报》1987 年第 4 期；黎瑛：《审
时度势　未雨绸缪：论中法战争前岑毓英的边防思想》，《中国边疆史地研究》2008 年第 3 期；
谢世诚：《论中法战争中的岑毓英》，《江苏社会科学》2009 年第 6 期；刘启强：《中法滇越界务
交涉前岑毓英的策略探微》，《红河学院学报》2008 年第 4 期；刘启强：《岑毓英与中法战争后的
云南边防建设》，《红河学院学报》2010 年第 1 期；蔡寿福：《岑毓英在云南贵州兴办文化教育业
绩》，《广西文史》2013 年第 1 期；刘海泉：《晚清边吏岑毓英治滇研究》，硕士学位论文，云南
大学，2010 年；等等。

⑨ 研究清后期某时段云南封疆大吏的成果有吴学芬：《清代嘉庆道光时期云南督抚与边疆
稳定研究》，硕士学位论文，云南师范大学，2014 年。

名地理学家丁文江对上述区域所做的地理考察资料。① 潘先林教授从民族史视角解析中国近代化的时空差异，基于对滇川黔边彝族社会变迁的系统研究和深入思考，在沿海、中部和内地三种近代化类型之外，率先提出了第四种近代化范式即"边疆民族型"近代化，其内涵为边疆地区各民族人民响应近代化潮流，致力于向工业化、民主化方向努力及近代化过程中发生观念转换、习俗变迁和文化进步等现象。②

美国历史学家沃勒斯坦（Immanuel Wallerstein）创造"世界体系理论"，日本学者石岛纪之受到启发，把沃氏理论移植到近代中国，将中国解构为中心—中间地带—周边空间结构体系。认为 19 世纪末期之前云南属于周边，随着开埠通商、设海关、建领馆，发展道路交通和对外贸易，建立近代工业，配备近代通信工具，省内统一市场由此奠定，地域认同感形成。石岛认为，19 世纪末 20 世纪初近代化过程使云南变成历史性地域，云南实现从周边到中间地带转化的跨越。③

（五）其他相关研究

本书涉及历史文化地理内容。美籍华裔段义孚先生被尊为人文主义地理学"大师"，在西方地理学界享有盛誉。段本来学的是地貌，后来鉴于地理学界"见地不见人"的研究取向，转向关注被长期忽视的人的问题。他的研究另辟蹊径，以人为核心，对人的主观性情与客观地理环境之间的丰富而微妙关系进行极具智慧的阐释，称为"系统的人本主义地理学"（Systematic Humanistic Geography）。他为地理学研究吹进了一股新风，代表作品有《恋地情结：关于环境感知、态度和价值观的研究》（*Topophilia：A Study of Environmental Perception，Attitudes，and Values*）、《经验视野下的空间与地方》（*Space and Place：The Perspective of Experience*）、《逃

---

① 陆韧：《云南边疆的现代化起步与社会变迁——基于贺宗章、丁文江红河地区亲历记的研究》，《云南民族大学学报》（哲学社会科学版）2010 年第 1 期。

② 《论中国近代史研究的民族史视角》，《"近代化"历程中的滇川黔边彝族社会——对中国近代民族史研究理论问题的思考》，《"沿边型"近代化模式与"近代化"视野下的少数民族社会变迁——对"边疆民族型"近代化模式的再讨论》，载潘先林《民族史视角下的近代中国论稿》，云南大学出版社 2009 年版，第 60—61 页。

③ ［日］石岛纪之：《近代云南的地域史》，《读书》2006 年第 4 期。

避主义》（*Escapism*）等。张伟然对历史上的感觉文化区做过专门研究，为之构建了一套学术术语体系，他认为人们对于地域的感知是一种心理活动，往往反映政治认同。感觉文化区建立在区域内、外的人们对于该文化区域的一种共同体认基础上，它与自然地理上的山川形便一样，都对行政区划的分合变迁产生重要影响。①

气候、资源、环境是清代云南历史变迁的地理基础，也是历史地理学科关注的重要问题。成果有杨煜达研究清代云南气候及气候灾害，② 杨伟兵研究清代云贵高原的土地利用问题，③ 周琼从生态环境史和文化史视角解析清代云南瘴气。④ 马琦从国家资源角度研究清政府对滇铜开发与控制，在国家需求的政策导向下，从稳定内地和开发边疆的目的出发，制定了"开边禁内"的矿业开发战略，形成了相应的边疆矿业分布格局，并讨论了国家资源管控模式下对地方社会所造成的影响。⑤

绿营兵制是清代实施国家治理的重要制度设计。秦树才教授专题研究清代云南绿营兵制，认为清朝在云南部署的绿营兵兵额居全国各直省前列，是清代中前期云南主要军事力量。云南绿营兵或存城驻守，或分驻汛塘，汛塘制度成为绿营兵最基层的组织单位。绿营兵各协、营驻防区域内划分汛地，汛区内各交通要道和山险冲要之地设塘驻兵把守，通过绿营兵驻防和分防两种形式，实现对云南城镇和乡村、腹里和边疆、平坝和山区有效管控，从而使清朝对云南的统治较之前朝全面、深入，促进了西南边疆的稳定。作者还讨论了伴随绿营兵和汛塘制度而产生的清代云南移民问题、山区和边地开发问题，强调它深刻地影响了西南边疆民族结构，形成了"远乡汉夷杂处，近郊夷少汉多，城居则皆汉人"的边疆地区民族分布新格局。⑥ 田玉洪、刘建春讨论了光绪初年云南"易勇为兵"现象，岑毓英将云南勇营进行整编，企图纳入绿营兵体制进行训练和管理，恢复经

---

① 张伟然：《湖北历史时期的感觉文化区》，《历史地理》第 16 辑，上海人民出版社 2000 年版；《中古文学的地理意象》，中华书局 2014 年版。

② 杨煜达：《清代云南季风气候与天气灾害研究》，复旦大学出版社 2006 年版。

③ 杨伟兵：《云贵高原的土地利用与生态变迁（1659—1912）》，上海人民出版社 2008 年版。

④ 周琼：《清代云南瘴气与生态变迁研究》，中国社会科学出版社 2007 年版。

⑤ 马琦：《国家资源：清代滇铜黔铅开发研究》，人民出版社 2013 年版。

⑥ 秦树才：《清代云南绿营兵研究》，云南教育出版社 2004 年版。

制。可是，多数地方督抚抵制"易勇为兵"的军制改革方向，重建后的云南绿营兵频繁裁改和调整，也难复旧观。"易勇为兵"方案实际上以流产告终。①

道光朝以来，云南受鸦片烟毒之害甚深甚广，是国家治理难题，影响到云南农业生产、财政经济、生活方式和社会风气。朱端强教授通过对云南地方文献的悉心钩稽，否定学界关于鸦片流入云南在"明末清初说"，认为明代后期云南已能生产毒品鸦片，并进一步梳理出鸦片烟毒是从阿拉伯到印度，再由印度经缅甸北部流入云南西部永昌府（今保山市），再蔓延全省，明清印度、缅甸至云南之间存在一条陆上"烟毒之路"②。宋光焘爬梳早期云南鸦片种植重要史料，提出云南鸦片是从广西、越南传入，云南省内种植从边区向靠内地区扩散，道光年间全省已普遍栽种。③ 秦和平著书研究晚清云南鸦片种植、运销、地方吸食和禁烟历史，估计光绪初年云南鸦片年产量为 3.5 万担，之后经历了先降后增，至光绪末期的 1906 年达 7.8 万担，按亩产 50 两鸦片折算出云南省种植鸦片的土地面积在 70 万—240 万亩。④ 台湾学者林满红通过通商口岸鸦片进口量衰减来讨论国产鸦片替代进口鸦片的过程，复原其空间演进过程是自北而南，自西而东逐渐完成。滇川黔产区是清末最大的国产鸦片产区，年产量占全国的一半以上，光绪三十二年（1906）鸦片烟田占全省耕地面积 17.83%。滇南临安府、滇西蒙化厅、滇东曲靖府所产鸦片品质最佳，云南府晋宁州、罗次县、昆阳州、大理府也是主要的鸦片产地。作者详细讨论了云南鸦片的三条主要外销路线，分别是长江水道、通往陕甘青康藏高原和通往越南、缅甸的陆路，其中湖南、湖北是云南鸦片出口的"门户"⑤。美国学者贝洛关于 19 世纪早期云贵川三省的鸦片产销与清政府禁烟的研究，认为云南是清朝统治体系的薄弱地带，民族—地理的多样性使云南沿边土司

① 田玉洪、刘建春：《晚清时期云南绿营的重建略论》，《军事历史研究》2009 年第 1 期。
② 朱端强：《云南古代烟毒史初探》，《云南师范大学学报》1999 年第 1 期。
③ 宋光焘：《鸦片流毒云南概述》，《云南文史资料选辑》第 1 辑，1962 年版。
④ 秦和平：《云南鸦片问题与禁烟运动，1840—1940》，四川民族出版社 1998 年版，内容提要页。
⑤ 林满红：《清末本国鸦片之替代进口鸦片，1858—1906》，《中央研究院近代史研究所集刊》1980 年第 9 期。

区成为中国本土鸦片集中产区，清政府无法在边疆地区设置正式政区实现行政一体化管理，维系基层社会秩序的保甲体制发挥不了作用，以滇川两省为中心的大规模跨省鸦片运销网络形成，鸦片厘金收入成为地方政府填补财政亏空的主要来源，鸦片和鸦片经济构成了土著民族、商人、地方政府、"瘾君子"共同依赖和利益盘根错节的"畸形产物"①。

林文勋教授提出历史上云南长期与东南亚、南亚同属于贝币体系，贝币沿着东南亚、南亚通往云南腹地的交通路线大量输入，以货币、商品为代表的开放型经济力量促使跨国区域市场的整合，颠覆了近代以前云南空间上处于一个封闭系统的传统观念。② 张轲风解析作为方位大区的"西南"其观念、区划实践及其建构过程。③ 马强研究唐宋时期囊括云南在内的中国西部地理认识。④ 董枫从自然地理认知、经济地理认知、文化地理认知三个层面重新审视浙江泰顺县官方与民间地理认知存在的异同，探讨官方与民间在各自地理认知支配下选择的社会控制方式，揭示出清朝官方对于县级政区地理认知十分有限，并从地方精英角色作用的视角审视清代地方社会的社会控制模式。⑤

总体上看，处在变革时期的清代后期云南历史演进波澜起伏，作为国家治理主体的封疆大吏群体发挥着至关重要的作用，留下的文献资料相当丰富，有价值的研究课题也甚多，而学术界对之研究不充分，不深入，不少时段是空白，不少封疆大吏至今无人涉足研究，这与该时期历史大开大合的特征及所具有的重大学术价值、现实意义都极不相称。该研究的阙失，导致了一系列学术"困惑"，至少我们无法对云南近代转型的启动，给出完整的科学的合理的解释，是一块亟待补上的研究"短板"。

---

① ［美］贝洛（David A. Bello）撰：《西南鸦片流毒：19 世纪早期清政府在云贵川三省的禁烟》，张晓梅译，载陆韧主编《现代西方学术视野中的中国西南边疆史》，云南大学出版社 2007 年版，第 299—349 页。

② 林文勋：《"贝币之路"及其在云南边疆史研究中的意义》，《中国边疆史地研究》2013年第 1 期。

③ 张轲风：《民国时期西南大区区划演进研究》，人民出版社 2012 年版；《历史语境下"四隅"概念的空间表达：以"西南"为中心》，《中国边疆史地研究》2013 年第 1 期。

④ 马强：《唐宋时期中国西部地理认识研究》，人民出版社 2009 年版。

⑤ 董枫：《清代地方的地理认知与社会控制：以泰顺县研究为中心》，博士学位论文，复旦大学，2010 年。

三 研究内容

本书是以清代后期云南省这一地理实体作为研究地域范围，以云南封疆大吏群体认知省情、实施国家治理作为研究对象，作区域历史地理研究。本书框架设计即以此为核心展开。需要交代一下，笔者在文中使用了"云南""边省""西南边疆""腹里""边区"等地理概念，它们相互之间是何种关系？时至今日，"西南边疆"包含哪几个省份，并非约定俗成，不同的时间、不同的目的用途乃至于不同的人都可能说法不一，在此不展开讨论，不过，云南成为中国西南边疆的一个省份，是无疑义的。云南封疆大吏奏章中经常出现"云南为边疆要地""云南地处极边""云南居边徼要区"等表达，说明清人将云南省看作边疆是通行观念，是为"边省"的用法。云南省内各地经济社会发展不平衡，依据区位、开发程度、民族构成、行政管辖方式等因素又可分为腹里地区（又有靠内地区的说法）、沿边地区（以下简称边区），其地理界线比较模糊，二者之间不容易截然两分，也可以增加一个过渡区。不过，就清代后期云南版图而言，大致可以把与今缅甸、老挝、越南接壤、沿边界线分布的丽江府、永昌府、顺宁府、普洱府、临安府、开化府、广南府 7 府视作"边区"。（参见《1820 年云南省政区图》）。

（一）研究时段

史学界关于清史分期，历来没有统一看法，可谓仁者见仁，智者见智。郑天挺先生提出"三段法"，即前期（1644 年清军入关至 1723 年施行摊丁入亩），中期（1723—1840 年鸦片战争爆发），后期（1840—1911 年辛亥革命，又称晚期）[1]，比较有代表性。许曾重先生持"五段法"，分为建立（1644—1661），巩固（1662—1683），发展（1684—1795），中衰（1796—1840），衰亡（1840—1911），分得相对更细些。[2] 清王朝对云南的统治期，是从顺治十五年（1658）清军入滇始，至宣统三年（1911）

---

① 郑天挺：《清史简述》，中华书局 1980 年版，第 16 页。

② 许曾重：《论清史分期问题》，《中国社会科学院研究生院学报》1985 年第 2 期。

云南辛亥革命结束为止，达 253 年，方国瑜先生结合 200 多年间云南历史发展特点，提出的分期意见是，从清军入滇至乾隆中叶出兵征缅约 110 年，划为前期，从乾隆征缅战争至宣统末年约 140 年，划为后期。[①] 本书采用方先生分期法，将研究时段归为清代后期。

探询区域的变化脉络，需要观照该区域的实际。本书将研究起点设定在嘉庆朝，主要考虑嘉庆朝是云南大变革的起点。研究下限设定在宣统三年（1911）云南辛亥革命时期。1911 年 10 月 27 日晚，滇西腾越厅爆发张文光领导的起义，占领了腾越，成立滇西军都督府。30 日（阴历 "九月初九"）晚，昆明新军发动 "重九起义"，攻占云贵总督署，云贵总督李经羲到民间躲藏起来。11 月 1 日，革命党人成立了军政府，名为 "大中华国云南军都督府"。同日，滇东南临安府新军举起义旗，很快控制了局面，起义宣告成功，成立了 "南军军政府"。省会、滇西沿边重镇腾越、滇东南重镇临安相继成立革命政权后，发布军令文告，省内各级政府清朝官吏基本顺应革命形势，没有组织起有规模的武力抵抗和反扑，纷纷交出了权力，进行政权和平过渡，全省府厅州县传檄而定，标志着清朝地方官在云南统治的终结。本研究时间跨度从嘉庆元年（1796）至宣统三年（1911）。

（二）研究的地域范围

本书以云南省为空间范围，幅员、疆界和政区层级体系是比较清晰的。《嘉庆重修一统志》以嘉庆二十五年（1820）为标准年代，记载云南省行政区划体系是领 14 府、4 直隶州、4 直隶厅，分别如下：云南府、曲靖府、东川府、昭通府、澄江府、楚雄府、顺宁府、大理府、丽江府、普洱府、永昌府、临安府、开化府、广南府，武定直隶州、元江直隶州、镇沅直隶州、广西直隶州，永北直隶厅、腾越直隶厅、景东直隶厅、蒙化直隶厅（参见图 0 - 1）。县级政区：昆明县、宜良县、呈贡县、富民县、罗次县、易门县、禄丰县、嵩明州、昆阳州、晋宁州、安宁州（云南府 11）；太和县、赵州、云南县、邓川州、浪穹县、宾川州、云龙州（大理府 7）；建水县、通海县、蒙自县、河西县、嶍峨县、石屏州、阿迷州、

---

①　方国瑜：《云南史料目录概说》第 2 册，中华书局 1984 年版，第 600 页。

宁州（临安府 8）；楚雄县、镇南州、南安州、定远县、广通县、姚州、大姚县（楚雄府 7）；河阳县、江川县、新兴州、路南州（澄江府 4）；宝宁县（广南府 1）；顺宁县、云州、缅宁厅（顺宁府 3）；南宁县、沾益州、陆凉州、罗平州、马龙州、寻甸州、平彝县、宣威州（曲靖府 8）；丽江县、鹤庆州、剑川州、中甸厅、维西厅（丽江府 5）；宁洱县、威远厅、思茅厅、他郎厅（普洱府 4）；保山县、永平县（永昌府 2）；文山县、安平厅（开化府 2）；会泽县（东川府 1）；恩安县、镇雄州、永善县、大关厅、鲁甸厅（昭通府 5）；师宗县、弥勒县（广西直隶州 2）；元谋县、禄劝县（武定直隶州 2）；新平县（元江直隶州 1）；恩乐县（镇沅直隶州 1），共计 74 个。

此外，土司区分别有南甸宣抚司、陇川宣抚司、盏达副宣抚司、遮放副宣抚司、干崖宣抚司、猛卯安抚司、芒市安抚司、户撒长官司、腊撒长官司（腾越直隶厅 9），永宁土府（永北直隶厅 1），孟定土府、湾甸土州、镇康土州、潞江安抚司（永昌府 4），耿马宣抚司、孟连长官司（顺宁府 2），土富州（广南府 1），纳楼茶甸长官司、落恐甸长官司、亏容甸长官司、思陀甸长官司、左能寨长官司（临安府 5），十二关长官司（大理府 1），车里宣慰司，共 24 处。

之后的政区设置变化为：道光二年（1822），降腾越直隶厅为散厅。光绪十四年（1888），新置镇边抚彝直隶厅。三十四年（1908），改镇雄州（散州）为直隶厅。

《清史稿·地理志》记载，宣统三年（1911）云南共领府十四，直隶厅六，直隶州三，散厅十二，散州二十六，县四十一和土府一、土州三、土司十八。① 杨伟兵经过考证，修正统县政区为：十四府，六直隶厅，直隶州四：云南府、澄江府、曲靖府、昭通府、东川府、大理府、楚雄府、永昌府、丽江府、顺宁府、临安府、普洱府、开化府、广南府，武定直隶州、元江直隶州、镇雄直隶州、广西直隶州、镇沅直隶厅、景东直隶厅、蒙化直隶厅、永北直隶厅、镇边直隶厅、靖边直隶厅。（参见图 0—2）县级政区为昆明县、呈贡县、宜良县、易门县、罗次县、禄丰县、富民县、昆阳州、安宁州、嵩明州、晋宁州（云南府 11）；太和县、赵州、云南

---

① 赵尔巽等纂修：《清史稿》卷 74《地理志》21，中华书局 1977 年点校本。

图 0—1　1820 年云南省政区图

底图来源：谭其骧主编《中国历史地图集》第 8 册《清时期》。

县、邓川州、浪穹县、宾川州、云龙州（大理府 7）；建水县、通海县、
河西县、嶍峨县、蒙自县、石屏州、宁州、阿迷州（临安府 8）；楚雄县、
镇南州、南安州、定远县、广通县、姚州、大姚县（楚雄府 7）；河阳县、
江川县、新兴州、路南州（澄江府 4）；宝宁县、富州厅（广南府 2）；顺
宁县、云州、缅宁厅（顺宁府 3）；南宁县、沾益州、陆凉州、罗平州、
马龙州、寻甸州、平彝县、宣威州（曲靖府 8）；丽江县、鹤庆州、剑川
州、中甸厅、维西厅（丽江府 5）；宁洱县、威远厅、思茅厅、他郎厅
（普洱府 4）；腾越厅、龙陵厅、永康州、保山县、永平县（永昌府 5）；
文山县、安平厅（开化府 2）；巧家厅、会泽县（东川府 2）；恩安县、靖
江县、永善县、大关厅、鲁甸厅（昭通府 5）；师宗县、弥勒县、丘北县

（广西直隶州 3）；元谋县、禄劝县（武定直隶州 2）；新平县（元江直隶州 1）；华坪县（永北直隶厅 1），共计 80 个。

此外，土司区分别有永宁土府、蒗蕖土州（永北直隶厅 2），孟定土府、湾甸土州、干崖宣抚司、南甸宣抚司、陇川宣抚司、遮放副宣抚司、盏达副宣抚司、芒市安抚司、猛卯安抚司、潞江安抚司、户撒长官司、腊撒长官司（永昌府 12），耿马宣抚司（顺宁府 1），纳楼寨长官司、落恐甸长官司、亏容甸长官司、思陀甸长官司、左能寨长官司（临安府 5），十二关长官司（大理府 1），车里宣慰司（普洱府 1），孟连宣抚司（镇边直隶厅 1），共 23 处。[①]

总体上看，116 年间边界线有所内缩，版图有所缩小，行政区划经历了置废并改的过程，但调整、变化幅度较小。

（三）研究框架

本书是对清代后期 116 年间云南封疆大吏群体省情认知与国家治理问题的连续性的系统的研究。研究内容主要包括两大块：分析大变革时期国内外、省内外形势的变化特征，在此基础上探讨，第一，云南封疆大吏任职期间对云南山川形势、风土民情、吏治官风、社会矛盾、民族关系、国防安全等情况的认知评价；第二，基于认知基础之上，如何进行治理？反映在形成治理思想，制定治理政策、方略，构建国家治理体系，付之于治理实践活动，以及治理成效。

本书共分六章，分别是：第一章通过伯麟《滇省舆地图说》解析清前期中央王朝对云南省情认知的高度总结，并讨论国家治理体系视野下的地域分异，然后梳理清代后期云南封疆大吏群体任职情况、特点。第二章和第三章讨论道光朝中期国家所面临的内忧外困的政治局势，清政府在云南的统治出现治理危机，迤西地区连续爆发区域性汉回流血冲突和武装抗官事件，三任云贵总督贺长龄、李星沅和林则徐的治理思想、政策、方略，以及治理实践和成效评价。第四章研讨咸同云南反清大起义时期云南社会矛盾全面爆发，从清廷中央到地方督抚的治理活动，战争双方的军事

---

① 统计资料来源于牛平汉主编《清代政区沿革综表》，中国地图出版社 1990 年版，第383—416 页。数字由笔者计算得出。

图 0—2　1911 年云南省政区图

底图来源：中国历史地理信息系统（CHGIS）。

地理态势，以及经过中央、地方两级互动，云南大吏岑毓英采用"先东后西"军事战略镇压杜文秀起义。第五章探讨光绪朝初期云南边疆秩序的恢复，在英法入侵威胁下，边疆危机出现，地缘政治新格局促使国家治理方式转变。第六章通过清末云南新政和云南辛亥革命考察云南治理模式的近代转型。

透过清代后期云南纷繁复杂的历史现象，我们可以得知，封疆大吏对云南省情的认知与治理，代表的是中央王朝意志，各类政务活动是国家行政管理权的具体体现，必须采用国家视角予以分析、理解。在经历两千年未有之大变局的历史进程中，云南治理模式由传统向近代化转型。

四   理论、方法、资料

本书在使用历史地理学研究方法的基础上，吸收、借鉴历史学科制度史、政治史、经济史、社会史、军事史、民族史的理论和方法。本书将运用国家治理理论与地理认识论等理论，具体阐释如下。

（一）国家治理理论

2013 年中共十八届三中全会公报提出推进国家治理体系和治理能力现代化，首次将"国家治理"政治理念写进党的会议决议。何谓国家治理？持阶级史观的学者认为自有国家以来，就有国家治理，即将国家治理视作阶级社会最基本的政治现象之一，实质为通过国家治理的属性及职能发挥，实行政治统治，缓和社会矛盾，处理社会冲突，维持统治秩序总体稳定。习近平总书记阐释说："国家治理体系和治理能力是一个国家制度和制度执行能力的集中体现。"① 国家治理体系表现为建立一整套国家制度，各项制度之间做到紧密相连，相互协调，相互配合。而国家治理能力是政府运用国家制度管理社会各个层面事务的能力，即制度执行力。国家治理体系和治理能力二者是相辅相成的，它们构成一个有机整体，建设科学、先进、高效、完善的国家治理体系才能提高治理能力，而不断提高治理能力才能充分发挥国家治理体系的效能。国家制度的构建、运转和落实执行要靠人，人的素质同时也是决定治理能力的关键。

受上述精神启发，笔者尝试运用国家治理理论进行历史研究，将历史时期国家治理界定为历代王朝政府依照制度体系建设，通过各种途径和形式，管理疆域范围内的土地和人民。历史时期国家治理能力关键是吏治，即官吏队伍。国家治理体系代表着王朝制度建设，是治理能力的前提与基础，好的国家治理体系有利于提升治理能力，治理能力是国家治理体系贯彻、实施的保障。反之，二者相互抵触、摩擦，甚至陷入恶性循环，将导致国家治理失败，王朝发生更迭。中国国家治理体系受到历史积淀、文化传统和经济社会发展等因素的综合影响，形成了不同的治理模式，并发生

---

① 习近平：《切实把思想统一到党的十八届三中全会精神上来》，《求是》2014 年第 1 期。

过治理模式转型。其中，集中化多层次治理模式比较契合历史上中国大一统王朝的情况，笔者将这种治理模式概括为中央政府为了达到有效治理目的，将国家疆域划分为多层次的行政区划单元，通过中央集权和地方分权制衡的形式进行集中管理，行政权力、军事权力、经济文化和社会资源高度集中，最终为中央政府所控制。

（二）地理认识论

封疆大吏对省情的认知，涉及地理认识论相关知识。从认识论角度而言，人类对外界环境的认知存在感性认识（即感知）和理性认识两个阶段。感知，即人对环境中存在的客观事物通过感觉器官产生感性认识，以此为基础，经过思维加工过程上升为理性认识，即思想、观念。感知过程会受到人的智力水平、知识素养、性格特质、思维惯性、利益动机等方面影响，表现出一定的主观色彩和个体差异性，认识结果则为感知的质量所左右，并由此支配人的判断、决策和行为。

现代地理学科人文地理学分支中有"感应地理学"，与"行为地理学"构成应用地理学的一对新兴"姊妹学科"。感应地理学研究人们对不同地理环境认识过程的反应特点、形成机制和相互关系，着重研究不同居民集团（包括旅游者、生活在特殊环境的人群）和决策者对环境的感应认识，并编绘各种居民集团的构想地图，为规划和决策提供依据。换句话说，感应地理学研究不同集团、阶层的人群如何认识环境，行为地理学则研究人群认识环境之后的反应性行为。感应地理学研究对环境灾害地理学研究具有强烈影响，业有的两大领域是灾区居民心理感应和宗教环境感应。[①]

"地理知识论"（geosophy）则从知识社会学的视野对地理知识演化的脉络进行了复原和审视。赖特（J. K. Wright）发明了"地理知识论"（geosophy）一词，相当于地理学中的学术史，是研究"由于人们愿望、动机

---

① ［英］R. J. 约翰斯顿主编：《人文地理学词典》，柴彦威等译，商务印书馆2004年版，第194页。

和评判的视角不同，而对各种地理观念的真实性或虚假性所持有的不同看法"①。在批判科学地理学的同时，其为倡导研究"地理观念"做了最好的逻辑铺垫。

清代封疆大吏对所辖行政区域的认知，包括自然地理认知，例如山川、气候、植被、土壤，即自然环境诸要素的认知，又包括人文地理认知，例如行政区划沿革、方位形势、风俗、城池、关隘、学校、物产、民族、户口等，其中核心问题是区域人地关系。地方官对区域人地关系态势的综合认知和判断，其精确尺度、深刻程度，是能否做到审时而治、因地而治、因俗而治的先决条件，也决定着行政管理的成效，重要性是不言而喻的。

我们通过区域地理认知结构理论来解析封疆大吏的区域地理认知问题。区域地理认知结构是指人类头脑里形成的区域地理知识结构，换句话说，区域地理知识结构通过内化效应在认知者头脑中形成观念的内容和组织方式。区域地理的知识结构，涵括区域的地理位置、地理特征和地理差异等知识，即认知的客体，通过认知的主体——人，经过感觉、知觉、想象、思维等主观能动过程，内化为人的区域地理认识、地理观念，乃至于形成思维模式。追溯区域地理认知结构的来源，不外乎存在直接经验和间接经验两种形式，结合官员的地理认知具体分析，直接经验是指官员实地踏勘和观察，间接经验来自官员阅读地理志书、访问地方耆老所得。

清代官箴书强调官员上任伊始应精读地方志，掌握治下的土地和人民状况，说："一邑之山川、人物、贡赋、土产、庄村、镇集、祠庙、桥梁等类，皆志书所毕载，而新莅是邦，一为披览，则形胜之兴衍厄塞，租庸之多寡轻重，烟户之盛衰稀密，咸有所稽，而政理用是以取衷焉。"② 并告诫官员不读地方志，无从谈及治理得宜："民情土俗，悉载志书之内，不看志书，必不能因地制宜。"③

可是，清人也注意到志书和官绘舆图普遍存在粗疏、讹误的情况，建

① ［英］R. J. 约翰斯顿主编：《人文地理学词典》，柴彦威等译，商务印书馆 2004 年版，第 269 页。

② （清）黄六鸿：《福惠全书》卷 3，康熙三十八年（1699）金陵濂溪书屋刻本。

③ （清）方大湜：《看本邑志书》，《平平言》卷 1，《官箴书集成》第 7 册，黄山书社 1997 年影印本。

议官员到任必须手绘舆图，才能对辖区情况有正确的认知：

> 　　州县到任，工房书办例绘舆图呈核，所呈之图，类多不全不备，甚至南境山川列入东西，东境山川列入南北，此等舆图，全无用处。须仿开方计里之法另绘确图，以备查核，假如本邑疆域自东至西，横宽一百里，即于纸上横分十格，自南至北直长一百里，即于纸上直分十格，四方八面，总共一百格，每格长宽各十里，（每格长宽不必定，是十里即以一格破为两格，每格长宽各五里亦可）其不止百里，或不及百里者，各随幅员之长狭，以定格眼之多寡，先将县城坐落何处，用墨笔填入格内，再将境内山川方向，塘汛远近，图甲名目，村落大小，市镇繁盛僻偏，以及关隘桥梁庙宇等项，并四至四隅界抵何处一一按方按里，用墨笔填入格内，然后按东西南北四乡界址，用朱笔划分四段，（不必定是四段，只看本境向来分作几乡，即划作几段，如向分图甲者，即随图甲之多少而划之）。庶本境形势，或长或方，或尖斜，均可一目了然，而山川、村镇、道路等项之方向远近，亦无不了如指掌，至图所不能尽载者，如烟户多寡、钱粮数目、保甲姓名及某处肥饶、某处瘠苦、某处怕水、某处怕旱、某处是何风俗、某处出何土产、某处有绅士某某、某处有富户某某、某处有正人某某、恶人某某之类，另载一册以辅，图之不逮，仍随时留心考查，如图册有舛错处，即随时改正，平日肯如此费心，临事可不下堂而理矣。①

　　至于强调官员赴乡村实地考察，倾听民声，考察民情，察验桥梁、关隘、寺观、祠庙、堤堰、道路的记载，就不胜枚举了。官修志书通过天文、地理、建置、食货、学校、武备、土司等类目，为"异地为官"者施行国家治理提供必备知识储备，实地踏勘能深化官员的地理认知，处理政务活动是相关知识的具体运用，锤炼其治理能力。以上为地理认识论在官员行政实践中发挥的作用。

---

① （清）方大湜：《工房呈舆图》，《平平言》卷1，《官箴书集成》第7册，黄山书社1997年影印本。

（三）研究资料

本书利用的文献资料主要有以下几大类：一是督抚文集，包括奏议、日记、年谱、文告、诗歌等，奏议是封疆大吏治理地方的第一手资料，关乎政令推行，反映地方重大军政活动，以及皇帝、中央政府机构与地方政府之间的行政决策、政务往来等，其史料价值不言而喻。二是档案，直接利用了第一历史档案馆汇编的大型档案资料集《光绪朝朱批奏折》和《光绪朝上谕档》，参考了台北故宫博物院编纂的《宫中档光绪朝奏折》。三是实录、会典、方略，实录是综合性编年体资料集，记载朝廷政务活动，本书利用仁宗、宣宗、穆宗、德宗等朝实录和《宣统政纪》。会典主要记载典章制度、政策法规，本书利用了《光绪朝会典》、光绪《钦定大清会典事例》《清朝续文献通考》。清朝官修方略保存有关重大军事征讨活动的上谕、奏折、文报等档案资料，本书利用了恭亲王奕䜣领衔修纂的《钦定平定云南回匪方略》50 卷。四是传记，利用了《清史稿》《清国史》人物传和《清史列传》，以及数种职官年表。五是地理志书，包括官修地理总志以及从通志到府厅州县志一级的地方志。

第 一 章

清代前期云南省情及
后期封疆大吏群体

第一节 清代前期云南省情
认知的阶段性总结

满洲入关肇建清朝，经过前中期数代君主开疆拓土，戮力经营，在东亚建立了一个统一的多民族的大帝国，疆域空前辽阔，文治武功达到前所未有的高度，社会经济繁荣，出现"康乾盛世"，是为大地域文明的鼎盛时代之一。然而，1796 年继承乾隆帝位的嘉庆皇帝，开局即面临东西方发展势头转换，早期全球化曙光辐射下洲际联系频度增加的大势。18 世纪末，清王朝内各种社会矛盾积聚日久，走向激化、爆发，底层民众武装反清斗争在统治机器相对薄弱的地区此起彼伏。乾隆末年爆发白莲教起义，蔓延湖广、四川、陕西三省，清政府耗时 9 年，耗费白银 2 亿两，[①]才将其扑灭，白莲教起义成为清王朝统治由盛转衰的转折。

一　嘉庆朝云南社会经济概貌

嘉庆年间云南社会经济中衰特征极其明显，引发许多社会问题。云南地方官"压盐致变"，引发滇西大规模暴动，据嘉庆朝云南著名学者师范（1751—1811）的记载，嘉庆二年三月二十三日（1797 年 4 月 19 日），滇西太和（今属大理市）、赵州（今属大理市）、浪穹（今洱源县）、鹤庆、

---

① 王钟翰：《嘉庆与白莲教》，《清史满族史讲义稿》，鹭江出版社 2006 年版，第 320 页。

永北（今永胜县）、邓川（今属洱源县）、蒙化（今巍山县）、云南（今祥云县）、楚雄、大姚、定远（今牟定县）、禄丰12厅州县，被激怒的民众邀集冲进官衙，捆缚平日欺压作恶的官亲、门丁、蠹书、凶役和士绅，将其挖眼折足，或者投进积薪中烧毙，其状惨不可言。① 此举迫使云南封疆大吏正视云南地方实际，体恤民生疾苦，罢官盐，改归民运民销，推动盐法体制性变革。

作为乾隆年间经济繁荣指针的矿业开发出现疲态，部分银矿因"洞老山空"陆续歇业。例如嘉庆五年（1800），位于滇西南中缅边境地带，开采达50年之久，鼎盛时期聚集矿民两三万人，著名的永昌府属茂隆银厂，因"洞老山空"而关闭。② 嘉庆九年（1804），"以洞老山空，封闭云南红坡、吉咱、乐吉古银厂，从巡抚永保请也"③。铜矿产量也走下坡路，不复前朝兴盛的生产场面。嘉庆二十三年（1818），云贵总督伯麟条奏说："滇省每年应运京铜并本省局铸，以及各省采买官铜，近年均办不足额。"④ 以至于被迫采取变通办法，从邻省四川采办400万斤以弥补欠额。

矿冶业滑坡，矿民失业，经济不景气，外省无业游民流入云南，与省内失业人口合流，造成社会失序，治安日益严峻，民间秘密结社活跃，是为嘉庆、道光年间挑战全省各级政府管控能力的"游民问题"。汉族移民从云南腹里到边疆、从平坝到山区的波浪式推进，一方面加强了云南开发力度和速度，另一方面却也带来人地关系的新紧张，汉族移民与土著人民对立、摩擦。上述态势以各种形式的反清事件暴露出来，我们编制表格加以揭示，参见表1—1。

---

① 师范：《压盐致变》，载方国瑜主编《云南史料丛刊》第9卷，云南大学出版社2001年版，第1—2页。

② 参见杨煜达《清代中期滇边银矿的矿民集团与边疆秩序——以茂隆银厂吴尚贤为中心》，《中国边疆史地研究》2008年第4期。

③ 《清仁宗实录》卷128，中华书局1985年影印本。

④ 《清仁宗实录》卷351，中华书局1985年影印本。

表1—1 嘉庆朝云南反清事件统计表

发生时间	事件	地点	资料来源
嘉庆二年三月二十三日（1797年4月19日）	楚雄、大理、丽江府等官府压销民盐，引发民变	太和、邓川、赵州、云南、浪穹、永北、鹤庆、楚雄、大姚、定远、元谋、禄丰	民国《蒙化志稿》卷22
嘉庆四年（1799）	孟连土司与和尚铜登等发动傈黑人反清，势力蔓延至猛猛土司及缅宁内地。次年遭清军镇压	顺宁府缅宁厅、普洱府威远等地	《清仁宗实录》卷65；《清史编年》第7册，第194页
嘉庆七年（1802）春	维西厅恒乍绷、腊者布反清，聚众达三四千人。总督琅玕领兵亲赴滇西北镇压	丽江府维西厅	《觉罗琅玕平彝碑》[1]
嘉庆十一年（1806）	云南反清傈民进入镇沅州与威远厅境内抢掠，普洱镇总兵那林泰带兵堵剿。云贵总督伯麟亲赴普洱府处置	镇沅州、威远厅	《清史编年》第7册，第444页
嘉庆十七年（1812）	南兴土目张辅国纠集傈黑反清。总督伯麟亲赴缅宁镇压，次年四月初一日，张辅国被执	缅宁厅耿马、猛猛、孟连土司地	《清史编年》第7册，第628、650页
嘉庆十九年（1814）	龙陵厅塌岗瓦反清起事	芒市土司地	《云南辞典·云南大事年表》
嘉庆二十年（1815）	以四贯为首的"野夷"2000余人在腾越边境滋事	腾越厅	《清史编年》第7册，第725页
嘉庆二十二年（1817）	临安府高罗衣自称"窝泥王"，聚众两万余人反清	临安府	《清史编年》第7册，第776页
嘉庆二十三年（1818）	高罗衣侄高老五在藤条江一带聚众反清，进攻土司地方，云贵总督伯麟调派多路兵力将其扑灭	临安府	《清史编年》第7册，第802页

① 方国瑜：《云南史料目录概说》第3册，中华书局1984年版，第1296—1297页。

云南日趋复杂的统治局势引起嘉庆帝的重视，嘉庆二十四年（1819）他特别嘱咐新任云南巡抚史致光注意云南省情的变化，说："滇省系汝旧治，民风较闽省为淳，然近来亦颇滋事，总在吏治修明，上行下效，勉之！"①

嘉庆朝国力由盛转衰，在帝国疆域体系中居于边疆省份的云南省，面对社会变革，如何有效治理业已成为重大挑战。在王朝地理学视域下，地方行政管理包含"体国经野"和"分官设职"两方面内容，前者为划分有层级的行政区域，后者为建立地方行政组织，即各级地方政府。② 君主专制帝国国家治理的核心问题是管控土地与人民，即掌土治民。云贵总督伯麟任上向嘉庆帝进呈《滇省舆地图说》和《滇省夷人图说》，正是中央王朝总结过去治理成果、针对新形势改善和加强边省行政管理的现实需要。

二 伯麟主持编纂《滇省舆地图说》

伯麟（？—1824），瑚锡哈哩氏，字玉亭，满洲正黄旗人。乾隆辛卯科（1771）举人，授兵部笔帖式。历任盛京兵部侍郎、山西巡抚。嘉庆九年至二十五年（1804—1820）任云贵总督达16年之久。后内召回京，授体仁阁大学士。去世后谥号文慎。伯麟宦滇期间，组织疏浚昆明六河和滇池海口，缓解省城水患威胁，化水害为水利，解决流域农田灌溉问题。

嘉庆十年（1805），缅甸与暹罗戛于腊部族爆发军事冲突，缅甸头目向云南孟连土司刀派功求助，刀派功携带土司印信和土练300人，前往缅甸猛养相助。然而猛养地方已暗投暹罗，约为内应，将刀派功杀害，印信遗失。嘉庆帝的态度是内外有别，他对缅甸、暹罗战争采取不干预立场，他指示伯麟说："缅甸、暹罗彼此构衅，系外夷争杀之常，天朝亦不值过问。"③ 缅甸方面曾以刀派功被戕为由，向清朝请兵共同对付暹罗戛于腊，遭到断然拒绝。嘉庆帝事后对暹罗戛于腊说："从前缅甸头目以刀派功被

---

① 《清仁宗实录》卷359，中华书局1985年影印本。
② 周振鹤：《中国地方行政制度史》，上海人民出版社2005年版，绪言第1页。
③ 《清仁宗实录》卷147，中华书局1985年影印本。

戕为词，屡请内地发兵前往，均经驳饬不准，天朝抚有中外，一视同仁，是以缅甸吁求兴师，未经允准。犹之尔国设欲恳请天朝发兵助攻，亦必加之驳饬。……尔国惟当恪守疆域，益矢虔恭，用副怀柔至意。"① 又说："天朝抚绥外藩，一视同仁，断无偏助之理。缅甸与暹罗同列藩服，彼此称兵构衅，蛮触相争，惟当置之不问，若此时允缅甸之请，遽为出兵援助，设暹罗亦复遣使叩关求救，彼时又将何以处之？"② 由此可知，清朝恪守藩属体制为第一要务，对西南邻国纠纷采取中立立场，只要冲突不威胁藩属体制本身就决不进行军事干预，且严防沿边土司卷入邻国纠纷，扰乱边境安宁。

　　沿边土司是清朝治下臣民，嘉庆帝对刀派功私自出境帮助缅甸一事，斥责其违犯朝廷法律，反复申明要惩治其罪，土司印信是中央王朝管辖权的象征，嘉庆帝对寻找印信极为重视，"土司等惟当恪守疆圉，自不致滋生事端。今孟连土司刀派功贪图利益，越境滋事，使其身尚在，必当重治其罪，今业经被戕，自无庸议。至该土司印信，乃天朝颁给，岂可任其遗失？猛养本系缅甸所属地方，该督抚等惟当晓谕缅甸设法寻获，敬谨缴回。并严饬各处土司，均当凛遵法度，各守疆域，安抚夷人，勿许冒昧滋事，方于边境有益"③。沿边土司应严守疆圉，保持王朝边疆稳定。伯麟忠实贯彻嘉庆帝处理方针，得到了"慎重得体"的褒誉。

　　嘉庆十三年（1808），缅甸雍藉牙王朝四大万头目前来索取十三版纳土地，伯麟驳斥说："九龙江土司所辖十三板纳地方，俱是内地所管，历年土司出缺，俱由内地拣选承袭。"④ 态度鲜明、理由充分地否定缅方的领土要求，斥责缅甸毋生觊觎之心。伯麟的立场得到嘉庆帝的赞许，嘉庆帝重申："边徼地方设有定界，断无天朝、外夷均相管辖之理。该督以该大万此次禀帖所开九龙江地方原是天朝与该国所管之地，实不成话。"⑤ 表明中国对十三版纳享有排他性的行政管辖权，拒绝缅方所称两属、企图模糊主权归属的伎俩。

---

① 《清仁宗实录》卷 158，中华书局 1985 年影印本。
② 《清仁宗实录》卷 185，中华书局 1985 年影印本。
③ 《清仁宗实录》卷 147，中华书局 1985 年影印本。
④ 《清仁宗实录》卷 206，中华书局 1985 年影印本。
⑤ 同上。

嘉庆十七年（1812），伯麟派兵平息腾越厅边外野寨头目拉干骚扰边境，恢复缅宁、腾越要隘旧设土练一千六百名，拨给旷土耕种屯守。嘉庆十八年（1813）亲赴缅宁督师，镇压南兴张辅国反清暴动。嘉庆二十二年（1817），亲自率军镇压临安高罗衣反清起义，四月十八日俘获高罗衣。次年镇压高老五反清起义，增设临安江内东、西两路要隘塘汛官兵，加强南部边防。

嘉庆帝认为，封疆大吏治理云南的第一要务是政治上政通人和，保证边疆安宁，财政经济上做到地丁钱粮足额上纳，滇铜、滇盐生产是云南主要财源，应确保正常运行。嘉庆十九年（1814）他说："（云贵总督）伯麟、（云南巡抚）孙玉庭受朕厚恩，畀以边陲重寄，惟在将地方事务经理得宜，使政肃民安，边疆宁谧，通省仓库、钱粮毫无欠缺，即所以纾忧报效。再该省铜、盐二事，亦经费之大端，伊等尽心筹办，能使京省鼓铸无缺，盐井额课无亏，亦即于国帑有裨。"① 总体看来，伯麟治滇是卓有成效的，《清史稿》编纂者称赞他作为边省封疆大吏对巩固边疆所做的贡献，"安边坐镇，遗爱不湮，识量岂易及哉？"②

伯麟督滇期间组织编纂《滇省舆地图说》和《滇省夷人图说》，研究者合称为《伯麟图说》。③ 本书专题讨论的《滇省舆地图说》，代表清前期中央王朝对云南省情认知的集大成，以及在此基础上构建起来的云南治理体系。

伯麟是奉嘉庆帝之命完成的官修著作，伯麟说道："（嘉庆帝）诏以三迤山川、人物、设险、经野诸大政，括举梗概，登之图绘，用佐乙览。"④ 三迤，即迤东、迤西、迤南，分别设有道缺，逐渐成为云南省的代称。编纂一套图文并茂的云南地理著作，供嘉庆帝御览，这部书介绍山

---

① 《清仁宗实录》卷295，中华书局1985年影印本。

② 赵尔巽等纂修：《清史稿》卷343《列传》130，中华书局1977年点校本。

③ 祁庆富、李德龙、揣振宇等学者经过细致比勘、考证，认定《滇省舆地图说》与《滇省夷人图说》两种是学界久以为失传的《伯麟图说》，参见祁庆富、李德龙《〈伯麟图说〉考异》，《民族研究》2007年第1期；祁庆富、揣振宇《关于〈滇省夷人图说、滇省舆地图说〉之考证》，载（清）伯麟修纂，揣振宇主编《滇省舆地图说·滇省夷人图说》，中国社会科学出版社2009年影印本。

④ （清）伯麟修纂，揣振宇主编：《滇省舆地图说·滇省夷人图说》，中国社会科学出版社2009年影印本，第109页。

川形胜、政区设置、军事防御体系等国家大政，显然不是为了满足皇帝消遣的需要，而是让皇帝认识云南省情，以便在处理云南政务时符合云南实际，做到正确决策，所以说《滇省舆地图说》的编纂是出于加强云南治理的现实需要，属于王朝地理学范畴。表面上看，"山川、人物"谈云南少数民族及其地理分布，是《滇省夷人图说》一书设计的主体内容，而"设险、经野"属于行政建制和军事布防，是地理学范畴，都直接关系到中央王朝对云南的治理。实际上，《滇省舆地图说》包罗的内容很广，不仅介绍云南行政区划体系、军事防御体系，而且撰有各府、厅、州辖区内山脉、河流、矿产、民族、社会风俗等，故《滇省舆地图说》称得上是一部完整的"云南省情概览"。

关于《滇省舆地图说》编纂时间，仔细翻检全书，没有直接交代，只能从侧面推断，伯麟跋文说："嘉庆壬申（引按：嘉庆十七年，1812）、癸酉（嘉庆十八年，1813）之间，夏夷与缅相攻，扰及车里土司界内。"[①]下文接着说："自普洱府思茅、威远两厅以西，顺宁府缅宁厅、云州以南，车里土司之西，耿马土司之东，孟连土司之北，为倮黑夷众所窟穴，鼠伏狼贪，齿繁地阻。自逆酋张辅国伏法以后，震慑声灵，罔敢再蹈覆辙。"[②]张辅国反清失败被杀，事在嘉庆十八年（1813）。

又，《临安府图说》记载："丁丑、戊寅（嘉庆二十二、三年，1817、1818）逆夷高罗衣、高老五怙其山峻瘴浓，再烦弧钺，仰禀圣谟指授，不稽旬月，犁穴歼渠，江漤内外莫不洗心震慑。"[③] 提到总督伯麟镇压高罗衣、高老五反清，事在嘉庆二十二年至二十三年（1817—1818）间，成书时间当在其后。另外，伯麟于嘉庆二十五年（1820）奉诏授兵部尚书，离任云贵总督，综上可知《滇省舆地图说》编纂成书和呈送朝廷时间在嘉庆二十三年至二十五年（1818—1820）之间。

《滇省舆地图说》一书的舆图部分是由昆明画师李祜编绘，道光《云南通志》记载："李祜，号仰亭，郡（引按：云南府）人。性倜傥，见古

①　（清）伯麟修纂，揣振宇主编：《滇省舆地图说·滇省夷人图说》，中国社会科学出版社 2009 年影印本，第 110 页。

②　同上书，第 111 页。

③　同上书，第 98 页。

名画辄临摹，几逼真，并善篆隶，绘夷人、舆地图，神采酷似。"① 方树梅《滇南书画录》对李祜襄助完成图说的记载更为详细："李祜，字仰亭，昆明人。杨畹亭弟子。昆明布衣，放达不羁，性明敏……嘉庆二十三年，总督伯麟既平礼社江夷酋高罗衣，绘诸夷人图以献，俾祜司之，图成，神采酷肖，称善本云。"②

《滇省舆地图说》一书采用地图和文字解说合璧的编排方式，开篇是《云南全省舆图》和《省图总说》，以下分府介绍云南政区沿革、四至八到，辖领州县、山脉、河流、湖泊、水利、行政组织、职官设置、兵数、关隘、乡村聚落、巡检、土司、风俗、移民、民族、农业、矿务、军事地位、民风等。从自然环境、人文环境的角度揭示云南各区域差异，并提出有所区别的治理方略。

三 认知云南省情与构建治理体系

清前期中央王朝对云南行政区划进行了多次调整，雍正初年将隶属四川省的东川、昭通二府就近划归云南省，使云南省东北部与四川、贵州形成犬牙交错之势，通过实施"改土归流"，逐步实现对乌蒙山区的直接行政管理，开发其丰富的矿产资源。乾隆三十五年（1770），清政府对云南进行了一次大规模行政区划调整，裁撤姚安府，将元江、广西、镇沅、武定四府改为直隶州，将蒙化、景东、永北三府改为直隶厅，裁撤鹤庆府，改为散州，将云南府级政区体系调整为14府4直隶州3直隶厅。自此云南府级政区调整基本到位，除个别增设、改设外，到清朝灭亡没有发生大的变化。府级行政机构之上设有道制，其中粮储道下辖云南府、武定直隶州1府1州，驻省城。迤东道管辖曲靖府、澄江府、开化府、广南府、东川府、昭通府、广西直隶州6府1州，驻寻甸州；迤西道管辖大理府、永昌府、丽江府、顺宁府、楚雄府、景东直隶厅、永北直隶厅、蒙化直隶厅5府3厅，驻大理府城。迤南道下辖临安府、普洱府、元江直隶州和镇沅直隶州2府2州，驻普洱府城。云南行政区划体系的成熟化、定制化，标

① （清）阮元、伊里布等修，王崧、李诚纂：道光《云南通志稿》卷169《人物志》8，道光十五年（1835）年刻本。

② 方树梅：《滇南书画录》卷2，家刻本，刊刻时间不详。

志着中央王朝对云南治理的深化。《滇省舆地图说》关于云南治理体系的表达正是建立在上述行政区划体系之上，所以说它是清前期中央王朝认知、经营云南的经验总结。

伯麟跋文近2000字，通篇以"按语"形式进行申说，与《云南省总图说》两篇文献构成中央王朝对云南省情认知的总纲。归纳起来：其一，强调云南的"边疆"属性。地理区位上把云南称为"职方边徼"，东面与广西省一起掌握越南要隘，南面控驭缅甸、暹罗（今泰国）、南掌（今老挝）三国，与上述四国毗邻的边境地带星罗棋布地分布着大小土司，清朝把他们当成巩固疆土的重要力量。

作为边疆省份，云南面临如何处理与周边邻国关系的重大挑战。与云南接壤的缅甸、越南、暹罗、南掌都加入了清朝藩属体系，总体上与清朝保持和平、友好关系。然而，边境地区不时爆发各类突发事件，对国防安全构成威胁。清朝特别重视云南沿边府州的军事防御工作，因地制宜分别制定治理措施。滇东南临安、开化、广南三府与越南接壤，水陆通道便捷。伯麟认为越南政府信守藩属体系，对清政府恭顺，军事威胁不大，治理滇东南三府的要点在于"控内"，先安内而后谋攘外。三府昔日地广人稀，嘉庆朝来自四川、贵州、湖广和两广地区的内地移民大量涌入垦荒，良莠不分，治安形势比较严峻，需要厉行保甲制度，缉查游民，防止境内治安失控引发边患。

滇南普洱府东与南掌国接壤，东南交界暹罗，西南交界缅甸，面临的最大边防挑战是沿边戛于腊事件。当时戛于腊部族生活在清、暹罗、缅甸三国交界地带，是跨境民族，戛于腊部族原属于缅甸，后大部弃缅甸投暹罗。《滇省舆地图说·普洱府图说》记载普洱府也有分布戛于腊："戛夷则名三撮毛，种类纷杂，并皆椎鲁。"① 嘉庆年间，缅甸、暹罗因戛于腊部族引发大规模军事冲突，事件波及孟连土司、车里土司辖区。后戛于腊部族复归附缅甸，缅甸将其迁徙安置在靠近车里土司的孟艮。因为土司辖区盛行烟瘴，绿营兵不可驻守，伯麟转而依靠车里土司固守南部边疆门户："唯拊循车里宣慰司，俾得专力保聚训练，储饷固圉自强，藩篱既

① （清）伯麟修纂，揣振宇主编：《滇省舆地图说·滇省夷人图说》，中国社会科学出版社2009年影印本，第94页。

壮，窥伺不萌，门闼设守，于斯为要。"①

云南沿边地区分布着大大小小的许多土司，土司境内生活着众多土著民族，给国家治理带来巨大难度。伯麟强调因地而治，因俗而治，治理方式、手段可以多样化，重在取得治理实效。他说："惟是边临诸国，风尚不必尽同内地。诸土司强弱情形亦各殊别，百蛮与汉民杂居，嗜欲习俗，有相协相洽，亦有未尽协洽，其负险阻，育族种，鲜闻禁教者，刚柔脆悍，聚散踪迹，什淳一浇，亦百不一律，故同一边壤，而其控驭绥靖之势，各有所宜。"②

在普洱府思茅、威远两厅以西，顺宁府缅宁厅、云州以南；车里土司以西、耿马土司之东、孟连土司之北，坐落着倮黑山，倮黑人生活于此，是清王朝疆域内行政管辖所不及。该地山脉连绵，地势险要，与腹里有澜沧江阻隔，交通极为不便，地理环境较为封闭。加之经济落后，瘴疠遍布，内地移民难以进入，派兵常年驻守一时难以实现。伯麟认识到倮黑"族众最多，势未漫蔓，特其性本狙犷，素不知食力治生，剽夺为常，革心不易"，制定相应的治理方略是："外励土司，内倚将吏，严兵集练，有扰必惩，设防联势，树不可犯之威。孟连、耿马扼之于西南，不使与缅合；车里扼之于东南，不使与戛（于腊）合。地脉势弱，自沮邪谋，怀我好音，道可驯致。"③ 即依靠土司联防联控，防止其内外勾连，保障边疆安全。

滇西永昌府界连缅甸，中隔野人山。乾隆中期征缅战争后，"野夷"大量迁入滇西八关以内地区孳息生活。在伯麟看来，"野夷"缺乏头领约束，"十户、十数户皆为一寨，有一寨即自置一长，名为野贯，涣无统属。良悍不齐，悍者剽劫残贼，不可诲谕，但知惕威，不知感德"，时常出山抢掠村寨以及往来于中缅边境的商贾，成为边境治安大患。野人山又是著名"酷瘴之乡"，"霜降以前不可轻涉，雨水以后，春瘴又兴"，而且山山可以潜藏，山路四通八达，清军无法在短时间内通过大规模军事镇压

---

① （清）伯麟修纂，揣振宇主编：《滇省舆地图说·滇省夷人图说》，中国社会科学出版社2009年影印本，第111页。

② 同上书，第109—110页。

③ 同上书，第111页。

将其收服，"大举既虑虚劳，长围又难骤合，顿兵非计，奔命损威"，所以治理方略以震慑防御为主，以军事行动为辅，"但可雕剿，不可犁扫，先孤其掌，后殄其渠，歼一惩百，能使知惧"，一方面采用"雕剿法"，选派文武能吏收集情报，择准战机，调集精兵强将重点清除其寨长，使其群龙无首，丧失反抗能力："责成守土镇臣，假之事权，简兵砺锐，以待猝征，责成守土长吏宽其筹备，募练选谍，以稔夷情，夙拊淳良，专歼盈贯"①；另一方面策励陇川、干崖等沿边土司配合清军加强防控体系。

其二，从构建军事防御体系上分析云南各府级政区的战略地位。认为云南府城属于全省腹心，据有五华山和滇池之形胜，北有武定直隶州，南有澄江府，西有楚雄府分别拱卫。大理府位于滇西中心，具有建瓴之地势，故派提督镇守。丽江府控扼藏区，襟山带河，与省会声势联络，是雄胜之区，永北直隶厅是其左臂，永昌府、顺宁府是其右臂。普洱府和蒙化、景东、镇沅 3 直隶厅是省西南的藩蔽，临安府、元江直隶州是为省正南面的屏障。广南府、开化府和广西直隶州为省东南面之锁钥。滇东曲靖府为滇黔交通的咽喉，东川、昭通府是川滇交通的门户。云南省对外固守重关，可以防御缅甸、暹罗、南掌和越南侵犯，对内据有山川险要，控制交通线，扼守关隘，可以控制少数民族。

又，云南绿营官兵的设置、分防可以窥见云南军事治理体系，参见表 1—2。

表 1—2　　　　　　嘉庆朝云南绿营武职与兵数分府统计表

政区名	武职	兵员	备注
云南府	城守营参将 1 守备 1 千总、把总、外委 18	1090	又，督标副将 1 游击 2 都司 1 守备 2 千总、把总、外委 51 兵 2476，抚标参将 1 游击 1 守备 2 千总、把总、外委 30 兵 1024
武定直隶州	参将 1 守备 1 千总、把总、外委 15	632	

① （清）伯麟修纂，揣振宇主编：《滇省舆地图说·滇省夷人图说》，中国社会科学出版社 2009 年影印本，第 112 页。

政区名	武职	兵员	备注
曲靖府	曲寻协副将 1（驻府城）领都司 1 守备 2 千总、把总、外委 32	1416	又，宣威驻参将 1 领守备 1 千总、把总、外委 15 兵 612
澄江府	把总 2 外委 2	200	临元镇分驻
广西直隶州	游击 1 守备 1 千总、把总、外委 16	797	
开化府	总兵 1 中营游击 1 左营都司 2 右营都司 3 守备 3 千总、把总、外委 48	2320	
广南府	参将 1 守备 1 千总、把总、外委 17	867	
东川府	参将 1 守备 1 千总、把总、外委 21	1189	
昭通府	总兵 1 辖 4 营（恩安中营、鲁甸前营、大关左营、永善右营）游击 4 守备 4 千总、把总、外委 66	3322	又，镇雄驻参将 1 守备 2 千总、把总、外委 20 兵 940
大理府	提督 1（驻府城，辖三营）中营参将 1 左营游击 1 右营游击 1 守备 3 千总、把总、外委 58	1910	又，城守营都司 1 守备各 1 千总、把总、外委 17 守城分防兵 802
丽江府	鹤丽镇总兵 1（驻鹤庆）领游击 2 都司 2 守备 2 千总、把总、外委 45	1739	维西协副将 1 领都司 1 守备 1 千总、把总、外委 18 兵 1400。剑川营都司 1 守备 1 把总、外委 7 兵 538
永昌府	腾越镇总兵 1 游击 1 都司 2 守备 3 千总、把总、外委 51	2875	又，永昌协副将 1（驻保山）领都司 1 守备 1 千总、把总、外委 29 兵 1321。又，龙陵协副将 1 领都司 1 守备 1 千总、把总、外委 23 兵 1232
顺宁府	参将 1 守备 2 千总、把总、外委 42	2032	

续表

政区名	武职	兵员	备注
楚雄府	楚雄协副将 1 都司 1 千总、把总、外委 19	1197	
永北直隶厅	参将 1 守备 2 千总、把总、外委 27	958	
蒙化直隶厅	右哨千总 1 外委 1	120	景蒙营分驻
景东直隶厅	景蒙营游击 1 守备 1 千总、把总、外委 10	511	右哨千总分驻于蒙化
普洱府	普洱镇总兵 1 游击 2 守备 2 千总、把总、外委 37	2636	其中游击、守备、千总、把总、外委 22 兵 1202 分驻思茅
临安府	总兵 1 游击 1 都司 2 守备 3 千总、把总、外委 45	1586	
镇沅直隶州	千总 1 把总 1 外委 5	387	受辖于威远营参将
元江直隶州	参将 1 守备 1 千总、把总、外委 17	932	又,新嶍营游击 1(驻新平)千总、把总、外委 17 兵 755

资料来源:《滇省舆地图说》各府州厅图说。

　　云南提督驻大理,总兵 6 员,分别是滇西腾越镇、滇西北鹤丽镇、滇东北昭通镇、滇南临元镇、普洱镇和滇东南开化镇,形状上构成以大理为中心坐标,向东、西、南、北四面放射的军事防御格局,重心在滇西。

　　云南全省绿营兵总人数为 37661 人,其中人数超过 5000 人的只有永昌府,是为军事防御重点地区;4000 人以上有云南府、昭通府,3000 人以上有丽江府,是为次重点地区;2000 人以上有曲靖府、开化府、大理府、顺宁府、普洱府,1000 人以上有东川府、楚雄府、临安府、元江州,是为一般地区;1000 人以下有澄江府、广南府、武定州、广西州、永北厅、蒙化厅、景东厅、镇沅州,是为防御薄弱地区,其中景蒙营分驻的蒙化厅和临元镇分驻的澄江府人数最少。从军事防御方向而言,滇西边区、滇东北、滇西北和省会是战略重点,省会是全省腹心,容易理解,其余三个地区均地处外缘，地形复杂，民族众多，治理难度最大，需要布置重兵镇守。就政区类型而言，直隶州、直隶厅绿营兵分布人数较少，应与其幅员较小、人口规模相应小、需要重点驻守的州县城池少有关。军事防御体系建设是自然山川形胜、人工军事设施和兵员投入等要素优化组合的结果，其中兵员数量是关键的能动的因素，直接反映治理者的军事理念及对区域军事地位的评估。

其三，《滇省舆地图说》全面、系统地表达云南各府级政区的区域差异，基于各地区在自然环境、经济开发、民族社会和国防形势上的分异，对其治理难易程度作出综合评价，提示需要治理的重点问题，内容高度概括，认识精辟到位，蕴含的信息量大，代表清王朝对云南省情的认知水平达到新高度，行政管理力度更为加强，构筑起一套系统完整、行之有效的行政治理体系。按照其差异，可以划分为核心区、过渡区、边缘区，以下分别加以说明。

核心区。核心区多位于腹里，被概括为都会、沃壤，称为易治地区。云南府被称为大都会，"士习民风蒸蒸丕变，气候冲和，土田沃美，兼擅陂池之利。形势则背连黔蜀，面控三迤"。澄江府儒学发达："地居腹里，毗连省会，沐浴教化，沦浃滋深，故士敦诗书，民勤耕凿。山川之秀，甲于他郡，人文之兴，亦蒸蒸日上云。"武定直隶州民风淳朴："汉夷杂处，风俗淳和，称易治云。"曲靖府地处交通要冲，"地接川黔，为全滇之锁钥，作两迤之门庭。而冲途瘠土，讼狱繁多，惟附郭平畴广野，稍称沃壤云"。楚雄府是东、西两迤通衢总会，又有盐井之利，"人民俭朴，士习诗书，而盐官之利甲于通省，井卤衰旺不常，在乎因势利导焉"。大理府商业繁荣，文化发达："蒙段旧区，夙称沃壤，山川灵秀，人物蔚然，而商贾辐辏甲于他郡，亦滇中一大都会也。"①

总体上说，腹里地区开发早，经济发展程度高，民族结构上汉多夷少，以儒学为代表的汉族文化风尚占据主导地位，少数民族汉化进度比较快，与内地经济社会发展水平落差相对小，军政设施健全，治理难度小。唯分布于交通干道者，行政事务比较繁忙。

---

① （清）伯麟修纂，揣振宇主编：《滇省舆地图说·滇省夷人图说》，中国社会科学出版社2009年影印本，第12、27、16、21、76、55—56页。

边缘区。可以看出内边区、外边区的差异,治理难度最大。外边区与邻国接壤,强调巩固边防是治理重点。开化府移民大量涌入,民族结构和社会风气都在发生嬗变,需要防守越南:"昔时夷多于汉,风气纯庞,今则流寓者众,渐习繁华,而诗书渐摩,风声日远。夷人列胶庠称儒雅者,往往而有。至于接壤越南,在在险要,虽外藩臣服恭顺,而防边之法不可以少懈也。"广南府开发进程相似,需加强南面防御:"府境民物蕃庶,川楚黔粤贫民往来杂处,租山种植,久亦相安。夷性驯悍不一,自设官建学以来,夷人子弟亦知读书,有列庠序者矣。接壤越南,恭顺向化,界以河,不敢私入内地,边境尚称宁谧,而防范要不可疏云。"永昌府防范缅甸是重中之重,策略是厉兵秣马、严守边关和依靠土司:"永昌在汉已隶版图,衣冠文物,自古称之。地土沃饶,风俗淳美。第以疆界辽阔,毗连外夷,商贾丛集,通缅交易,虽中外一家,而防微杜渐,护持宜严。南则最重龙陵,西则最重腾越。最险要者腾越诸关,于通缅门户,布置更密……内则训兵集练,扬赫濯之威,外则抚励土司,壮藩篱之势,自足以近靖野夷而远狄边圉也。"普洱府严防缅甸、南掌两国犯边:"士风朴诚,民情俭啬,耕获蚕桑之暇,采茶为业,足为食力之资。至于南掌、缅甸出入要冲,设关立隘,其制亦周备焉。"元江直隶州防范越南、南掌:"地气炎蒸,田禾两熟,夏秋之间瘴疠特甚,触之伤人。且东南邻越南,西南接南掌,抚绥防范,两者不可阙一云。"临安府民族众多,容易引起边患:"疆界辽阔,夷类繁多,讼狱亦纷,颇称难治,而文风称滇中之盛云。"[1]

内边区与邻省交界,治理重点是维护社会治安、弘扬文教和治理移民。昭通府:"地瘠而寒,宜荞麦。其俗勤俭,而狱讼繁多。至于境接川黔,山川奥折,实为东北之重镇,滇省之锁钥云。"广西直隶州:"境毗广南、开化,遥通越南,虽诗书之教,耕凿之福,久安善良,而设险保固,亦勿容稍疏也。"丽江府:"地邻蒙番,踞全滇上游,气候极寒,田土硗瘠,而西藏货物出入,商贾遥集,文风初辟,人民浑噩,犹有咕咕吁

---

①　(清)伯麟修纂,揣振宇主编:《滇省舆地图说·滇省夷人图说》,中国社会科学出版社2009年影印本,第100页。

吁之遗风焉。"①

过渡区。位置夹在核心区、边缘区之间，多数为直隶州、直隶厅，治理难度有难有易，情况不一。较难治理者，东川府开发矿产，矿民来源较杂，人员集中，治安不易维持："地势高于省城，作北门之锁钥，内拥江山，外连黔蜀。五金之产毕集，五方之民鹜聚，治之盖不易易云。"易治者或者人烟稀少，永北直隶厅："地瘠民贫，而皆性情醇朴，耕读是务，称易治云。"或者辖境较小，汉族移民陆续进入，推动少数民族汉化，蒙化直隶厅："两江天限，重岭墉崇，形势险固，盖旧为蒙氏之区，素称雄部，而今则士喜诵读，民务耕桑，为滇西乐土矣。"景东直隶厅："自明隶版图后，汉夷杂处，寄籍较多，迄今酝酿醲化，号称淳雅，其士风、物产亦与各郡同。盖幅员虽不广，而外卫楚蒙，内扼蛮猓，形势最为完密云。"镇沅直隶州："为景东、元江、楚雄、普洱之屏翰，而风俗淳厚，士崇节义，土夷各安善良，太平之乐，共享无穷也。"顺宁府："夷俗皆淳朴，地远人安，足资捍卫云。"② 顺宁府谈的是缅宁厅以北的情况，缅宁厅以南大部为土司区，另有一块俅黑山区，是清王朝行政管辖的空白区。

第二节　清代后期云南封疆大吏群体

一　封疆大吏之界定与职权

封疆大吏，又称"封疆大臣"。从词义演变看，"封疆"一词早期是指地理疆界，《史记·商君列传》："为田开阡陌封疆，而赋税平。"唐张守节《正义》："南北曰阡，东西曰陌。……封，聚土也；疆，界也：谓界上封记也。"③ 先秦时代盛行分封制，诸侯接受天子封土，划地为王，据有一方，称为"封疆"。后世其政治分封的含义逐渐褪去，转而成为特定官职的别称。明朝前期将地方官制体系中的布政使、按察使、都指挥使

---

① （清）伯麟修纂，揣振宇主编：《滇省舆地图说·滇省夷人图说》，中国社会科学出版社2009 年影印本，第 61 页。

② 同上书，第 70 页。

③ （汉）司马迁：《史记》卷 68《商君列传》，中华书局 1982 年点校本。

称为"封疆大吏"。《明史·兵志二》记载："当是时,都指挥使与布、按并称三司,为封疆大吏。"① 明中叶以后,地方不靖,朝廷因应军政形势需要,在各地临时设置总督、巡抚,集中军政职权,其行政地位当然较布、按、都三司更为尊崇。延至清代,总督、巡抚成为常设官,由皇帝亲自简任,成为总揽一省或数省军政大权、镇守一方的要员,人们习惯上把总督、巡抚合称为督抚,并将之与古代裂土分封的诸侯比拟,称为"封疆大吏",简称"疆臣""疆吏""疆寄之臣""方面大员"等。② 《清史稿》记载总督品秩与职权道:"总督,从一品,掌厘治军民,综制文武,察举官吏,修饬封疆。"巡抚的品秩与职权为:"巡抚,从二品,掌宣布德意,抚安齐民,修明政刑,兴革利弊,考核群吏,会总督以诏废置。"③另外,督抚在各省常例三年一次的文、武乡试中分别充任监临官、主试官。比较督抚职权既有分工负责又有交叉制衡,在督抚兼设的省份,总督总揽地方军政,综制文武官吏,保境安民,偏重于军事镇守,巡抚执掌一省民政、财政、司法,并主持官吏考核事宜,职权分工有利于减少行政摩擦,提高行政运行效率;而职权交叉重叠更多出于权力相互牵制的考量,具有很强烈的政治目的。

与督抚位高权重、主政一方相比,同为省级官员的布政使、按察使、学政实际沦为总督、巡抚的僚属,而提督必须受总督节制。

《清史稿》记载:

提督学政,以侍郎、京堂、翰、詹、科、道、部属等官进士出身人员内简用。各带原衔品级。掌学校政令,岁、科两试。巡历所至,察师儒优劣,生员勤惰,升其贤者能者,斥其不帅教者。凡有兴革,会督、抚行之。④

布政使,从二品。掌宣化承流,帅府、州、县官,廉其录职能否,上下其考,报督、抚上达吏部。三年宾兴,提调考试事,升贤

---

① （清）张廷玉等纂修:《明史》卷90《志》第66《兵》2,中华书局1974年点校本。

② 全国军事要冲省份驻防八旗的最高长官——将军也称为封疆大吏。

③ 赵尔巽等纂修:《清史稿》卷116《志》91,中华书局1977年点校本。

④ 同上。

能，上达礼部。十年会户版，均税役，登民数、田数，上达户部。凡诸政务，会督、抚议行。①

按察使，正三品。掌振扬风纪，澄清吏治。所至录囚徒，勘辞状，大者会藩司议，以听于部、院。兼领阖省驿传。三年大比充监试官，大计充考察官，秋审充主稿官。②

提督，从一品。掌巩护疆陲，典领甲卒，节制镇、协、营、汛，课第殿最，以听于总督。③

综上，有清一代，督抚由朝廷选派到地方，是王朝行政权力的代表，负责镇守一方和治理地方的封疆大吏。督抚的权限划分既相互分工，又互为交叉，蕴含相维相制之意，反映了贯彻中央集权与地方分权理念的治理体系，而布政使、按察使、学政、提督实际上已经不能视作"封疆大吏"。

作为封疆大吏的督抚在地方治理体系中的重要作用，时人的认识很清晰："疆臣者，郡邑吏之纲也。整其纲，则条目咸理，此治天下之要道也。"④ 点明督抚作为治理主体在地方官僚体系中发挥着提纲挈领的作用。

清代总督、巡抚之设置与行政区划密切相关。周振鹤先生借用《周礼》的话将二者概括为"体国经野"与"分官设职"的关系，精辟地指出，唐代以前一般先"体国经野"后"分官设职"，而宋代以降，出现逆转性变化，在高层政区演变为先"分官设职"后"体国经野"⑤。清朝承袭前朝将督、抚作为一般高层政区（直省）的行政主官，并将督抚辖区调整到与布政司、按察司辖区一致，大致与明代省界相仿，极大地优化、便利军政和民政管理。经过康熙、雍正、乾隆三朝不断因应时势做出调整，全国逐渐形成了 8 总督 15 巡抚的定制，分别是：直隶总督、四川总督、两江总督（辖江苏、安徽、江西），湖广总督（辖湖南、湖北），陕甘总督（辖陕西、甘肃、新疆）、闽浙总督（辖福建、浙江、台湾），两

① 赵尔巽等纂修：《清史稿》卷 116《志》91，中华书局 1977 年点校本。
② 同上。
③ 赵尔巽等纂修：《清史稿》卷 117《志》92，中华书局 1977 年点校本。
④ 王庆云：《石渠余纪》卷 2《纪吏治》，台湾文海出版社 1973 年影印本，第 162 页。
⑤ 周振鹤：《中国地方行政制度史》，上海人民出版社 2005 年版，第 196 页。

广总督（辖广东、广西），云贵总督（辖云南、贵州）；江苏巡抚、安徽巡抚、山东巡抚、陕西巡抚、河南巡抚、陕西巡抚、浙江巡抚、江西巡抚、湖南巡抚、湖北巡抚、广东巡抚、广西巡抚、云南巡抚、贵州巡抚、福建巡抚。其中直隶、四川两总督兼管巡抚事。① 上述体制维持到 19 世纪末期出现变化，光绪朝先后在西北增设新疆巡抚，在东南增设台湾巡抚，在东北增设东三省总督和奉天、吉林、黑龙江三省巡抚。据上可知，总督一般兼制二三省，其建置具有军事镇守的特征，巡抚一般专管一省，驻省而治，方便行政管理。周振鹤先生总结清代地方行政制度时说："从行政区划看，清代是省、府、县三级，而从官员设置看，却有督抚、布按、道员、知府、知县五级。……官僚机构如此层次重叠，行政效率自然很低，但中央政府却收集权之效。清代以前地方官员层次必与政区层级相对应，至清则相脱离。"②

　　清后期，云贵总督兼管云南、贵州两省，云南巡抚专治云南，云贵总督与云南巡抚同驻云南府（昆明），督抚同城而治。光绪二十四年（1898）维新变法期间裁云南巡抚，其政务由云贵总督兼管，旋复设。光绪三十年（1904），清廷下令改革官制，对京官、外官各项差缺裁汰、归并冗滥。八月，时任云南巡抚林绍年上《请裁云南巡抚折》，自请裁缺，理由是：第一，"各省幅员之广阔，政务之殷繁，无过直隶、四川，而二省皆只以总督管巡抚事，措理裕如，似云南必无独须督抚并设之理。"③ 通过横向比较，云南一省幅员和行政事务单设总督即足以处置，遇到繁难问题，可以咨商司道，不必复设云南巡抚，造成行政权力叠床架屋的局面。第二，督抚同城，相互争权夺利，于行政实践而言，有损无益，流弊很大。清后期督抚同城之弊暴露，两广总督与广东巡抚、湖广总督与湖北巡抚之间都发生过扞格冲突，朝廷内外对此项制度安排历来颇多置议，建议调整的声音不绝。第三，节约行政成本，"裁此一缺，已可抵各项差缺数十，俸糈、养廉、文案、巡捕、戈什、吏胥、杂役、亲兵以及标营、官

　　① 周振鹤主编，傅林祥、林涓等：《中国行政区划通史·清代卷》，复旦大学出版社 2013 年版，第 36—41 页。刘子扬：《清代地方官制考》，紫禁城出版社 1988 年版，第 10 页。

　　② 周振鹤：《中国地方行政制度史》，上海人民出版社 2005 年版，第 194 页。

　　③ （清）林绍年：《林文直公奏稿》卷 2，台湾成文出版社 1968 年影印本。

弁、兵丁等项，综而计之，数更不少。"① 第四，事权归一，权责更为明确，提高治理效率。林绍年分析说："裁此一缺，就属员论则禀承专一，而不至或有纷歧，就巡抚论，亦无庸多此骈枝，以徒糜库帑；就总督论，更不至有所牵掣而易于施为。……若并而为一，以总督兼管巡抚，则责成愈专，事权归一，必于一切公事尤有裨益。"② 林绍年的提议被清廷采纳。同年十一月初六日（1904 年 12 月 12 日），清廷发布上谕："政务处、吏部会议林绍年奏督抚同城，事权不一，请裁巡抚一折。云南、湖北巡抚两缺着即裁撤。湖广总督、云贵总督均着兼管巡抚事。"③

　　就位处祖国西南边疆的云南而言，中央政府委派总督、巡抚专司镇守、管理和开发，他们是清中央政府政令在西南边疆地区的具体贯彻者，抵御外来侵略、固守国家疆土的地方最高行政责任人，边省对外交往和处理与邻国关系的具体执行者，边省社情民意的搜集者和提供者，中央王朝边疆民族政策制定的咨询者和参与者，某些具体边疆事务的决策者，构成云南边省治理的关键因素之一，直接关系西南一隅的兴衰治乱。他们的治理成效是云南社会经济变迁、民族关系和边省稳定的"晴雨表"。对封疆大吏治理云南的研究涉及中央与地方关系、内地与边疆交流、边疆治理思想和实践、边疆开发、民族宗教政策、军事活动等重大课题。研究清后期云南封疆大吏队伍，分析这一时期发生的重大历史事件、封疆大吏对省情民情认识、治理思想与治理实践，有助于明晰清后期云南的社会经济状况、中央与地方关系、民族、宗教、军事、外务等重大问题，推动区域历史地理研究走向深入。我们对清后期云南封疆大吏的研究，既要充分重视其在治理体系中的作用，又要注意不能脱离时代背景刻意夸大，应该根据具体情况作具体的恰如其分的分析，这是题中应有之义。

二　清代后期云南封疆大吏群体任职分析

（一）云贵总督群体任职情况

综合钱实甫编《清代职官年表》、魏秀梅编《清季职官表附人物录》

---

① 　林绍年：《林文直公奏稿》卷 2《请裁云南巡抚折》，台湾成文出版社 1968 年影印本。
② 　同上。
③ 　《清德宗实录》卷 537，中华书局 1985 年影印本。

两书记载，从嘉庆朝至宣统朝 116 年间，云贵总督共计任命 49 次 43 人（含调、任、署理、兼署，不含护理、暂护、兼护），① 其中邓廷桢、福济、张凯嵩 3 人未到任，1 人（长麟）到任与否存疑，韩克均、吴其濬、吴振棫、潘铎、岑毓英、谭钧培、崧蕃、丁振铎 8 人一度署理，实任 35人，分别是：勒保、鄂辉、富纲、书麟、琅玕、伯麟、庆保、史致光、明山、长龄、赵慎畛、阮元、伊里布、桂良、贺长龄、李星沅、林则徐、程矞采、吴文镕、罗绕典、吴振棫、恒春、张亮基、刘源灏、劳崇光、刘岳昭、刘长佑、岑毓英、王文韶、崧蕃、魏光焘、丁振铎、岑春煊、锡良、李经羲（参见表 1—3）。

表1—3　　　　　　　　嘉庆朝至宣统朝云贵总督任职表

姓名	生卒年	籍贯	旗人/汉人	任职时间	备注
勒保	1740—1819		旗人	1795.6—1797.11	
鄂辉	？—1798		旗人	1797.11—1798.8	卒于任
富纲	？—约1800		旗人	1798.8—1799.9	
长麟	？—1811		旗人	1799.9—1799.10	疑未到任即调闽浙总督
书麟	？—1801		旗人	1799.10—1800.12	
琅玕	？—1804		旗人	1800.12—1804.8	卒于任
伯麟	？—1824		旗人	1804.8—1820.6	
庆保	生卒年不详		旗人	1820.6—1821.1	
史致光	？—1828	浙江山阴	汉人	1821.1—1822.9	
明山	？—1834		旗人	1822.9.20—1825.2	
韩克均	1766—1840	山西汾阳	汉人	1824.9—1825.2	巡抚兼署
长龄	1758—1838		旗人	1825.2—1825.10	
赵慎畛	1762—1826	湖南武陵	汉人	1825.10—1826.6	卒于任
阮元	1764—1849	江苏仪征	汉人	1826.6—1835.3	
伊里布	1772—1843		旗人	1835.3—1840.1	
邓廷桢	1775—1846	江苏江宁	汉人	1840.1—1840.1	未到任
桂良	1785—1862		旗人	1840.1—1845.5	
吴其濬	1789—1847	河南固始	汉人	1844.12—1845.5	巡抚兼署

① 按：先署理后实授，分开统计，即计 2 次。巡抚任职统计处理办法相同。

续表

姓名	生卒年	籍贯	旗人/汉人	任职时间	备注
贺长龄	1785—1848	湖南善化	汉人	1845.5—1846.10	降调离职
李星沅	1797—1851	湖南湘阴	汉人	1846.10—1847.4	
林则徐	1785—1850	福建侯官	汉人	1847.4—1849.9	病免
程矞采	1783—1858	江西新建	汉人	1849.9—1850.12	
吴文镕	1792—1854	江苏仪征	汉人	1850.12—1852.11	
罗绕典	1793—1854	湖南安化	汉人	1852.11—1855.1	1853.6 假，次年卒
吴振棫	1792—1870	浙江钱塘	汉人	1853.6—1855.1	巡抚兼署
恒春	1796—1857		旗人	1855.1—1857.7	自缢身亡
吴振棫	1792—1870	浙江钱塘	汉人	1857.8—1859.1	病免
张亮基	1807—1871	江苏铜山	汉人	1859.1—1860.11	病免
刘源灏	1795—1864	直隶永清	汉人	1860.11—1861.8	
福济	1811—1875		旗人	1861.8—1861.12	因事革职，未到任
潘铎	1792—1863	江苏江宁	汉人	1861.12—1863.3	署，昆明"灯宵之变"被戕
劳崇光	1802—1867	湖南善化	汉人	1863.6—1867.4	1866.3.31 抵达云南省城，[①] 卒于任
张凯嵩	1820—1886	湖北江夏	汉人	1867.4—1868.3	迟不赴任，革职，未到任
刘岳昭	1824—1883	湖南湘乡	汉人	1868.3—1875.12	因事革职
岑毓英	1829—1889	广西西林	汉人	1873.10—1876.5	巡抚兼署
刘长佑	1818—1887	湖南新宁	汉人	1875.12—1883.5	因病休致
岑毓英	1829—1889	广西西林	汉人	1882.6—1889.6	1882.6.22 署，1883.5.30 实授，卒于任
王文韶	1830—1908	浙江仁和	汉人	1889.6—1895.8	
谭钧培	1829—1894	贵州镇远	汉人	1894.10—1894.12	巡抚兼署
崧蕃	1837—1905		旗人	1894.12—1900.12	1894.12.22 巡抚兼署，1895.8 实授
丁振铎	1842—1914	河南罗山	汉人	1899.11—1900.12	巡抚兼署
魏光焘	1837—1916	湖南邵阳	汉人	1900.12—1902.12	

---

① 《清穆宗实录》卷 197，中华书局 1985 年影印本。

续表

姓名	生卒年	籍贯	旗人/汉人	任职时间	备注
丁振铎	1842—1914	河南罗山	汉人	1902.12—1906.9	1902.12.6 署，1904.12.13 实授
岑春煊	1861—1933	广西西林	汉人	1906.9—1907.3	
锡良	1852—1917		蒙古八旗	1907.3—1909.2	
李经羲	1860—1923	安徽合肥	汉人	1909.2—1911.10	昆明"重九起义"推翻

　　注：满、蒙古官员履历登记旗籍，故籍贯栏从缺。

　　资料来源：①钱实甫编：《清代职官年表》（二），中华书局 1980 年版。②魏秀梅编：《清季职官表附人物录》（下），台湾"中研院"近代史研究所史料丛刊 2002 年版。③《清史稿》各列传，中华书局 1977 年点校本。④朱彭寿编著：《清代人物大事纪年》，北京图书馆出版社 2005 年版。

（二）云南巡抚任职情况

　　同一时期云南巡抚，从乾隆六十年（1795）江兰计起，迄光绪三十年（1904）裁撤云南巡抚由云贵总督兼管巡抚事为止，110 年间共计任命 60 次 51 人（含调、任、署、兼署，不含暂护），其中黄宗汉、惠吉、李銮宣 3 人未到任，贾洪诏、林鸿年 2 人因战争原因驻留异地、未抵达治所接任管事而遭革职，初彭龄、那彦宝、伯麟、伊里布、张亮基、潘鼎新、杜瑞联、张凯嵩、崧蕃、魏光焘 10 人一度署或兼署，实任 42 人，分别是：江兰、初彭龄、伊桑阿、孙曰秉、永保、章煦、同兴、孙玉庭、陈若霖、李尧栋、史致光、韩克均、伊里布、何煊、颜伯焘、张沣中、吴其濬、郑祖琛、梁萼涵、陆建瀛、张日晸、徐广缙、程裔采、张亮基、吴振棫、舒兴阿、桑春荣、徐之铭、刘岳昭、岑毓英、文格、潘鼎新、杜瑞联、唐炯、张凯嵩、谭钧培、崧蕃、黄槐森、裕祥、丁振铎、李经羲、林绍年。参见表1—4。

表1—4　　　　　　　嘉庆朝至光绪朝云南巡抚任职表

姓名	生卒年	籍贯	旗人/汉人	任职时间	备注
江兰	？—1807	安徽歙县	汉人	1795.6—1799.6	
初彭龄	1749—1825	山东莱阳	汉人	1799.6—1801.4	

续表

姓名	生卒年	籍贯	旗人/汉人	任职时间	备注
伊桑阿	生卒年不详		旗人	1801.4—1801.8	革职拿问
孙曰秉	1732—1802	奉天承德	汉人	1801.8—1802.11	年老召京
初彭龄	1749—1825	山东莱阳	汉人	1802.11—1802.12	以贵州巡抚署
永保	？—1809		旗人	1802.12—1808.11	
那彦宝	生卒年不详		旗人	1803.1—？	署
章煦	1745—1824	浙江钱塘	汉人	1808.11—1809.10	
伯麟	？—1824		旗人	1809.6—1809.10	总督兼署
同兴	？—1827		旗人	1809.10—1810.3	
孙玉庭	1753—1834	山东济宁	汉人	1810.3—1815.12	
陈若霖	1759—1832	福建闽县	汉人	1815.12—1817.4	
李尧栋	1753—1821	浙江山阴	汉人	1817.4—1817.11	
李銮宣	1758—1817	山西静乐	汉人	1817.11—1817.11	卒，未到任
李尧栋	1753—1821	浙江山阴	汉人	1817.11—1819.6	
史致光	？—1828	浙江山阴	汉人	1819.6—1821.1	擢云贵总督
韩克均	1766—1840	山西汾阳	汉人	1821.1—1825.10	
伊里布	1772—1843		旗人	1825.10—1835.3	先署，1827.11.2 实授，后擢云贵总督
何煊	1774—1837	浙江萧山	汉人	1835.3—1837.5	病免
颜伯焘	？—1855	广东连平	汉人	1837.5—1840.9	
张沨中	？—1848	陕西潼关	汉人	1840.9—1843.9	
吴其濬	1789—1847	河南固始	汉人	1843.9—1845.5	
惠吉	？—1845		旗人	1845.5—1845.5	改调，未到任
郑祖琛	1787—1851	浙江乌程	汉人	1845.5—1845.9	
梁萼涵	1790—1858	山东荣成	汉人	1845.9—1846.2	病免
陆建瀛	1792—1853	湖北沔阳	汉人	1846.2—1846.10	
张日晸	1792—1850	贵州贵筑	汉人	1846.10—1846.11	丁母忧，疑未到任
徐广缙	1797—1868	河南鹿邑	汉人	1846.11—1847.1	
程矞采	1783—1858	江西新建	汉人	1847.1—1849.9	擢云贵总督
张日晸	1792—1850	贵州贵筑	汉人	1849.9—1850.9	服阙巡抚，[①] 卒于任
张亮基	1807—1871	江苏铜山	汉人	1850.9—1852.6	

---

① 按：张日晸按照礼制服除后续任云南巡抚，为道光二十六年任职的继续，故统计时合计为一次。

续表

姓名	生卒年	籍贯	旗人/汉人	任职时间	备注
黄宗汉	1803—1864	福建晋江	汉人	1852.6—1852.6	未到任
吴振棫	1792—1870	浙江钱塘	汉人	1852.6—1855.1	
舒兴阿	1796—1858		旗人	1855.1—1857.7	
桑春荣	1802—1882	直隶宛平	汉人	1857.7—1858.7	
张亮基	1807—1871	江苏铜山	汉人	1858.7—1859.1	擢云贵总督
徐之铭	？—1864	贵州开泰	汉人	1859.1—1862.1	仍留任至1863年三月
张亮基	1807—1871	江苏铜山	汉人	1862.1	署，未到任
贾洪诏	1805—1897	湖北均州	汉人	1863.4—1864.9	驻足四川遥领，未到任，革职
林鸿年	1805—1886	福建侯官	汉人	1864.9—1866.3	遥领，未到任，革职
刘岳昭	1824—1883	湖南湘乡	汉人	1866.3—1868.3	擢云贵总督
岑毓英	1829—1889	广西西林	汉人	1868.3—1876.4	丁忧离职
文格	1822—？		旗人	1876.4—1876.10	
潘鼎新	1832—1888	安徽庐江	汉人	1876.10—1877.10	1876.4.22署，后实授
杜瑞联	1833—1891	山西太谷	汉人	1877.10—1883.7	先署，1878.8.1实授
唐炯	1829—1909	贵州遵义	汉人	1883.7—1884.3	革职拿问
张凯嵩	1820—1886	湖北江夏	汉人	1884.3—1886.12	先署，1884.4.12实授，卒于任
谭钧培	1829—1894	贵州镇远	汉人	1886.12—1894.12	卒于任
崧蕃	1837—1905		旗人	1894.12—1895.8	先署，1895.1.19实授，擢云贵总督
魏光焘	1837—1916	湖南邵阳	汉人	1895.8—1895.10	未到任
崧蕃	1837—1905		旗人	1895.10—1895.10	总督兼署
黄槐森	1838—1902	广东香山	汉人	1895.10—1897.10	
裕祥	生卒年不详		旗人	1897.10—1898.8	云南巡抚裁缺
丁振铎	1842—1914	河南罗山	汉人	1898.11—1901.5	
李经羲	1860—1923	安徽合肥	汉人	1901.5—1902.5	
林绍年	1849—1916	福建闽县	汉人	1902.5—1904.12	云南巡抚裁缺

　　注：满、蒙古官员履历登记旗籍，故籍贯栏从缺。

　　资料来源：①钱实甫编：《清代职官年表》（二），中华书局1980年版。②魏秀梅编：《清季职官表附人物录》（下），台湾"中研院"近代史研究所史料丛刊2002年版。③《清史稿》各列传，中华书局1977年点校本。④朱彭寿编著：《清代人物大事纪年》，北京图书馆出版社2005年版。

（三）对清代后期云南督抚任职情况的量化分析

台湾学者魏秀梅撰文从旗汉籍比例、出身、地区分配、任期、离职原因五个方面，对清季嘉庆朝至宣统朝全国督抚数据进行过量化分析。[①] 笔者谨从旗汉籍比例、籍贯、任期三方面对云南督抚群体作相应统计，与魏秀梅文数据进行对比，尝试揭示云南边省督抚群体的任职特征。

1. 旗、汉籍比例

本书所称旗籍包括满洲、蒙古以及汉军各旗，汉籍是指籍贯为内地十八省。魏秀梅指出，清初统治者在冲要地区专用满员（旗人）担任督抚，是少数民族入主中原后出于巩固政权的目的，以及执行民族歧视政策。到雍正朝以后，局面有所改变，开始参用汉员为督抚大员。18 世纪以降，旗人汉化程度加深，满汉界限日渐减弱，又旗人享有特权，养尊处优，文恬武嬉，人才队伍萎缩，不得不借重汉人治理国家，地方上倚赖绿营、团勇镇压民众各类反抗活动。尤其道咸之际，太平天国、捻军、回民、苗民起义从四面八方猛烈冲击、动摇清政府统治，旗、汉官员政治地位发生根本性变化，湘军、淮军汉人将领凭借军功积累了雄厚政治资本，他们以"中兴之臣"自居，在战后王朝权力分配格局中占据独一无二的地位，纷纷出任包括直隶总督、两江总督在内的封疆大吏，形成"湘淮军政集团"，是影响朝局走向和关系地方治理成败的一股重要政治军事力量。

表 1—5　　　　　　　　　　总督旗汉籍比较表

		嘉庆		道光		咸丰		同治		光绪		宣统	
		人数	比重（%）	人数	比重（%）	人数	比重（%）	人数	比重（%）	人数	比重（%）	人数	比重（%）
云南	旗人	8	88.9	4	28.6	2	25	0	0	2	20	0	0
	汉人	1	11.1	10	71.4	6	75	4	100	8	80	1	100
	合计	9	100	14	100	8	100	4	100	10	100	1	100

---

① 魏秀梅：《从量的观察探讨清季督抚的人事嬗递》，《近代史研究所集刊》1973 年第 4 期。

续表

		嘉庆		道光		咸丰		同治		光绪		宣统	
		人数	比重（%）	人数	比重（%）	人数	比重（%）	人数	比重（%）	人数	比重（%）	人数	比重（%）
全国	旗人	31	59.6	20	46.5	13	43.3	5	26.3	10	28.6	—	—
	汉人	21	40.4	23	53.5	17	56.7	14	73.7	25	71.4	—	—
	合计	52	100	43	100	30	100	19	100	35	100	—	—

资料来源：云南数据来自表1—3，全国数据来自魏秀梅《从量的观察探讨清季督抚的人事嬗递》。

说明：云南统计数据包含未到任、署理、兼署，不含暂护、兼护。同一人任总督两次，分别计算，即计两人两次。跨朝代任职，计入任职时之朝代。

表1—6　　　　　　　　　　巡抚旗汉籍比较表

		嘉庆		道光		咸丰		同治		光绪	
		人数	比重（%）	人数	比重（%）	人数	比重（%）	人数	比重（%）	人数	比重（%）
云南	旗人	5	29.4	2	14.3	1	14.3	0	0	4	28.6
	汉人	12	70.6	12	85.7	6	85.7	4	100	10	71.4
	合计	17	100	14	100	7	100	4	100	14	100
全国	旗人	48	42.1	28	26.7	20	28.6	2	4.1	31	27
	汉人	66	57.9	77	73.3	50	71.4	47	95.9	84	73
	合计	114	100	105	100	70	100	49	100	115	100

资料来源：云南数据来自表1—4，全国数据来自魏秀梅《从量的观察探讨清季督抚的人事嬗递》。

说明：同《总督旗汉籍比较表》。

从全国来看，旗人担任总督的比例比巡抚要高，缘于总督职位本来就少，兼之设在关系统治全局的战略要地，总揽军政，为朝廷管控一方，政治军事上极端重要，由旗人掌握对最高统治者而言方能安枕。旗汉比例发生逆转在道光朝，旗轻汉重从此奠定，至"同光中兴"期，旗籍总督已不足三成，鲜明地反衬出太平天国起义失败后，清朝政治权力结构已发生根本性重组，汉籍总督总体上支配各直省政治运作。就巡抚任职比例而言，与总督情况大同小异。小异之处在于自嘉庆朝以降，汉籍巡抚比例一直高于旗籍巡抚，大同之处在于道光朝以降，旗籍巡抚比重持续走低，至光绪朝亦跌至不足 30%，尤其国内战争处于胶着的同治朝，旗籍巡抚比重竟低至不足 5%，足以见旗人政治精英耗损之严重，人才出现断档，青黄不接。

从云南边省而言，上述特点更为突出，嘉庆朝旗籍总督呈现"一边倒"之势，比重高于全国达 30%，进入道光朝以后，汉回民族关系不和睦，各地民族冲突、武装抗官现象时有发生，清廷不断选调具有丰富治理经验或熟悉西南边情夷情的实干型政治人才来滇省任职，汉籍总督一改弱势，反转成为压倒性多数。（参见表 1—5）例如咸丰七年（1857）旗籍云贵总督恒春自缢身亡，咸丰帝骇异之下就近将四川总督吴振棫调补云贵总督，看重的是吴振棫"于云南情形颇能熟悉，朕委以艰巨重任……挽回大局"①，希望吴能勇挑大任，挽救危急。

同治年间，云南陷入全面战争状态，局势异常复杂、混乱、危险，总督、巡抚均未出现旗人面孔，绝非巧合，背后既有清政府对云南统治陷入崩溃境地，又有清政府将镇压反清武装的军事力量重点部署在华北、长江中下游地区，对西南边省无暇旁顾等深刻背景。云南巡抚一职，汉人占据绝对优势，比重一直保持在 70% 以上，平均高出全国近 10 个百分点。（参见表 1—6）

总而言之，云南省封疆大吏除嘉庆朝略有差异外，在清后期其他时段，均由汉籍官员主导。咸同杜文秀起义之后，尤以镇压起义起家的广西籍岑毓英和援滇湘军将领为主要人选。其麾下将领与兵员多数为就地招募，几乎形成尾大不掉的地方势力："当是时，天子方忧中原，不暇问荒远，大吏坐困无术，则听将领料民为兵，就地征饷，于是骄将悍弁习为跋扈，生杀由己，威福自专，地方文武不敢谁何。疆吏稍裁抑之，辄拥众为变，滇事益不可问矣。"②

关于湘军将领入滇出任封疆大吏，镇压云南各民族反清大起义的记载：

---

① 程贤敏选编：《清圣训西南民族史料》，四川大学出版社 1988 年版，第 333 页。

② 王安定：《湘军记·平滇篇》，载荆德新编《云南回民起义史料》，云南民族出版社 1986 年版，第 253 页。

寇兴，楚军战绩满天下，其将帅率召乡人子弟挈之远征，独云南则不然。其初，劳文毅（云贵总督劳崇光，湖南善化籍）崎岖入险，孑然一身，寝馈于毒虺封狼之侧，冀感其心而资其力，功虽未就，其志亦足壮已。刘公岳昭（云贵总督刘岳昭，湖南湘乡籍）提数千久劳之师，当百万方张之寇，饷不时至，地非素习，其规画迤东，硁硁以攻寻甸断贼援为说。迨寻甸克而省围遂解，竟如所策，所谓好谋能惧者耶。当是时，岑公毓英用民练八万，忍饥血战，极人世之至难，非和衷让善，何克成此，伟烈哉！刘武慎（云贵总督刘长佑，湖南新宁籍）苦心孤鹜，不假声色，骄将悍弁相率解兵符，离虎穴，可云潜运默移，折冲樽俎者矣。①

2. 籍贯分布

魏秀梅对全国范围的研究注意到，咸、同、光三朝湖南籍督抚人数比重较大，反映湘军崛起所带来的政治后果。江浙两省籍督抚比重一直居于前列，反映清代江南地区经济文化发达区贡献政治精英较多，而边远省份由于经济落后，教育普及程度不足，参加科举考试人数比例少，有机会成为督抚的人数最少，是为清后期督抚群体的地域分异格局。

根据云南统计数据，我们发现其与全国情况互有异同。（参见表1—7、表1—8）满洲籍督抚人数占据第一位，集中任职于咸同云南反清大起义之前的嘉庆、道光朝，咸同战争时期直线下降，光绪朝有所恢复，我们认为这与清政府重视云南边省的战略地位，优先选用满员治理的政治倾向有关。咸同时期，统治腹心华北地区和经济重心长江中下游地区陷入战乱，中央政府对云南无暇旁顾，云南通往省外的官道时常被起义军截断，督抚配备上注重熟悉省情和夷情、能指挥打仗的汉员，或就近从邻近省份四川、贵州、广西调任，以便迅速入滇接任。湖南籍督抚在道、咸、同、光四朝特多，反映湘军军政集团对云南政治格局的巨大影响，出自江浙两省的督抚比重也居于前列，原因同于魏秀梅之分析。

---

① 王安定：《湘军记·平滇篇》，载荆德新编《云南回民起义史料》，云南民族出版社1986年版，第269页。

表1—7   云贵总督籍贯统计表

籍贯	嘉庆	道光	咸丰	同治	光绪	宣统	合计
满洲	8	4	2	0	1	0	15
蒙古	0	0	0	0	1	0	1
直隶	0	0	1	0	0	0	1
山西	0	1	0	0	0	0	1
河南	0	1	0	0	2	0	3
湖南	0	3	1	2	2	0	8
湖北	0	0	0	1	0	0	1
浙江	1	0	2	0	1	0	4
江苏	0	3	2	0	0	0	5
江西	0	1	0	0	0	0	1
广西	0	0	0	1	2	0	3
福建	0	1	0	0	0	0	1
安徽	0	0	0	0	0	1	1
贵州	0	0	0	0	1	0	1
总计	9	14	8	4	10	1	46

资料来源：云南数据来自表1—3。

说明：同《总督旗汉籍比较表》。

值得指出的是，广西、贵州籍的督抚占据一定比例，我们认为在时人看来，上述两省与云南同属西南边省，存在相似的民族问题，从中选拔督抚有利于迅速熟悉省情民意，因地制宜地制定治理政策。

表1—8   云南巡抚籍贯统计表

籍贯	嘉庆	道光	咸丰	同治	光绪	合计
满洲	5	2	1	0	4	12
直隶	0	0	1	0	0	1
山东	3	1	0	0	0	4
山西	2	0	0	0	1	3
陕西	0	1	0	0	0	1

续表

籍贯	嘉庆	道光	咸丰	同治	光绪	合计
河南	0	2	0	0	1	3
湖南	0	0	0	1	1	2
湖北	0	1	0	1	1	3
浙江	4	2	1	0	0	7
江苏	0	1	2	0	0	3
江西	0	1	0	0	0	1
广东	0	1	0	0	1	2
广西	0	0	0	1	0	1
福建	1	0	1	1	1	4
安徽	1	0	0	0	2	3
贵州	0	2	1	0	2	5
奉天	1	0	0	0	0	1
总计	17	14	7	4	14	56

资料来源：云南数据来自表1—4。

说明：同《总督旗汉籍比较表》。

3. 任期

清代各级官员任期不固定，不过外官考核通常有"历俸三年"的规定，故在考虑任期时，也可以三年大计作为参照。魏秀梅对全国范围的研究披露，嘉庆朝以后，总督平均任期为2—3年，巡抚平均任期为1—2年，无论总督还是巡抚，任期在3年以下者占到总人数一半以上。[①]

任期长短反映封疆大吏队伍稳定程度，进而对地方治理产生很大影响。任期太短，不能熟悉地方情况，政令难以推行，治理政策缺乏连续性；任期过长，容易培植私人势力，结党营私，蒙蔽朝廷，或因循懈怠，敷衍塞责。对于云南边省而言，任期问题更加值得重视，因为封疆大吏赴滇任职通常路途遥远，耗时久；督抚离任交卸，在电报敷设到云南之前，谕旨靠驿马递送，抵达云南同样需要两个月左右的时间。根据表格统计，

---

① 魏秀梅：《从量的观察探讨清季督抚的人事嬗递》，《近代史研究所集刊》1973年第4期。

清后期云贵总督任期 3 年以下几乎占到 3/4，其中以 1—2 年比重最大，任职超过 8 年者，只有嘉庆朝伯麟和道光朝阮元，任期短促不足 1 年者，占到 30%，反映人员调整过频，不利于政局稳定。（参见表 1—9）云南巡抚任期大同小异，3 年以下者超过 3/4，其中不足 1 年者，达到惊人的 44%，任期超过 8 年的有 3 人，分别是伊里布、岑毓英和谭钧培。（参见表 1—10）将总督、巡抚任期叠加，任期最长者非岑毓英莫属，任总督近 8 年，巡抚近 9 年，总计达 17 年，反映其在清后期云南政治格局中独一无二的地位。

表 1—9　　　　　　　　　　　云贵总督任期统计表

	嘉庆	道光	咸丰	同治	光绪	宣统	合计	比重（%）
6 个月以下	1	3	1	0	2	0	7	15
6 个月至 1 年	2	3	1	1	0	0	7	15
1—2 年	3	3	3	0	2	0	11	24
2—3 年	1	2	3	1	1	1	9	20
3—4 年	1	0	0	1	1	0	3	7
4—5 年	0	1	0	0	0	0	1	2
5—6 年	0	1	0	0	1	0	2	4
6—7 年	0	0	0	0	1	0	1	2
7—8 年	0	0	0	1	2	0	3	7
8—9 年	0	1	0	0	0	0	1	2
9 年以上	1	0	0	0	0	0	1	2
合计	9	14	8	4	10	1	46	100

资料来源：云南数据来自表 1—3。

说明：1. 跨两朝任职者，计入任期开始的朝代。

2. "6 个月以下"指 <6 个月；"6 个月至 1 年"指 6 月≤x≤1 年；"1—2 年"指 1 年 <x≤2 年；"2—3 年"指 2 年 <x≤3 年；下同。

表 1—10　　　　　　　　　　　云南巡抚任期统计表

	嘉庆	道光	咸丰	同治	光绪	合计	比重（%）
6 个月以下	5	5	2	0	2	14	25
6 个月至 1 年	2	2	1	0	6	11	19

续表

	嘉庆	道光	咸丰	同治	光绪	合计	比重（%）
1—2 年	5	2	0	2	0	9	16
2—3 年	0	3	2	1	4	10	17
3—4 年	0	1	1	0	0	2	4
4—5 年	2	0	0	0	0	2	4
5—6 年	2	0	0	0	1	3	5
6—7 年	0	0	0	0	0	0	0
7—8 年	0	0	0	0	0	0	0
8—9 年	0	0	0	1	1	2	4
9 年以上	0	1	0	0	0	1	2
不详	1	0	1	0	0	2	4
合计	17	14	7	4	14	56	100

资料来源：云南数据来自表 1—4。

说明：跨两朝任职者，计入任期开始的朝代。

　　另外，关于督抚离职原因，通常有升迁（例如巡抚升任总督）、调任、降职、革职、病休、丁忧、去世开缺等。云南封疆大吏离职原因中，卒于任上、因病免职人数较多，咸同年间形势艰危，督抚迟迟不赴任，被朝廷认定为畏葸，遭褫职者有张凯嵩、贾洪诏、林鸿年 3 人，降职或革职入狱者也有数人。另有咸丰年间总督恒春夫妻双双自杀身亡，同治年间总督潘铎被当众戕杀，身居高位而性命犹不能保，反映清后期封疆大吏任职云南风险系数比较高，尤其道光、咸丰、同治三朝督抚面临的局势复杂、紧张，矛盾丛生，治理难度很大。

第 二 章

道光朝云南边区冲突爆发与治理困局

　　道光中期，清政府面临内忧外困的政治局势。鸦片战争以后，随着社会矛盾进一步加剧，内地、边疆省份各种反清活动日益活跃，星星之火，可以燎原，由点到面，在西南、西北边疆民族地区武装抗官事件频繁爆发，清政府在上述边疆省份的统治出现治理危机，疲于应付，无法有效化解以汉回矛盾为表征的国家治理危机。本章重点讨论"永昌事件"之后的连续三任云贵总督贺长龄、李星沅、林则徐，任期均不足三年，不满一个任期。他们号称能臣干吏，官声不错，调任滇督前，均有在民族地区担任封疆大吏经验，具备处理民族矛盾的丰富经验。贺长龄久任贵州巡抚，治理苗疆，其成效朝廷内外有目共睹，李星沅、林则徐先后在陕西巡抚、陕甘总督职位上历练，李星沅在四川、陕西任上"严治刀匪、啯匪，屡擒其魁置之法"①，林则徐度过仕途低潮期后，于遣戍地所在的西北就地起复，指挥镇压过甘肃藏民反抗斗争，清查雍希叶布番族，筹办番务（土番、野番），缉捕陕西刀匪。清廷将他们调往云南，委以封疆重任，因地择人的意图是十分明显的，幕后显然经过一番精心的政治运作。清朝最高统治者寄望干吏治疆能够化解云南治理困局，扭转边省从大局基本稳定滑向战乱边缘的严峻局势，他们所面临的最大挑战是云南汉回冲突。

第一节　贺长龄治理迤西边区

　　道光二十五年春，清廷任命贺长龄为云贵总督。贺长龄（1785—

---

① 赵尔巽等纂修：《清史稿》卷 393《列传》180，中华书局 1977 年点校本。

1848），字耦耕，湖南善化人。嘉庆十三年（1808）成进士，是晚清经世学派代表人物和著名实干型官员。

一　从贵州巡抚调任云贵总督

梳理贺长龄的仕途履历，道光朝历任江西南昌府知府、山东兖沂曹济道、署山东按察使、广西按察使、江苏按察使，迁布政使、山东布政使，署山东巡抚，襄助江苏巡抚陶澍创行漕粮海运。道光十九年（1839），擢贵州巡抚。治黔长达 9 年，整肃吏治，重视刑狱，勤听讼，奏请从每百名绿营兵中精选数名，分别隶属府、厅、州、县，由文员管辖，勤加训练，专司捕盗，① 治理苗疆，禁种鸦片，倡导百姓种棉养蚕，改善贵州民生，振兴文教，倡建书院义学，治绩卓异。清廷将其从黔抚拔擢为云贵总督，是看重其经过长期行政历练，具备丰富的地方治理经验，尤其长期在西南省份任职，熟悉民族地区情况，擅长处理错综复杂的民族矛盾。在邻省云南汉回连年互斗，几至难以收拾之际，就近调派入滇，倚重干吏以掌控局势，可以说贺长龄是云贵总督的合适人选。然而，事与愿违，朝廷人事上的精心安排并没有扭转急转直下的云南政局，形势比人强，贺长龄在云南处置汉回冲突并不成功，云贵总督之任成为贺长龄仕途转折点，其治理云南的思想与实践需要深入分析，其中深刻的教训值得总结。

贺长龄的滇督前任是满洲人桂良（1785—1862），满洲正红旗人。桂良离任的原因是晋京陛见时，受到道光帝连日接见，道光帝当面考察后认为桂良年逾花甲，不再适宜担当云贵总督重任，决定将其留京当差，以示体恤："年甫六旬，精力大逊于前，难胜两省总督之任，着留京当差。"② 然而，吊诡的是，接任者贺长龄与桂良同龄，身体状况并不比桂良健康，对此已有研究者注意到。③ 贺长龄不仅年事已高，而且老病缠身，人近迟暮，所患疾病及其症状有脚筋酸疼，行走蹇涩，听力下降，精力不济，记忆力大减："入春以来，始则脚筋酸疼，继而行走蹇涩，遇有祭祀典礼，

① 赵尔巽等纂修：《清史稿》卷 380《列传》167，中华书局 1977 点校本。
② 蔡冠洛编著：《清代七百名人传》，中国书店 1984 年版，第 348 页。
③ 刘鹤：《论贺长龄处理民族关系的思想》，《吉首大学学报》（社会科学版）2006 年第 5 期。

深虑襄事失仪，两耳亦苦不聪，每逢僚属白事，动须再三谛问，加以精神渐短，遇事时有遗忘，医者谓是阴分太亏，非静养数月不能复元。"① 在调任滇督的前一月，向清廷请了两个月病假进行医治、调理。

赴京请训未果。经过两个月治疗和修养，贺长龄健康状况差强人意，在接获云贵总督新任命之后，道光帝同意其时隔近 10 年后，赴京请训。于是按计划从贵州省城启程北上，六月二十三日（7 月 27 日）坐船抵达湖南安乡县，接奉上谕说不必来京，令其掉头赶赴云南上任："前有旨，着贺长龄来京请训，嗣因其患病请假，赏假两月调理，兹据奏称，病已渐就痊愈，唯气体尚未复元。贺长龄着加意调养，毋庸来京，俟病痊即赴新任，至三年届满时，再行奏请陛见。"道光帝推翻前议，取消贺长龄晋京陛见计划的原因不仅仅是体恤臣子路途奔波劳累，更深层次原因是云南政局极不乐观，需要封疆大吏坐镇治理，故朱批说："边疆紧要，仍遵前旨，即赴升任。"②

贺长龄当即改变行程，赶赴云南。28 日折回常德府城，由陆路驰赴新任，于同年八月二十四日（9 月 25 日）行抵云南省城昆明任事。

在入滇途中，贺长龄沿途顺道校阅贵州绿营兵，同时向道光帝坦诚自己不熟悉云南营伍情况，希望道光帝指示治理方针："至滇中营伍情形，臣实未能知悉……臣以腐儒而谈兵事，虽极意讲求，终恐迂疏鲜当，又以就近赴任，不克面承训诲，尤惧靡所持循，伏冀圣明指示机要，俾得奉为准绳。"道光帝朱批比较笼统，要求贺长龄："核实认真，勿尚虚华，自能有效。"③ 经过思考，贺长龄认为整顿军队（武备）是云贵总督职任专责。清朝历代皇帝形成"滇兵羸弱"的固有观念，将之归因于云南特殊的地理环境，"历朝圣训每以滇兵为太弱，固由地气使然"，贺长龄认为军队不讲求训练方法也是关键原因。练兵必先择将，遴选将官的标准第一看操守，第二看技艺，决定从长期任职地贵州选调黎平营参将张肇泰、朗

---

① （清）贺长龄：《耐庵奏议存稿》卷 10《患病未痊请假调理折》，台湾成文出版社 1968 年影印本。

② （清）贺长龄：《耐庵奏议存稿》卷 10《赴京请训恭报起程日期折》，台湾成文出版社 1968 年影印本。

③ （清）贺长龄：《耐庵奏议存稿》卷 10《赴滇督任并顺道查阅黔兵折》，台湾成文出版社 1968 年影印本。

洞营参将存住带到云南赴任，"二员人皆体面而又娴于技艺"，并计划根据实际需要将滇黔两省军官进行对调，"滇黔两省营员向例本准互调，容臣到滇后察看人地情形，再行酌量对换"①，以加强对军队的掌控，并依靠军队作为实现治理地方的保障。

贺长龄到任总督前后，云南巡抚数易其人。贺长龄到任前巡抚为郑祖琛，然而郑祖琛任期只有4个月，即东调福建巡抚。由梁萼涵短暂接任滇抚，不久因病解任，继任者陆建瀛，任职短暂，调任江苏巡抚。陆建瀛的继任者为张日晸，但张日晸母病请假照料，不久即丁母忧，实未赴任。清廷改调徐广缙为滇抚，与贺长龄的继任者李星沅搭档治滇。由于人员配备不齐，云贵总督、云南巡抚两职互为兼署的情况屡屡出现。贺长龄到任次月，迤西事态恶化，贺长龄统兵赶赴处置，云南立即陷入无督抚大员坐镇省垣的政治空心局面，更严重的是，能够署理督抚事务的新任云南布政使苏彰阿，在来云南上任的途中宜城病亡；署布政使赵光祖忙于清厘铜务，无暇旁顾，贺长龄对此十分忧心，被迫奏请将已经外调的郑祖琛临时挽留，暂缓交卸离职。云南局势日益严峻之际，封疆大员走马灯似地更换，对于治理政策的连续性和稳定性汲其不利，而无督抚大员坐镇省城调度指挥，一省政府缺少"主心骨"，此类政治乱象迭现，亦对道光、咸丰朝云南局势演进产生重大影响。

贺长龄思考的治理方略是宽严相济，管控得法，以调解民族矛盾、稳定边疆为治理第一要务，他上奏申述说："边疆要地，控制最难适宜，既不可操之太严，又不可涉于宽纵，轻重缓急之际，一有未当，即易别滋事端。……惟有明查暗访，随处留心，与两省抚臣熟商妥办，务期民夷胥免扰累，边腹均就敉安。"② 道光帝朱批"勉益加勉，以副重任"，予以勉力。

二 从"板桥事件"到"永昌事件"

道光二十五年（1845）四月，迤西边区永昌府保山县板桥（"七哨"

---

① （清）贺长龄：《耐庵奏议存稿》卷10《请带贵州参将二员赴滇练兵片》，台湾成文出版社1968年影印本。

② （清）贺长龄：《耐庵奏议存稿》卷11《恭报途次接篆并抵滇日期折》，台湾成文出版社1968年影印本。

之一）发生汉回械斗，成为"永昌事件"和一系列战争的导火索，笔者将其简称为"板桥事件"。事件起因为：陕西回民马大、马老陕、海老陕、秦二老陕等人在保山县城外板桥村唱曲讥笑汉民，与汉人发生口角争持，继而升级为斗殴。汉人不胜，奔告武生、香把会首万林桂和万重、张杰等，万林桂等人聚众揪住马老陕，将其打伤，马大上前相助救人，万林桂大喊："回民欺侮汉民。"香把会伙党听闻，赶来帮护，将马老陕等追殴。事后，马大等邀回民30余人到清真寺学习拳棒，意图聚众报复，万林桂等也纠约同党预备械斗。保山县知县李峥嵘闻讯，发兵抓捕涉事回民，回民率众对抗，杀伤营弁、兵练多人后不敌，马大逃走，万林桂率领伙党及当地汉人40余人，趁势将回民清真寺拆毁。[①] "板桥事件"发生在云南巡抚吴其濬署理总督时，永昌府知府金澄对该事件的禀报隐瞒真相，片面地称"回匪因查拿教习拳棒起衅"，请求调拨官兵"剿捕"，吴其濬接报后，作出了武力镇压的决定，"设法解散党羽，并委员会带兵练严拿首要各犯，妥为查办"[②]。地方官颟顸粗暴的处置方法，引起城内回民的强烈不满。

回民张世贤、丁泳年等心怀愤恨，分别前往缅宁、云州、顺宁各处纠人复仇。回民有挟汉民前嫌情愿帮助者，也有被胁勉从者。至五月，人数越聚越多，达到1000多人，在马大、张世贤、丁泳年、九砍毛、二白象、赛白袍等人率领下，各带枪炮器械，分堵板桥之上村、窑上、金鸡村写帖传告，声明不惹别处汉人，只与板桥万林桂等讲理，[③] 大规模汉回械斗一触即发。永昌府知府金澄听到消息后，带领永昌协官兵前去堵击，与回民武装遭遇。官民双方互不相让，发生军事冲突，清军兵练伤数人，回民武装死数十人，樊家、水头、木瓜、窑上、金鸡等汉人村寨遭焚杀。金鸡村团练首领沈聚成趁势而起，率哨练对抗回民武装，杀首领九砍毛，回民溃退。沈聚成等追至回民村寨八大营，纵火焚烧房屋，大事杀戮群众。马大等回民武装败走保山后，余部退回右甸猛庭寨。永昌边区汉回冲突自此公

---

① （清）贺长龄：《耐庵奏议存稿》卷11《拿获结盟匪棍从严惩办折》，台湾成文出版社1968年影印本。

② （清）贺长龄：《耐庵奏议存稿》卷11《特参永昌府文武各员片》，台湾成文出版社1968年影印本。

③ 荆德新编著：《杜文秀起义》，云南民族出版社1991年版，第33—34页。

开化、武装化，官民矛盾、民族矛盾交织纠缠，盘根错节，各种流血事件愈演愈烈，事态不可收拾。

七月，张世贤等再度纠集千余人声言报复，从顺宁经右甸、枯柯，打败沈聚成等所率哨练，占领姚关、大小田坝，沿途焚劫汉族村寨，军纪很坏。① 贺长龄上任伊始即接到迤西爆发回民聚众抗官事件，以及回民武装进军过程中报复性劫掠、焚烧破坏沿途村寨，"实属愍不畏法"，作为统治集团的重要成员和利益代表，对民众反抗斗争自然要镇压下去，不过他清醒地认识到永昌府属于迤西边区，自然、人文、历史状况与内地大不相同，处理起来需要慎之又慎，以免一着不慎，牵一发而动全身，使清王朝西南边境陷入全面混乱，威胁国家安全："永昌离省十九站，地邻极边，汉回杂处，溯查历年缅宁等处，每有汉回械斗之案。此次衅由查拿陕甘回匪教习拳棒而起，该匪等疑由汉民挟恨举发，聚集无赖回众，妄思报复，实属顽梗异常，自应痛加剿捕。惟边境与内地情形不同，固不敢稍事养痈，亦未便操之过急。"② 既不能养痈遗患、日久无功，又不能大事挞伐、官逼民反，是云南历任封疆大吏遇到的老大难问题，如何在剿抚之间权衡，如何因时、因地、因势准确把握这个度，是治理能力的最大挑战。贺长龄与巡抚郑祖琛紧急会商，一方面及时向朝廷奏报事态发展情况，请示方略；另一方面下令各地方官召集回寨掌教头人，出面劝谕回民各安本业，同时禁止汉民挟嫌妄动，紧急派因公在省城出差的迤西道道台罗天池、卸任迤南道周澍驰往督办，署邓川州知州恒文也奉委令驰赴保山，会同署云南提督王一凤督饬清军兵练 1250 人，在丙麻和羊邑两处地方堵截。

八月二十九日（9 月 30 日）丙麻之战，清军溃败，回民武装俘获清军龙陵营都司杨朝勋、景蒙营守备潘惠扬等百余人。丙麻距永昌府城仅60 里，守城兵丁人数少，迤西重镇永昌府城危在旦夕。贺长龄接到迤西前线清军损兵折将的战报，"不胜发指"，立即决定"厚集兵练，急加剿捕"，作出镇压回民武装的军事部署：命令驻大理的新任云南提督张必禄

① 吴乾就：《云南回族的历史与现状》，《云南省历史研究所研究集刊》1982 年总第 16 期，第 155 页。

② （清）贺长龄：《耐庵奏议存稿》卷 11《永昌府保山县回匪滋事现筹剿办片》，台湾成文出版社 1968 年影印本。

带兵增援保山；永昌府城内文武保卫城垣；并派兵赴顺宁右甸堵截回民后路，两面夹击回民武装。同时，贺长龄鉴于迤西统治秩序受到动摇，坐镇省城指挥已属缓不济急，决定于九月十三日（10 月 13 日）启程，打着查阅迤西营伍的名义，带兵前往迤西督办，他奏报说："永昌距省十九站之遥，沿路皆崇山峻岭，往返至速亦须两旬有余，臣等远驻省垣，实有鞭长莫及之势。提臣张必禄久历戎行，惟甫经接篆，于地方情形尚未深悉。目前永昌事势孔迫，军情旦夕不同，难以悬揣……臣贺长龄到任后，本应查阅迤西营伍，即于九月十三日，酌带文武弁兵自省前往，就近督办，以期无误机宜，迅速蒇事。"①

然而，令贺长龄意料不及的是，永昌府地方文武忙中添乱，先于九月初二日（10 月 2 日）秘密策划、制造了骇人听闻的"永昌事件"，给迤西紧张局势火上浇油，也给汉回民族矛盾带来灾难性后果。九月初一日（10 月 1 日），清军失利消息传至府城，"官与官相泣，民与民相泣，汉人悉无人色，而城内回民皆不禁雀跃"②。是日辰刻，练总沈聚成坐肩舆入城，与罗天池、恒文密谋，借口城内外回民"勾结造反，里应外合"为名，于次日凌晨率领哨练官兵制造屠杀回民事件，焚毁清真寺，大肆杀戮 14 小时，遇难回民超过 4000 余人。③ 毫无疑问，"永昌事件"绝不是事后地方官报告中所谓清除内应、扑灭叛乱的先发制人之举，而是地方政府勾结基层社会豪强组织精心策划、实施的阴谋活动，并编造出嫁祸于人的口实。

贺长龄得知"永昌事件"是在接到九月初三日（10 月 3 日）迤西道罗天池等人所上书面禀报之后，罗天池等蓄意歪曲事实，称："初二日寅刻，忽闻城内清真寺楼上，枪炮齐发，各街巷回民四路杀出，喊声沸腾。各弁兵立即开放枪炮，奋力攻捕，烧其住房。保山县练总沈聚成，飞带哨练，以一半在城外防截，一半入城赴救，合力围打。……将该寺藏伏各

① （清）贺长龄：《耐庵奏议存稿》卷 11《回匪逼近永昌亲往督办折》，台湾成文出版社 1968 年影印本。

② （清）盛毓华：《永昌汉回互斗案节略》，载荆德新编《云南回民起义史料》，云南民族出版社 1986 年版，第 66 页。

③ "永昌事件"遇难回民人数说法不一致，丁灿庭、杜文秀京控呈文分别声称有 1 万多人和 8000 多人，已存在两种说法，林则徐认为丁灿庭、杜文秀说法不确，实为 4000 余人。

匪，尽行击杀。复经署提标右营游击刘桂茂，侦知军器库旁伏有回匪多人，带同兵练攻击，直到酉刻，始尽歼除。而先经收监之回民杨忠家楼上，枪炮又起。时值黑夜，人心慌乱。该文武与调赴军前之邓川州知州恒文、练总沈聚成等，分派兵练，围住不动。一至黎明，即将各匪击杀。……查明兵练民人，间有杀伤。衙署仓库监狱，并未焚毁。"① 这份报告显然是永昌地方官吏经过事先策划，事后串通捏造，有意编造谎言，罗织罪名，诬陷无辜群众，欺瞒上级视听。对于如此人命关天的重大案件，贺长龄不加分辨，不经调查核实，就信以为真。他竟断定罗天池等人处置果断，剿捕有方，镇静不扰，保全郡城，呈报清廷予以"记功"封赏。"永昌事件"祸首分子罗天池获准从优议叙，恒文尽先补用，刘桂茂尽先升用，团练头目沈聚成拔补千总。贺长龄处置如此失当，激起迤西回民一波又一波的反抗浪潮。亲赴滇西后，了解到部分实情，直至次年三月，纸里包不住火，才改口罗天池、恒文在办理永昌前案"虽属确有可凭，但事发仓猝，内应固宜速清，而良善尤应分别保护"，以至于"城内搜戮内应，伤人过多"②，发生擅杀事件，在贺长龄的庇护下，罗、恒只是犯有办理不善的责任，只将议叙予以撤销。毋庸讳言，贺长龄对查办"永昌事件"错误负有不可推卸的责任。

九月中旬，贺长龄调集的清军兵练大举压境。十三日，清军与回民武装在距保山县城 30 里的金鸡村营盘交战，经过血战，回民武装失利，溃退回猛庭寨。清军跟踪追击至猛庭寨，猛庭寨距离永昌府城 220 余里，地势险要，"崇峦叠嶂，曲箐深林，仄径纡回，未便长驱直入"，且"山势广阔，路径纷歧，处处可以偷越"③，回民武装分子乘夜陆续逃散。贺长龄于是奏报"肃清"，宣布大功告成。

然而，道光二十六年（1846）正月，回民黄巴巴、张富在猛庭寨再次聚众武装抗官，烧断澜沧江桥，与清军大战于牛角关、官坡，重创清军

---

① （清）贺长龄：《耐庵奏议存稿》卷 11《搜捕永昌府城内应回匪片》，台湾成文出版社 1968 年影印本。

② （清）贺长龄：《耐庵奏议存稿》卷 11《会剿回匪获胜并请撤销上年保举折》，台湾成文出版社 1968 年影印本。

③ （清）贺长龄：《耐庵奏议存稿》卷 11《进剿回匪获胜及现办情形折》，台湾成文出版社 1968 年影印本。

官兵。贺长龄被迫二度赴迤西督师。黄巴巴、张富武装抗官事件表面起因是外来回民及永昌逃散回民百余人，要求署保山县令景尧春将保山回民遗产发还给回民耕种，并声称复业无资，请求发给数千两盘费，遭到景尧春拒绝，答复说："田各有主，固不准汉民霸种，亦难听回民妄认，致启争端，且经费有常，何能滥给盘费。"其深层原因实为"永昌事件"的后遗症和持续发酵。

回民武装首领黄巴巴系陕西回民入滇，此人熟习回经，回民无不信服，称为伊斯兰教"大祖师"。张富是毗邻永昌府之顺宁府乐党回民，常年在外赶马为生。二人一拍即合，利用"永昌事件"积聚的民族矛盾和善后问题发难，在迤西边区鼓动民众，迅速获得响应。史料记载：

"张富等各为头目，共称黄巴巴为仙人，以图煽惑。扬言永昌田产甚多，助力者得财分享，助财者偿之十倍。滇省汉回本有积嫌，回民又嗜利轻命……从而附和、辗转纠人，资助银米。""汉回本系积仇，听说报复，无不愿往。黄巴巴系回教大祖师，声称永昌回产都归愿去之人分种，且随处可以抢掠。他有法术，不怕官兵，故此听信。诘以此次滋事，究有若干人，据供来去并无一定，中间回民居多，也有各厂游民，不能指出确数。"[①]

必须指出，并非黄巴巴、张富等人的策划、动员活动有多么高明，其所做的不过是在反抗烈火上添加薪柴而已。其一是利用基层民众迷信思想，声称法术可以对付官府；其二是以分得永昌回民遗产为诱饵，利用民众贪图利益的心理。然而毋庸讳言，复仇雪恨才是黄巴巴、张富纠约大批群众加入抗争队伍的"撒手锏"，即最有效的动员手段。但值得研究者注意的是，黄巴巴、张富率领的抗官队伍，参加者虽然以回民为主体，但并不是清一色的回民，其来源需要具体分析，其中黄巴巴属于"外回"，有很多是永昌难回（前案余伙），还有从矿厂失业的游民，毫无疑问里面不少是汉人，这一点连贺长龄都心知肚明。这说明迤西边区抗官斗争纠缠多重社会矛盾，不能完全以汉回民族矛盾画线，也不能用民族矛盾掩盖民生问题。黄巴巴、张富聚众抗官事件实际上是对清朝官府荒唐处理"永昌

---

① （清）贺长龄：《耐庵奏议存稿》卷12《审办永昌滋事回匪并安插良回折》，台湾成文出版社1968年影印本。

事件"的武力报复，是复杂社会矛盾的集中爆发。

对于清廷和贺长龄而言，迤西汉回之间矛盾尖锐，尚可以操纵利用，互相制衡，汉、回、夷三方团结起来投入反清斗争，才是心头大患，必须严加防范。如贺长龄镇压回民马大、张世贤、丁泳年武装抗官事件时特别担心回民与土司、"夷人"合流，招致难以预料的后患，他说："臣思滇省回民甚众，该匪等又身负重咎，此时若分路搜捕，不但铤而走险，虑有他虞，即各处回众亦不免疑惧自危。且迤西一带，夷族实繁，更恐勾结生事，转于大局有碍。"① 故而用兵时显得瞻前顾后，左右为难。黄巴巴、张富策动起事时，贺长龄特别关注汉人游民加入暴动队伍，"滇省金银铜锡各厂，游匪实繁，一经纠集，遂亦冒充回民，借图抢掠，日聚日众"②。形势朝云南各民族结成反清统一战线的方向演进，就会动摇统治基础，直接威胁清政权的安全，故而清廷对此感到万分惊恐，绝对不能容忍，道光帝指示贺长龄全力镇压，防止回民与汉人游民合流："游匪借端冒充，日聚日众，似此玩法藐官，必应及时查办，免致日久蔓延。……滇省铜锡各厂，游匪甚多，若不乘机扑灭，必至勾结为患。该督惟当体察情形，如果一时未能掩捕，即当亲往督办，总期立时殄灭，早靖边陲，是为至要。"③ 下令贺长龄做好最坏打算，准备二度前往迤西督办。

三 迤西边区治理困局与治理措施

贺长龄先后两度亲赴滇西镇压回民武装反抗斗争，对如火如荼的人民抗争活动和错综复杂的社会矛盾有更切实的了解。他意识到滇省汉回冲突出自积怨，存在时间长，问题复杂，治理起来不可能一蹴而就。而且云南回民人数甚众，忧虑一味穷追猛打，将为丛驱雀，将其赶到统治集团的对立面，甚至与边区"夷民"合流，形成难了之局，影响大局稳定。从而对回民抗争采取穷兵黩武的片面方针有所调整，转变为主张汉回一视同仁，秉公执法，缓和矛盾，除暴安良，试图通过怀柔治术实现边疆长治

---

① （清）贺长龄：《耐庵奏议存稿》卷11《进剿回匪获胜及现办情形折》，台湾成文出版社1968年影印本。

② （清）贺长龄：《耐庵奏议存稿》卷12《匪徒窜入永平滋扰现饬缉拿片》，台湾成文出版社1968年影印本。

③ 同上。

久安。

（一）对云南汉回互斗起源的分析与治理措施

贺长龄梳理云南汉回冲突起源流变，说："滇省汉回构隙，始于嘉庆初年，彼时争利斗狠，均在厂地。至道光十九年（1839）以后，缅宁、云州、顺宁连次互斗，其祸遂中于地方。臣悉心体访，因近年厂务渐疲，四外游匪散在各处，汉回夙嫌未释，偶有争端，而游匪之好事者，非怂恿汉民，即附和回民，遂致迤西一带凡有汉回错处之区，内相疑忌，外各猜防。回民本护其同类，汉民又私设牛丛，分朋树党，积不相能，往往酿成巨案。上年之张世贤，此次之黄巴巴等，虽首要均就歼除，而余孽终未净尽，化之实难遽化，诛之不可胜诛，总由气类各分，是以猜嫌易起，必须破除界限，方能永杜祸根。"①

又说："臣到滇已将一年，察看民间生计，多仰给于各厂，近来厂务告疲，资生乏术，每多流为盗贼，加以山川险阔，匪徒出没不时。"②

又："滇省汉回构衅，其来已久，缘回民耐苦习劳，类多勤积致富，而汉人不善营生，回民遂得重利盘剥。汉民又私设牛丛，动辄恃众仇杀。若云州、缅宁历年械斗之案，回民死者较多，因而积不相能。"③

贺长龄披露云南汉回冲突起源于利益之争、矿产资源之争，实际上民生问题才是民族冲突症结。道光年间云南经济萧条是造成社会动荡、民族矛盾激化的根源。矿民失业后生计维艰，流落民间成为游民，游民问题日益加剧，使汉回冲突事件从矿区扩大到全省范围，尤其以汉回杂居区最为严重。回民民族性强，易于动员，汉人建立基层豪强组织，双方从细微嫌隙或普通治安案件发展到大规模械斗，仇恨越结越深，势同水火，直至反抗官府处置不公，是该类事件演变的普遍轨迹。贺长龄意识到治理云南汉回冲突事件的棘手之处在于化导难以速效，而武力镇压只能治标。他提出治理云南民族关系的方针是禁革牛丛，力行保甲，严打"游匪"，地方官

---

① （清）贺长龄：《耐庵奏议存稿》卷 12《汉回夙嫌未释亟宜化导片》，台湾成文出版社 1968 年影印本。

② （清）贺长龄：《耐庵奏议存稿》卷 12《遵旨复奏整顿兵政折》，台湾成文出版社 1968 年影印本。

③ （清）贺长龄：《耐庵奏议存稿》卷 12《复奏两年办理回匪情形折》，台湾成文出版社 1968 年影印本。

处理汉回交涉事件时尤当秉公持平，一视同仁，无分畛域，恩威并施，化
解猜嫌，以靖边围："禁革牛丛，力行保甲。无论汉回，凡土著民人悉令
互相保结，联为一体。牛丛革，则众无可恃；互相保，则隙无自生。并择
明白诚实衿耆，遇事劝导，驱逐游匪，以绝其交构互煽之端。尤在地方官
遇有汉回交涉事件，秉公持平，结之以恩，示之以信，日渐月摩，庶几潜
移默化，可期边境粀安。"① 禁革牛丛会，剪除基层豪强势力，防止尾大
不掉，挟制官府，也有利于清政府政令贯彻。通过保甲来联防联控，维护
社会治安，使游民无立足之地，消除社会不安定因素。

　　贺长龄镇压张世贤、丁泳年回民反抗斗争后，在迤西回民居住区大规
模编查保甲，"迤西各属编查回民保甲，不下十余万户，该掌教头人均各
出具不敢容留逆匪切结"②，试图将具有强烈抗争意识的民众纳入保甲管
控体系，运用王朝法制力量，消解民族根深蒂固的民族性，恢复社会秩
序。黄巴巴、张富武装抗官事件平息后，清查回民田产，招令复业，无产
者酌给抚恤，"永昌事件"遗存回民分别安插，力行保甲，使汉回群众日
久相安，以靖祸源，③ 以上是在迤西边区推行保甲制的实例。

　　贺长龄调整片面军事镇压策略，接受回民武装首领张富、马效青
（大白象）投降，企图以回制回，将参与抗争的回民分散安插，消除聚众
隐患。贺长龄借前线将领之口，向清廷解释此举完全是有利于"绥靖边
地"，说："张富素有小惠小信，为回民所共服，既据悔罪投诚，众情正
在观望，若不予以自新之路，窃恐杀一张富，固足伸一时之国法，而甫经
安定之众回，难保不各怀疑惧，别生枝节，似莫若设法钤束，则操纵在
我。拟将该犯张富先行收营，严加约束，责令招出余党，一体分别安插，
不使聚在一处，以免再行滋事，似于善后较有把握。"④

　　站在统治集团立场，代表统治集团利益，贺长龄将参加武装抗官斗争

　　① （清）贺长龄：《耐庵奏议存稿》卷 12《汉回夙嫌未释亟宜化导片》，台湾成文出版社
1968 年影印本。

　　② （清）贺长龄：《耐庵奏议存稿》卷 11《审办永昌滋事匪犯折》，台湾成文出版社 1968
年影印本。

　　③ （清）贺长龄：《耐庵奏议存稿》卷 12《审办永昌滋事匪犯并安插良回折》，台湾成文出
版社 1968 年影印本。

　　④ （清）贺长龄：《耐庵奏议存稿》卷 12《要犯张富投诚现在查办折》，台湾成文出版社
1968 年影印本。

的回民定性为"匪",视为叛乱,力主军事镇压,这一点是不会改变的,但他根据边省实际,讲究治理策略,避免将军事打击对象扩大化,或者治理办法过急过猛,适得其反。"滇省之有回民,并非一处,其善良者,践土食毛,同为赤子;即狡悍者,仇杀报复,亦系与民为难。惟至愍不畏法,抗拒官兵,势不能不痛加诛剿,迨首伙头目业已明正典刑,即未便张大其事,到处穷追,转致各属回众闻风自危,于全局大有关系。故臣办理此案,于回民之形同叛逆者,必为尽法惩治;于汉民之实属首祸者,亦必严拿究办。他如罗天池、恒文等之滥杀,则不敢回护,撤销议叙;提臣张必禄之迟缓,则不敢瞻徇,附片密陈。即前据逸犯张富等于军前投诚,亦饬令该处文武查明确实,再行吁恳天恩,准予免罪,收为我用。凡皆不避怨嫌,相机操纵,欲使回众咸知朝廷之一视同仁,自消反侧,并欲使文武各员怵然为戒,不敢遽就苟安,致贻后患。"① 贺长龄标榜对汉回一视同仁,按照王朝法制标准治理地方,除暴安良,约束文武官吏,以消弭各族民众反抗活动。

贺长龄认为,"永昌事件"后"逃散良回近已渐次复业,而滋事余匪心怀疑惧,不敢回里。外来奸回因挟难回以为词,从而鼓煽,加以滇省金银铜锡各厂游匪实繁,一经纠集,遂亦冒充回民,藉图抢掠,日聚日众"②。他将回民区分为良回、难回和外来奸回。认为外来奸回觊觎永昌回产,游匪冒充回民,乘机挑拨,导致回民聚众闹事。进而采取"奸除逆回、安抚难回、劝谕良回及设汉回互保之法,共立合同,彼此遵守"之法,③ 试图区别、分化回民,削弱反抗力量,使汉回在遵守约定的基础上,缓解彼此对立,和平共处。

贺长龄治理汉回冲突,实现云南长治久安之道办法有二:第一,州县官选贤与能,州县官是亲民官,必须人地相宜,处置民族案件得当,"慎选牧令,随时化导,遇事惩创,凡有汉回交涉案件,秉公持平,令其潜移

---

① （清）贺长龄:《耐庵奏议存稿》卷12《复奏两年办理回匪情形折》,台湾成文出版社1968年影印本。

② （清）贺长龄:《耐庵奏议存稿》卷11《匪徒窜入永平滋扰现饬缉拿片》,台湾成文出版社1968年影印本。

③ （清）李星沅:《李文恭公奏议》卷13《访查回务大概情形并现在筹剿缅匪先饬臬司出省策应折子》,台湾文海出版社1969年影印本。

默化，日久相安"①。第二，绿营军队勤加训练，兵力精强，方足以提高管控、弹压地方能力。道光朝军备废弛，将惰兵骄，成为锢习。首先，绿营兵操练废弛，上下相蒙，相互姑息，军队扰民甚过匪寇。贺长龄主张从整顿提督、总兵开始，严禁将弁借端摊派，克扣兵粮，事事加意体恤，以服其心而作其气。其次，绿营兵当兵吃粮，搞第二职业，不从事操练，不务正业。贺长龄提出勤操演，"练兵先须练弁，练弁先须练将，而尤在赏罚严明"②，他以云南省城六营试点，身先垂范，办法成熟后再向全省军队推开实施："臣现任总督，每月向有操赏银两，足资激劝。云南省城共有六营，臣现定每月操演日期，令各营将弁亲到教场，实力操演，枪炮、刀矛均须便捷精熟，火药尤须加工制造，不准省费偷工，致临时不能得用。各项技艺有不如式者，责成该管之员勒限学习，三限仍不如式，分别责革。臣择其技艺较优者，仍照前在黔时月必亲试，各按等差当场给赏，并令省外各营一体遵办，以期一兵得一兵之用，一日有一日之功。"③ 再次，贺长龄主张向士兵宣传朝廷恩德，讲明朝廷设兵卫民的宗旨，宣讲《训兵六章》，依次递讲，周而复始，激发士兵天良，激发斗志，增强军队战斗力。最后，遴选精兵，汰弱留强，预储军装、器械，各就技艺所长，加意训练，以备攻坚克难。贺长龄通令云贵两省，从额兵中十挑三四，务取力强胆壮者另为一军，各就技艺所长，加意训练，以期收实用之效。最后，贺长龄准备仿行黔抚时做法，从军队中挑选精兵组织"捕盗营"，专职缉捕大盗，维持治安。

（二）吏治乱象和军队战斗力差是爆发治理危机的重要原因

"永昌事件"发生前后，文职官员从迤西道罗天池到署保山县知县李峥嵘，要么对械斗处置不当，要么一手制造冲突，将局势推高到战争边缘；而武职官员率军与回民武装作战时，清军人数数倍于对手时，仍然攻坚不克，指挥能力、战斗力严重不足。地方官员守土有责，永昌府文武官员有的畏葸称病，有的临阵脱逃，各种失职渎职行为，致使军队无战斗

---

① （清）贺长龄：《耐庵奏议存稿》卷12《复奏两年办理回匪情形折》，台湾成文出版社1968年影印本。

② （清）贺长龄：《耐庵奏议存稿》卷12《遵旨复奏整顿兵政折》，台湾成文出版社1968年影印本。

③ 同上。

力，局面陷入一片混乱，回民武装声势壮大，战事蔓延，贺长龄陆续处分了一大批失职官员，反映边疆吏治败坏到极点。

"板桥事件"发生后，永昌府知府金澄声称患病，且以兵饷无从筹措为理由，推脱查办责任。罗天池星夜返回永昌府城，督促金澄处置事件，金澄又称"患病沉重，禀请开缺，并称兵练乏食，练勇日渐星散"①，作为危机策源地的主政官关键时刻撂挑子。署永昌营都司杨春富在丙麻之战中，畏怯逃跑，被革职拿问。贺长龄为了整肃军队，不惜临阵换帅，在镇压黄巴巴、张富回民武装抗官事件中，弹劾云南提督张必禄遇事迟缓，将其撤换。又参劾永昌、顺宁两府地方文武员弁或堵拿不力，庸懦无能，或坐视推诿，不能奋勇冲锋，将署顺云营参将昭通镇游击张文焕革职，顺宁县知县杨觐、现署顺云营参将刘思礼撤任，摘去顶戴，腾越镇游击陆发荣、大理城守营都司刘桂茂均降为把总。②

回顾道光二十五年（1845）张世贤、丁泳年和道光二十六年（1846）黄巴巴、张富两次回民武装抗官事件所经历战斗，回民武装人数鼎盛时前者1000余人，后者2000多人，人数、武器、训练都不如清军兵练，然而却能与之势均力敌，周旋到底，甚至取得部分战斗胜利，重挫清军。例如丙麻之战，清军失利，署永昌营都司杨春富逃跑，龙陵营都司杨朝勋、景蒙营守备潘惠扬被回民武装俘虏。金鸡村之战，署腾越营中军游击朱日恭身受重伤而死。张世贤、丁泳年余部三四百人败退回猛庭寨之后，居然在清军重兵"两面兜剿"之下，利用山高林深的地形于九、十月之交从容逃离，转入地下抗争。道光二十六年（1846）飞石口之战，清军署守备、回民赵发元被杀。大力哨之战，清军署都司缪志林、千总赵得和被戕。又，黄巴巴、张富回民武装余众退回猛庭寨，云南提督张必禄、署腾越总兵荫德布率清军尾追而至。总督贺长龄赶往大理督师，厚集兵力达4600人，数倍于回民武装。然而回民武装残部利用猛庭寨易守难攻的地理条件和雨季来临的气候条件，使清军陷入苦战，付出重大代价。清军历时1个

---

① （清）贺长龄：《耐庵奏议存稿》卷11《特参永昌府文武各员片》，台湾成文出版社1968年影印本。

② （清）贺长龄：《耐庵奏议存稿》卷12《查办回匪事竣分别举劾各员折》，台湾成文出版社1968年影印本。

多月，才将回民武装击溃。①

　　清军与云南暴动民众队伍作战中不占优势，是普遍现象。道光二十七年（1847）云州之战，清军前线兵力达 3600 人，3 倍于回民武装，后又紧急加调清兵 3100 人，将回民武装层层包围，然而就是久攻不下，令时任总督李星沅心急如焚。② 西南省份广西也发生同样的情况。金田起义后，数倍于农民起义军的清军围追堵截，却师劳无功，一败再败，一大批统兵大员战死、病死、自杀，起义军声势不断壮大，反清烈火在长江流域、华南地区燎原。

　　（三）基层豪强组织崛起，加剧社会动荡

　　作为国家治理主体的文武官员不称职，政治黑暗，军队管控地方不力，导致区域治理危机出现，社会公平正义无从实现，迤西地区堕落成一个"强人世界"，盛行强者为王的"丛林法则"。官府依靠汛塘兵、团练维持地方治安，越来越无力，民间豪强势力乘势崛起，结成牛丛、香把会组织，俨然行使基层政府职能，私设公堂，滥用私刑，横行乡里，欺压百姓，成为汉回冲突事件的制造者和扩大者，上述现象值得研究者高度重视。这些人多为基层社会无赖分子，社会失序时涌现，历朝历代屡见不鲜，仗势欺人，利用官民矛盾渔利，与官府有一定瓜葛，背后甚至有官府"保护伞"，依照经济条件看不一定是地主，称其为"地方黑恶势力"更为恰当。

　　有研究者认为，香把会是从"牛丛"演变而来的民间地主政治武力团体。③ 笔者认为二者并生并存，不一定存在替代关系，差别在于云南不同地方叫法不同。牛丛会、香把会一类基层豪强组织，起源于社会治安不靖时，村寨民众自发组织起来自卫，具有鲜明的地缘结社特征："各村庄以防贼为名，设牛丛以聚众，始而获贼擅杀，并不报官，迨后彼此相仇，所杀多非真贼，而大伙贼盗转得勾结横行，莫敢过问。……凡所欲杀者，

---

① （清）贺长龄：《耐庵奏议存稿》卷 12《攻毁永昌猛庭回寨余匪溃散折》，台湾成文出版社 1968 年影印本。

② （清）李星沅：《李文恭公奏议》卷 14《审结云州回匪全案折子》，台湾文海出版社 1969 年影印本。

③ 《林则徐查办永昌屠杀回民案》，载杨国桢《林则徐论考》，福建人民出版社 1989 年版，第 56 页。

疾如风雨，杀恐有迹，秉畀炎火，生不知名，死不知罪，血肉为灰，惨至此极，而官固莫能治也。"①

各类文献对牛丛组织多有记载。

嘉庆初年曾任永平知县的桂馥，在其著作《滇游续笔》记载道："所谓牛丛者，连山接寨，结约党与，于深林古庙，杀牛饮血，相为盟誓。一人欲动，则登高吹角，角声一起，千百云集，拥其众以报复私怨，挟制官长，莫可谁何。"②特别指出楚雄、大理、永昌三府旧俗相沿，非一朝一夕之故，牛丛组织尤其猖獗。

"道咸之际，滇中回汉冲突，互相仇杀。云（州）、缅（宁）、姚州等属，先后相继变起，乡民自谋保卫，多联络附近村落，相互守望，以吹角为号，甲村有警则乙、丙等村闻声赴援，乙村有警则甲、丙等村亦如之，谓之牛踪"③。滇西此类牛丛会跨村寨，相望相助，规模比较大。

永昌边区牛丛会滥施私刑，挟制地方官员，地方官投鼠忌器，听之任之，姑息养奸之下，任其坐大。"永昌一带距省窎远，蛮野成风，向有乡民私设牛丛、火竿以御盗贼，侦获一匪即任意凌虐致死，并不报官。原呈所称，道光十三年（1833）间，棍等活埋民命，知县查究被围，知府亲往救解，反被勒结等情，虽现在查无案据，而所指未必无因。迹其恃众逞凶，历经禁止不悛，甚堪发指。然当回汉互争之际，无不豕突狼奔，地方官惟激变是虞，一时力难禁止，由于威约之渐，以致太阿倒持。言之实深愤懑。自有永昌擅杀之事，而仇衅愈结愈深，遂致不可收拾。"④

又如道光年间滇东南地区，"开化、广南、临安三府，及广西州属弥勒、师宗、丘北等县，土人习为盗劫，官不能办，民间私自结会，名曰'牛丛'，每获窃盗，则传集乡人，各出一柴焚之。亦有借此报仇讹诈，把持街市者，甚为可虑。似宜官为之主，化作保甲、团练之法，获盗则送

① （清）何绍祺：《禁化牛丛论》，贺长龄纂辑《皇朝经世文编》卷80，台湾文海出版社1966年影印本。

② （清）桂馥：《滇游续笔》，载方国瑜主编《云南史料丛刊》第12卷，云南大学出版社2001年版，第88页。

③ 李春曦等修，梁友檍纂：民国《蒙化志稿》卷26，民国九年（1920）铅印本。

④ （清）林则徐：《丁灿庭京控案现办情形片》，载来新夏等主编《林则徐全集》第4册《奏折卷》，海峡文艺出版社2002年版，第1844页。

官惩办。如解司之费不敷，即就本道审明正法，仿照从前永昌民变奏归迤西道就近办理之案；或州县可靠，即听其尽法惩治，亦似便宜可行。"①何桂珍建议时任云贵总督吴文镕禁绝牛丛会，由官府主导裁断民间纠纷，杜绝民间滥设私刑，戕害人命。

又如光绪年间，云南封疆大吏上折报告滇东曲靖府属寻甸州仍存在牛丛会："滇省乡民恶俗，凡有禾稼、果蔬被窃，一经拿获，并不送官究治，不问罪之轻重，辄集薪成堆，将人捆置其上，勒令亲属先出给甘心字据，复逼令自行举火活烧毙命，使其后日不敢告发，名为牛丛会，忍心害理，实属闻所未闻。此风起于兵燹之时，承平后迭经各督抚出示严禁，而乡僻痼习犹未能除，甚有损折一草一木，并非窃贼，而挟嫌栽诬，亦复动经烧毙者，若不严加惩创，何以维教化而保民生。"②披露牛丛会在云南基层社会存在时间长，屡禁不绝。

关于牛丛的起源，方国瑜先生考证说明代已出现，为乡兵别称。方先生钩稽出天启《滇志》卷7《兵食志》记载："乡兵所谓牛丛也。"该志书载王来仪撰《沿乡训练牛丛议》说，"滇之牛丛，即各省直之乡兵也。聚土著之民，使自为卫""各自带武器，备旗帜，牛酒合丛"，牛丛得名于此，其性质为乡村武装，与官府有勾连。延至清代，牛丛作为基层豪强组织的特征变得十分突出，张逸尘《永昌纪乱》记载："官不保民，须恃自卫，遂各乡有结牛丛陋习。"③

活跃于永昌府一带的香把会组织名称应来源于烧香拜把的结盟形式，香把会首领称为"香头"，又称"大爷""丛头香首"。官府称其为"香匪""匪棍"，归为地方黑恶势力一类。韩捧日《迤西汉回事略》披露保山县香把会组织之发展说："自万春倡为烧香之举，七哨效尤，或数百人为一香，或千、万人为一香，香、回角胜，遂隐隐有不能两立之势。"④

---

①　（清）何桂珍：《上吴甄甫师书》，载余嘉华，易山主编《云南历代文选·散文卷》，云南教育出版社2013年版，第344页。

②　（清）谭钧培：《谭中丞奏稿》卷6《严惩牛丛会匪折》，清光绪二十八年（1902）湖北粮署刻本。

③　方国瑜：《云南史料目录概说》第2册，中华书局1984年版，第548—549页。

④　（清）韩捧日：《迤西汉回事略》，载中国史学会主编《回民起义》第1册，神州国光社1952年版，第178页。

"板桥事件"主要当事人万林桂，武生出身，同党张杰为文生，万重系监生，保山县人，为人凶恶，平日横行乡里，人皆畏惧。道光二十五年（1845）二月间，万林桂起意订盟，结拜弟兄，彼此帮护，意图称霸乡里。三月初一日，聚集30多人在尊光寺烧香发誓，组织香把会，誓言"一人有事，大家帮助"。万林桂有膂力，是香把会发起人，被推为盟正，万重为盟副，张杰为副正。他们在尊光寺私设刑具，威胁当地板桥百姓说地方事务均要听盟正处分。当地百姓徐星、刘文华、宗老九、杨春幅、杨文沅、徐大受、杨有等人，有的因路遇万林桂未起立，或者买树未事先告知，或因彼此口角，均被香把会分子扭赴寺中责打，并分别罚银。万林桂还讹诈百姓，犯下逼人自尽的命案。官府对此置若罔闻，民众畏惧豪强也不敢控告。

保山县香把会俨然成为一方政治势力，气焰熏天，僭越违制，目无法纪，主导基层社会事务："道光二十年（1840）前后，（保山）县属汉民中多有烧香结盟为会者，是为香把会。其哥弟称呼，仿照哥老会，唯不与哥老会混合，而另树一帜。其所抱宗旨，以横行妄作为能，数年之内，凡强悍少年，势豪劣衿，互相效尤，城乡各地共成八处，是为八把香哥弟。每把香内，有大爷一人为首领，城内有庄大爷，南门外有耿大爷，金鸡村有孟大爷，板桥街有万大爷，沙坝街有寸大爷，皆威势骇人，而以板桥之万大爷万众（万重？）尤为特甚。每次出外，必仿总督仪卫，坐八人明轿，而以尊光寺迎神之金椅明轿为之。坐虎皮，踏金狮，俨如天神，前后拥护五六百人，皆各执兵器，而轿前有提手炉者四人，如迎神之礼，其狂妄不可尽述。地方文武官偶有相遇，官皆避道，不敢撄其锋。"① 上述记载虽有夸张失实之处，但不可能是空穴来风。又有记载："汉有党，回亦有党，党既众，地方官不能捕，亦不敢问。"②

以万林桂为首的板桥香把会组织的崛起与坐大，反映边区基层社会矛盾积重难返的恶果，也是治理失败的产物。"万林桂现象"是道光中期迤

---

① 《永昌府保山县汉回互斗及杜文秀实行革命之缘起》，载中国史学会主编《回民起义》第1册，神州国光社1952年版，第3页。

② （清）盛毓华：《永昌汉回互斗案节略》，载荆德新编《云南回民起义史料》，云南民族出版社1986年版，第63页。

西地区地方豪强势力的一个缩影。

制造"永昌事件"的除了哨练、官兵外，也有香把会分子身影。香把会首刘书、周曰庠带领成员直接参加血洗保山城回民，林则徐审办得实后将其处死。①

诚如杨国桢研究指出，云南永昌地区的"牛丛会""香把会"，是趁清朝统治力量衰落而崛起的地方割据势力。他们和清朝政府在压迫、剥削回汉人民方面有一致的地方，但在攫取地方统治利益上又存在矛盾。从实现国家统一这一历史发展的长期趋势看，他们的存在是中央集权制的离心和分裂力量。他们在性质上是反动的。②

清朝政府控制基层社会的重要手段是推行保甲制度，然而保甲制度在统治力薄弱的地区如边区、民族地区有名无实，多属虚应故事。施行保甲制度需要人力、物力、财力保障，官府督查管理，民间社会配合，文教风气化导，编户制度配套，属于基层社会综合治理体系，主要基于内地农耕地区而设计，在边区和民族地区显然存在许多难以克服的障碍。不仅云南推行不畅，福建漳泉、广东北部土客械斗成风地区也遭遇类似情况。③

在治理能力不足的状态下，清朝地方政府与牛丛会、香把会等地方豪强组织之间关系更为微妙，二者存在相互利用的一面，官府的确存在操纵、利用汉人牛丛会、香把会，制衡回民的动机，使其作为基层社会治理的手段之一，官府、香把会、回民清真寺三方势力相互博弈，试图制造一种力量均势。然而，对于基层社会而言，这是一种危险的平衡，作为地方豪强武装组织牛丛会、香把会有自我膨胀的趋势，势力坐大之后，势必脱离官府控制，反过来挟制官府，逼迫其就范，侵蚀国家行政、财政、司法统一，甚至变成尾大不掉的地方割据势力。故而牛丛会、香把会肆虐的地方，大多变成"法外之地"，构成地方治理的重大威胁，反过来成为官府的打击对象。

---

①　（清）林则徐：《保山回民两起京控案审明定拟折》（道光二十八年六月十三日），载来新夏等主编《林则徐全集》第 4 册《奏折卷》，海峡文艺出版社 2002 年版，第 1999 页。

②　《林则徐查办永昌屠杀回民案》，载杨国桢《林则徐论考》，福建人民出版社 1989 年版，第 60 页。

③　来新夏编著：《林则徐年谱长编》（下），上海交通大学出版社 2011 年版，第 659—660 页。

贺长龄主张严厉打击"香把会"势力,把他们称为"匪棍",与抗官反清的汉回群众视同一律,他说:"云南迤西一带,向有烧香结盟恶习,往往恃众横行,不但欺压平民,即有命盗等案,亦每拒捕殴差,以致民气日悍,目无官长。犯上即作乱之渐,若不从严究办,边地何以肃清。"①贺长龄认为以万林桂为首的"香把会"分子是引发永昌回民一系列抗官事件的罪魁祸首:"此番永昌回匪滋事,实系始于报复,终于叛逆,以致焚杀村寨,拒毙兵练,戕伤大员,而揆厥所由,则皆因万林桂之凶悍不法,恃众殴逐拆寺而起。是该犯实为罪首,不独该回民前次呈诉,称与该犯作对而荼毒一方,即汉民亦无不切齿痛恨。若但剿办回匪,而于肇衅凶徒稍从末减,不但该回匪心疑偏袒,未遽甘服,而此无辜生灵横遭波累,怨气未平,亦恐郁成灾异。况永昌地居边远,习染夷风,近且盟匪日多,动辄生事,民强官弱,法纪荡然,若不极力挽回,地方将不可问。"②依据"异姓人但有歃血订盟,焚表结拜弟兄者,若聚众至二十人以上,为首者拟绞立决"的法律,将万林桂处死。揆其内情,贺长龄希望在边区除暴安良,严明执法,严厉打击"地方黑恶势力",消除边区不安定因素,缓和民族紧张关系和社会矛盾,破除边区治理困局。

(四)为筹军费大开捐纳之门

清代立国建立的财政体制是量入为出,常年兵饷供应养兵、训练。镇压人民反抗活动的军需费用是特别开支项目,经费需要另筹和奏销。战争是"绞肉机",也是"烧钱机器"。云南是"受协"省份,财政上收支不能平衡,常年依靠外省解拨"协饷"弥补亏空。用兵先要筹饷,对封疆大吏而言,是个两难选择。如果大动兵戈,饷需经费没有着落,如果不调集重兵,又无法保证在对付农民武装的战争中取得决定性胜利。贺长龄及其继任者多数不约而同地对民众抗官事件采取剿抚兼施的方略,很大程度上是基于军需经费匮乏的现实。贺长龄、李星沅镇压迤西回民抗官事件,林则徐镇压保山七哨哨练抗官夺犯事件,都力求速战速决,军事重点打击目标是发动汉回抗官事件的为首者,然后解散胁从,见好就收,最忧心攻

---

① (清)贺长龄:《耐庵奏议存稿》卷11《拿获结盟匪棍从严惩办折》,台湾成文出版社1968年影印本。

② 同上。

坚战、持久战，战事迁延难了，在封疆大吏眼中，是劳师糜饷。当地气候条件制约，地形复杂，交通不便，军队行动迟缓，后勤保障线往往距离长，路途艰险，不适宜大规模运输军粮、武器弹药和装备，后勤保障困难，财政上难以为继。以至于不得不改剿为抚，接受村寨或回民武装的投降，战争难以毕其一役而取全功。各地民众的反抗活动防不胜防，反抗力量诛不胜诛，民众可以充分利用地理条件从容应对清军镇压，这是云南特殊地理环境、政府财力不足等多重因素综合作用的结果。在迤西横断山区，我们看到一些村寨成为天然的抗清武装"小根据地"。

道光二十五年（1845）贺长龄镇压张世贤、丁泳年抗官之役耗银10.5 万多两，用于兵练盐粮和难民抚恤，先从盐课溢余备边等款项下借支，但财政无款可以归还，于是开捐纳。云南盐商灶户捐纳银 5 万两，省内在籍员外郎龚绥和官绅王泽润等 30 多人共捐银 3.1 万余两，不足之额由全省官员从养廉银内分作三年摊捐。对捐纳的官绅、盐商灶户，查照豫工二卯捐例，分别赏给官职、职衔。①

道光二十六年（1846）镇压黄巴巴、张富武装抗官之役，开支军需银又达12.5 万两以上，"尚有应还借碾附近各仓谷价、运脚，暨沿途州县垫发经过官兵及留防兵练盐粮银两，一切善后事宜，所需尚多，未能截数具报"②。贺长龄继续大开捐纳之门，收取官民报捐军需经费，收捐期为一年，并将其推广到省外，准外省人员一体报捐。

道光二十七年（1847）初，继任云贵总督李星沅调兵镇压缅宁、云州抗官武装，军需开支项目为军火、粮饷、行装、夫马等。③ 做法与贺长龄相同，先从盐课溢课备边项（即边费项下）挪借，然后收捐纳填补。自道光二十六年（1846）下半年，陆续捐纳军需银达 9.9 万多两。④ 然而，云南本省民众财富有限，捐纳历时 8 月，仅收捐银 13 万两，距离军

① （清）贺长龄：《耐庵奏议存稿》卷 12《官绅捐输军需经费恳请奖励折》，台湾成文出版社 1968 年影印本。

② （清）贺长龄：《耐庵奏议存稿》卷 12《遵例续捐军需并陈现在动用银数片》，台湾成文出版社 1968 年影印本。

③ （清）李星沅：《李文恭公奏议》卷 13《附奏动拨军需银三万两片子》，台湾文海出版社 1969 年影印本。

④ （清）李星沅：《李文恭公奏议》卷 13《请奖捐输军需人员折子》，台湾文海出版社 1969 年影印本。

需开支借款相差仍多。虽然贺长龄将云南捐纳政策推广到省外，"滇省僻处西南，罕通舟楫，山程修阻，往返维艰。外省捐生，虽各报效情殷，每多惮于远涉，观望中止"，收效不彰，李星沅奏请援照陕西就近报捐之案，在贵州设局收捐，解送云南使用，将滇省军需捐纳地域范围扩大至贵州全省。① 又，林则徐督滇期间，继续执行在云贵两省开办捐纳的政策，至道光二十九年（1849）办理届期时，共计收到捐纳银近55万两，将前任总督贺长龄、李星沅迤西之役军需款项核销完毕。②

治理效果评价。尽管贺长龄一再向清廷奏报镇压回民武装取得巨大战功和战果，然而清廷却可以从反面解读为云南民众反抗斗争此起彼伏，并未如预期地退潮，形势并没有得到有效控制，因而对贺长龄治滇方针是否奏效产生怀疑。与此同时，朝廷出现质疑的声音，道光二十六年（1846）夏，有人参奏贺长龄治理之下云南回民抗争扩大化、严重化，引起道光帝高度重视和对云南边省局势的严重关切："有人奏，滇南回匪蔓延，请饬认真筹办一折。据奏云南永昌府回匪滋事，地方官办理不善，经该总督督兵剿办，回匪又皆流入各府州县，捕之不及，歼之不能，且或分头哨聚，或四散掳掠。兼以川陕回民百十为群，相率而至，当熟筹长策，无使蔓延等语。回匪时聚时散，最为地方之害，必须办理得宜，毋致稍贻后患，着贺长龄再行体察情形，据实奏办，务令匪徒匿迹，边境肃清，以靖地方而安良善。"③ 道光帝另一道上谕措辞严厉地说："倘不能认真办理，事事核实，嗣后仍有滋事之处，唯贺长龄是问！"④ 反映最高统治者对迅速控制云南局势的急迫之心。

道光二十六年八月二十三日（1846年10月12日），清廷撤销贺长龄云贵总督职务，将其降调为河南布政使。道光帝上谕措辞十分严厉："上年云南回匪滋事，经贺长龄亲往督剿，办理果协机宜，何至本年复有蠢

---

① （清）李星沅：《李文恭公奏议》卷13《奏请援案于黔省藩库收捐并展捐输限期折子》，台湾文海出版社1969年影印本。

② （清）林则徐：《请将捐输银两先行归还滇省借垫军需款项折》，载来新夏等主编《林则徐全集》第4册《奏折卷》，海峡文艺出版社2002年版，第2208页。

③ （清）贺长龄：《耐庵奏议存稿》卷12《复奏两年办理回匪情形折》，台湾成文出版社1968年影印本。

④ 程贤敏选编：《清圣训西南民族史料》，四川大学出版社1988年版，第315页。

动？现在虽据该督奏称，连获胜仗，地方安谧，惟究未能及早筹防，优柔
从事，致复劳师糜饷，已属咎无可辞。甚至以总督重任两省，营伍皆其统
辖，岂竟调遣乏人，转借一军犯之力练勇助剿，谬妄无能，莫此为甚！贺
长龄不胜总督之任，着即降补河南布政使。"① 归纳道光帝的问责要点如
下：其一，指责贺长龄办理迤西汉回冲突案件不当，对迤西回民抗官事件
的处置未能果断有力，以致局势反复，久拖不决；其二，接受回民武装首
领张富、马效青（即大白象）投降，任用发配顺宁县安插的军犯王芝异
在军前效力，措置失当，有伤国体。

虽然君命难违，贺长龄对道光帝的指责仍然有所辩白，他说自己任职
总督两年以来，遵照上谕以处理回民反抗斗争为工作重心，为此尽心竭
力，并取得显著治理效果："受事以来，因回匪滋扰，驰驱戎马，即寝食
亦难刻安。前奉上谕，以回匪时聚时散，最为地方之害，令臣再行体察，
据实奏办。臣已将两年办理情形并现在各处均已敉安切实覆奏，不敢一字
蹈虚，稍涉欺罔。"进而剖明心迹，解释自己忠心肝胆任事，却受制于不
熟谙军事以及客观条件，导致办理不当："总由臣未习戎韬，冒当重任，
既未能及早筹防，免致再扰；又因山多路杂，兵分力单，准令该军犯
（王芝异）练勇助剿，以期迅速歼除。"②

九月二十二日（11 月 10 日），贺长龄向云南巡抚陆建瀛办理完交接
手续，黯然离职。在清廷看来，贺长龄治理云南无疑是以失败告终的，
《清史稿》论赞一句话总结说："贺长龄儒而不武，不足以奠岩疆也。"③
认为贺长龄的素质与云南边省实际不吻合，其封疆大吏之任实属人地不相
宜。对于《清史稿》的上述结论，有研究者认为站不住脚，理由是贺长
龄的继任者们对贺办理回务评价并不低，而且实际上继承了贺弭息汉回民
族矛盾的思想。④

关于贺长龄治理云南的功过，我们认为不能简单下结论，需要作具体

----

① （清）贺长龄：《耐庵奏议存稿》卷 12《交卸云贵督篆谢恩折》，台湾成文出版社 1968
年影印本。

② 同上。

③ 赵尔巽等纂修：《清史稿》卷 380《列传》167，中华书局 1977 年点校本。

④ 刘鹤：《论贺长龄处理民族关系的思想》，《吉首大学学报》（社会科学版）2006 年第
5 期。

分析。四月"板桥事件"发生在贺长龄抵任之前，姑且不论。"永昌事件"发生在贺长龄接任总督一周之后，综合考虑永昌府与省城之间通信时间差及其向清廷所上有关奏报，可以得出结论，他事先并不知情，事后获得的是一份永昌地方官有意歪曲事实的报告。问题是他犯了偏听偏信的严重错误，掉进迤西地方文武官员设计的圈套，先是错误地为制造案件的罪魁祸首论功请赏，后亲赴滇西，已搜集、得到一些实情，却出于维护统治集团狭隘利益和官官相护"潜规则"，未能果断平反冤案，为遇难回民昭雪，严惩肇事者，及时、有效地处理善后，收复人心，作为治理云南的主政大吏，这种缺乏胆识和政治担当的行为，带来了严重后果。我们可以下结论说，不能严肃、公平、认真、果断地查处"永昌事件"，是贺长龄督滇的最大败笔，也是其治理不能如愿的症结所在。"永昌事件"之后，迤西受害回民存在两种反应，一种以杜文秀、丁灿庭、木联科等为代表，主张向上级官府逐层控告，希望查明真相，秉公处理；一种以马大、张世贤、丁泳年、赛百袍等为代表，主张武力报复。杜文秀等人赴省城上控，贺长龄受理诉状后，包庇罗天池、恒文，对原告杜文秀等进行压制，使其省控无功而返。① 这种做法失信于民，无异于将一大批良回、难回驱赶到武力抗争的队伍中，也与其素来主张宽严相济、除暴安良、秉公持平、破除汉回畛域等治理思想大相径庭。故而从剿抚兼施最终落到剿抚失宜、进退失据的地步，殚精竭虑，疲于奔命，无论武力镇压还是以回制回，均劳而无功，回民反抗浪潮一波未平一波又起。无论如何辩诬，很难改变其治滇总体上不成功的结论。

贺长龄仕途自云贵总督之任后出现逆转。清廷力图将其任上所办滇事查个水落石出，其厄运并未因交卸离职而告一段落。道光帝责成后任总督李星沅清查贺长龄治理云南汉回冲突方略和实践是否得当，有无办理不善，重点核查"回案曾否就竣，原办是否属实"，另外张富率众降清是否出于真心，朱批怀疑贺长龄欺瞒朝廷，写道："当今之弊，总在蒙蔽不实，处处皆然，深堪痛恨。"② 道光二十七年（1847），李星沅经过复查

---

① 林荃：《杜文秀京控时间考》，《云南师范大学学报》（哲学社会科学版）1985 年第 1 期。

② （清）李星沅：《李文恭公奏议》卷 13《恭报到云贵总督任并兼署云南抚篆折子》，台湾文海出版社 1969 年影印本。

"永昌事件"和张富降清事件，回奏说，贺长龄督滇两年期间的军政活动均有案可查，并无不实之处："计两年剿办事宜，前督臣贺长龄均经驰往督饬，并先后歼除逆回，安抚难回，劝谕良回，及设汉回互保之法，共立和同，彼此遵守，皆有文禀可凭，询诸官绅，亦无异议。"但处理汉回冲突有不当，治理效果不彰："一误于罗天池之轻发，再误于张必禄之缓攻，剿既失平，抚亦过厚。贺长龄以常处事而不虞事之变，以诚待人而不觉人之欺，积渐成之，而欲奋迅去之，收效固不易也。"① 又说："贺长龄办理回案，意在破除积习，化莠为良，第未审受病之源，即已蹈欲速之弊，剿抚兼用，功效两难。虽观过知仁，待人常失于厚，而致远恐泥，虑事终失之疏。"② 认为张富、马效青降清后不久，即被胁重新参加回民武装，贺长龄有无心之失，"固非初念所及，究无先见之几"。罗天池滥杀无辜，本应该从严参劾，贺长龄却包庇他托疾离职，仅将议叙撤销，办理失平允。清廷收到李星沅报告后，下令将罗天池即行革职，永不叙用，追加处分贺长龄办理不善责任，将其一并革职："此次歼擒云州回匪，多系永昌前案逸出之犯，是该匪等反复滋扰，显因上届办理回务之告病道员罗天池未能详慎区分，率行掩捕，以致众回寒心，有所借口，实属贻误大局。前任云南迤西道告病回籍之罗天池即行革职，永不叙用，以为轻发躁妄者戒。贺长龄于罗天池搜杀过多，托疾以去，并不从严参劾，止请撤销议叙，又率准张富等投诚代请免罪，种种谬妄，实属办理不善，亦着一并革职。"③

贺长龄治滇失误实乃民治无力无心，军治未敢轻议，矛盾日积月累，渐成尾大不掉之势的治理困局所致。

第二节　李星沅治理云南汉回冲突

道光二十六年八月二十三日（1846 年 10 月 12 日），云贵总督贺长龄

---

① （清）李星沅：《李文恭公奏议》卷 13《访查原办回务大概情形并现在筹剿缅匪先饬桌司出省策应折子》，台湾文海出版社 1969 年影印本。

② （清）李星沅：《李文恭公奏议》卷 13《复奏查明原办回务实在情形折子》，台湾文海出版社 1969 年影印本。

③ 同上。

降调河南的同日，清廷下令调江苏巡抚李星沅入滇，接任云贵总督。李星沅（1797—1851），字子湘，号石梧，湖南湘阴人，是贺长龄的晚辈同乡。道光十二年（1832）成进士，选庶吉士，授编修。十五年（1835），提督广东学政。十八年（1838），授陕西汉中府知府。历任陕西、四川、江苏按察使，江西、江苏布政使，陕西、江苏巡抚。擢任云贵总督前，在西部省份陕西、四川和东部省份江苏任职久，应该说对回民问题比较稔熟，治绩在同一时期封疆大吏群体中属出类拔萃者。清廷将其调到云南，不能不说是慎重其选的，也有临危授命的政治含义。李星沅抵任后，调集清军镇压缅宁、云州回民武装抗官事件，得到道光帝赏识，认为调度有方，办理迅速，诏加太子太保衔。然而，李星沅的总督任期很短，于入滇次年春（1847 年 4 月）调任两江总督，综计其任期仅 6 个月。

又，学术界对李星沅督滇研究很少，笔者未检索到专著，专题论文只有 1 篇，另有论文数篇论及其督滇活动，① 本书相关讨论只能属于初步探索。

一　滇省大吏缺员现象

江苏巡抚驻苏州，李星沅办理完卸任手续后，于道光二十六年九月十三日（1846 年 11 月 1 日）乘舟启程赴滇。② 此行取道江苏无锡、丹阳，安徽庐州、安庆，湖北黄州，湖南常德等，水陆兼程，历时 45 日，经过 68 站，于十月二十六日（12 月 14 日）抵达贵州省城。再经过 10 多天，陆行 18 站，于十一月初八日（12 月 25 日）抵达昆明，接印任事，前后经过近 2 个月的西行跋涉。

李星沅甫经上任，发现其搭档云南巡抚连续换人，前文提到江苏、云南两省对调封疆大吏，李星沅以江苏巡抚升任云贵总督，与之对应的人事任命为云南巡抚陆建瀛改任江苏巡抚。云南巡抚人选圈定河南布政使张日

---

① 专题论文有蒋勇军《试析李星沅平定 1847 年云南回民起义》，《云梦学刊》2014 年第 5 期。缅宁、云州事件性质是否"回民起义"，需要作进一步讨论。涉及李星沅治滇的论文有林荃《杜文秀京控时间考》，《云南师范大学学报》（哲学社会科学版）1985 年第 1 期；杨国桢：《林则徐查办永昌屠杀回民案》，载杨国桢《林则徐论考》，福建人民出版社 1989 年版，第 55—74 页；刘鹤：《论贺长龄处理民族关系的思想》，《吉首大学学报》（社会科学版）2006 年第 5 期。

② （清）李星沅撰，袁英光、童浩整理：《李星沅日记》，中华书局 1987 年版，第 670 页。

聂，然而张日聂丁忧，遂改调江苏布政使徐广缙为滇抚。徐广缙经过长途奔波，定于十二月初十日（1847 年 1 月 26 日）抵任。然而出人意料的是，同年十二月二十六日（1847 年 2 月 11 日）即徐广缙任职才半个月，清廷再下调令，将徐广缙调补广东巡抚。云南巡抚由江苏巡抚程矞采补授。当时程矞采正在督办漕运，一时无法脱身，云南巡抚事务只能由李星沅兼署，李星沅顿时一身二任。边省如此频繁的高层人事更迭，令李星沅感到惴惴不安："当有事之秋，筹度边防，综持全局，兼顾弥虞陨越。"①程矞采到任的时间迟至四月初十（5 月 23 日），②而在此前 20 多天（即三月十六日），清廷已经下令将李星沅离职云贵总督东调。换句话说，李星沅任职云贵总督六个月中，基本上是在没有巡抚协助的状况下施政的。

又，李星沅上任 3 个月后的二月初六日（3 月 22 日），云南学政萧浚兰丁忧开缺，李星沅再兼署学政一职。

封疆大吏人事更迭过于频繁，给边省治理带来了诸多问题，王朝时代行政具有因人施政的鲜明特点，换人往往意味着治理方针、政策随之调整、变化。另外赴任边省耗时长久，在督抚大员更换的"时间窗口"，政务陷入停滞，社情民生无法及时上达，突发事件得不到迅速处理，基层矛盾不能有效化解，州县官抱怨说："大吏频更，地方事多不能办，且下情无由上达也。"③

二　对云南省情民情认知与治理方略

与前任总督贺长龄相比，李星沅与道光帝之间的互动极为密切、频繁，道光帝对云南汉回矛盾起因、治理方略经常发表见解，作出指示，既反映清廷对云南问题越来越重视，又说明最高统治者对李星沅稳定云南局势寄予厚望。在赴滇任途中，道光帝通过军机处发出数道廷寄，责成李星

---

① （清）李星沅：《李文恭公奏议》卷 13《恭报兼署云南抚篆日期折子》，台湾文海出版社 1969 年影印本。

② （清）李星沅：《李文恭公奏议》卷 14《附奏交卸云南抚篆日期片子》，台湾文海出版社 1969 年影印本。

③ （清）李星沅撰，袁英光、童浩整理：《李星沅日记》（下），中华书局 1987 年版，第 704 页。

沉上任后，首先立即核查前任总督贺长龄任职两年期间所办理各项军政事
务是否如实呈报，是否存在蒙蔽朝廷之处；其次查清回民张富率众降清事
件始末，指令李星沉详加体察，悉心酌办，不可包庇回护前任责任，"断
不可将就了事，有伤国体，尤不可姑息，目前措置失宜，致贻后患。倘贺
长龄苟且目前，办理不善，即着据实严参，不可代人受过也"①；再次，
云南汉回冲突年复一年，经过多次用兵，迄无宁日，饬令李星沉报告云南
当前形势，悉心筹划应办事宜，即提出治滇方略。道光帝朱批严肃督促
说："（李星沉）责无旁贷，若稍迁就，自难处矣。懔之，勉之。"②

　　如上节所述，李星沉在回奏中信誓旦旦地保证要遵旨秉公查案，绝不
会徇同乡关系之私情而替贺长龄掩饰："天良未泯，不敢以仰承严旨，故
事苟求，更不敢以曲徇同乡，稍存讳饰。"③ 他揭发前迤西道罗天池在
"永昌事件"制造事端，滥杀无辜，积怨甚深，罪不可赦，遂将其即行革
职，永不叙用。并报告贺长龄处理永昌汉回冲突存在多处失误、过错，一
误于罗天池的轻率发难，并蓄意包庇其罪责，再误于提督张必禄的缓攻，
"剿既失平，抚亦过厚"，办理永昌汉回冲突不妥善，民心不服，导致民
众抗争斗争屡"剿"不绝，缅宁、云州回民武装反抗斗争实为永昌回民
抗官斗争的余波等。清廷凭此追溯贺长龄的责任，将其褫职遣归。

　　（一）提出"治回必先治匪，安回即以安民"治理方略

　　李星沉抵任伊始对云南省情民情认知是：

　　　　云贵两省实为西南奥区，远接彝番，近连楚蜀。山多田少，凤鲜
　　富饶；地险路歧，易滋奸宄。为穷檐谋生聚，牧令必选循良；为边徼
　　饬防，维将士必勤训练……（臣）固不敢遇事操切，尤不敢畏难
　　苟安。④

---

　　① （清）李星沉：《李文恭公奏议》卷13《访查原办回务大概情形并现在筹剿缅匪先饬臬
司出省策应折子》，台湾文海出版社1969年影印本。

　　② （清）李星沉：《李文恭公奏议》卷13《附奏查办事件均俟到任后审度汇奏片子》，台湾
文海出版社1969年影印本。

　　③ （清）李星沉：《李文恭公奏议》卷13《复奏查明原办回务实在情形折子》，台湾文海出
版社1969年影印本。

　　④ （清）李星沉：《李文恭公奏议》卷13《恭报到云贵总督任并兼署云南抚篆折子》，台湾
文海出版社1969年影印本。

区位评价云贵两省是西南奥区，可耕地面积小，民生穷困，交通不便，治安不良，盗贼易滋。为了达到善治目标，大吏必须从澄清吏治和整顿军队两方面入手：慎选州县官以改善民生；军事上勤加训练以巩固边防。李星沅提出既不遇事操切，又不畏难苟安的施政方针，对此道光帝给予大力支持与勉励："卿其努力，以副简任。"

如果说施政方针比较笼统、原则化，那么李星沅就云南汉回冲突这一影响政局的核心问题，经过实地调查，详细剖析云南汉回冲突历史渊源，认为"外来游匪"在历次事件中为虎作伥，推波助澜，是解决云南问题的重中之重，故提出"治回必先治匪，安回即以安民"的治理方略：

> 臣入境以来，详加询访，窃见滇回杂处，实繁有徒。始因口角微嫌，动辄纠众仇杀，久之狠戾成俗，视若固然。于是外来游匪，惟恐彼此无事，或从中构煽，或假冒横行。既借回寺之公费，以便瓜分；又恃回众之齐心，以肆荼毒。故回与民常相斗，无仇妄云有仇，即回与回亦相寻，无产害及有产。展转勾结，虚实混淆，强抢凶殴，所在多有，不自今日为始，亦不独边地为然。①

解决"外来游匪"的办法是责成回民掌教衿耆约束回民，汉人责成乡保族长严查保甲，不听从其纠约，不使其有地方容留，以此保证汉回相安共存。应该说，李星沅对游民问题的认识是比较到位的，道光二十六年（1846）爆发的缅宁、云州回民抗官武装首领之一马国海（又作"马帼海"），绰号黑牙齿，是甘肃大通籍回民，落足云南后，"因在缅宁厅地方误买赃马被控差拿，戳伤差役身死，审拟斩候"，是一名有犯案前科分子。另一名回民首领海连升，原籍陕西凤翔县，寄居云州回寨。② 又，道光二十五年（1845）"板桥事件"当事一方有一批陕西回民卷入。

---

① （清）李星沅：《李文恭公奏议》卷13《附奏查办猛缅匪徒情形片子》，台湾文海出版社1969年影印本。

② （清）李星沅：《李文恭公奏议》卷14《审结云州回匪全案折子》，台湾文海出版社1969年影印本。

又分析云南汉回矛盾来源久远，冰冻三尺非一日之寒，是非对错纠缠不清，被矿民和外来游民操纵利用，淆乱社会秩序："汉回积怨深恨，直若性生。始则汉多于回，寡不敌众，久乃回戾于汉，弱不敌强。因而厂匪内藏，游匪外附，群以抢掠为业，聊借报复为名，大而械斗，小而焚劫，几至无岁不有，永昌特其一事耳。"①

李星沅指出云南汉回杂居的民族分布特点，在迤西边区尤其突出，导致官府治理汉回摩擦、冲突事件时左右为难，饱受汉回当事两方民众的攻讦，社会舆论混乱，谣言四起，给"游匪"利用、挑拨矛盾创造条件，汉回不法分子与"游匪"勾结，变得人多地广，势力难以剪除，地方形势糜烂至不可收拾的程度，作为清朝统治基石的汉回良民走投无路，有被裹胁参与反抗的危险：

> 通省汉回杂处，迤西各属尤多，非外寇、诸夷可比。从前互斗之案，不过民与民仇，近则渐移之官，甚且各听之匪。盖回民心齐性悍，频年逞忿报复，汉民力不能支，节经地方官请兵查拿，回始受创，若止知有汉民，而回民怨官矣。汉民既受荼毒，借兵雪仇，喜为官必灭回之说。一有官兵治回，辄欲尽杀乃止。官未允许，又若不知有汉民，而汉民亦怨官矣。是回民之狠戾者，愈结匪为心腹，以肆其强横，汉民之狡黠者，亦借匪为爪牙，以巧于讹索。而各路各厂游匪因以为利，任其所之。人众则数无可稽，地广则势不易禁。所最堪怜悯者，汉回殷实之户与良善之民耳。……（回民）其安分不为匪者，流离琐尾，穷而无归，转至不可胜计，与汉民被害略同，至今尚难收拾。②

李星沅进一步将回民按照居住地划分为内回（本地世居）、外回（自外地流入），提出有区别的治理措施，以分化武装反抗队伍，将打击重点

① （清）李星沅：《李文恭公奏议》卷13《访查原办回务大概情形并现在筹剿缅匪先饬臬司出省策应折子》，台湾文海出版社1969年影印本。
② （清）李星沅：《李文恭公奏议》卷14《附奏覆陈办理云回通盘筹划片子》，台湾文海出版社1969年影印本。

对准"游匪"："内回富而外回贫，外回强而内回弱，与其滥杀而徒滋借口，何如密计而先务攻心。果能奋勇出奇，全力制回，即可以回擒回，并可以回擒匪。既破护伙之习，兼示奸渠之威，且日后报复无所归怨。自云州以外，如顺宁之狗街、右甸，永平之曲硐、新村，蒙化之漾濞、围埂，向皆匪徒出没之所，趁此兵有余勇，贼有惧心，自应分路搜擒，严加整顿。"①

基于上述分析，李星沅提出有关云南治理方略的通盘构想说：

> 治回必先治匪，匪不治则回不治，即汉亦不治也。边郡不知有法，由来久矣，方今亟务，莫如执法，莫如持平以执法。汉回同体，犯则重惩。如治乱丝，必徐为理；如束急水，必大为坊，准除暴安良之施，绝欲速见小之弊。慎选文武，责成公当保甲以清内匪，团练以御外匪。各路严巡卡，以杜匪之往来；各厂严簿籍，以防匪之出入，庶于元气无损，而于大局有裨。若军务徒劳，则边情易动，非重兵无以振武，非重饷无以集兵。②

归纳其治滇方略要点，其一是在边区施行王朝法制，对汉回民众持平执法，除暴安良，按照法制标准论是非功罪，反对以民族画线、站队；其二，推行保甲清除地方反抗分子，举办团练防范外来"游匪"；其三，加强对交通道路、矿厂等重点区域的治安管控；其四，绿营军重兵重饷，提高军事控防能力和镇压民众反抗活动的军事作战能力。

对于边省云南而言，军队既是国防柱石，又为封疆大吏实施治理方略保驾护航，故为历任督抚所重视和强调。然而军队在对付局部突发性民众武装抗官事件中有很大局限性，尤其是在地理环境复杂的地区。李星沅处置缅宁、云州回民武装抗官事件时，发现了上述难题。

---

① （清）李星沅：《李文恭公奏议》卷14《附奏覆陈办理云回通盘筹划片子》，台湾文海出版社1969年影印本。

② 同上。

图 2—1　道光朝云州缅宁回民抗官事发地图

底图来源：《中国历史地图集》第 8 册《清时期》。

　　缅宁、云州今隶属临沧市，当时隶属顺宁府。顺宁府地处云南省西南部，属横断山系怒山山脉的南延部分，系滇西纵谷区，境内有老别山、邦马山两大山系。水文方面，位于澜沧江西畔，澜沧江从东缘自北而南穿境而过，境内河流东部属于澜沧江水系，西部属于怒江水系。气候条件，属于亚热带低纬度山地季风气候，四季温差小，干湿季分明，垂直变化突出。地理环境总体评价为，山高谷深，森林茂密，地广人稀，道路犹如鸟径，交通不便，尤其雨季不适合军事行动。该地区为游民抗官活动提供了进退自如的天然空间："云、缅一带地接边陲，林箐丛杂，游匪习知路径，便捷自如。外则遁出夷方，内则窜入邻境，散归村寨，仍冒良民，啸聚成群，辄行剽掠。若非厚集兵力，无以儆彼凶顽。"然而，即便李星沅调集重兵围攻，回民武装却能利用地利采取机动灵活的游击战术与清军周旋到底，令清军无法取得优势，疲于应付，战事陷入胶着，久拖不决：

"滇省地广人稀，各标营相距窎远，山高石滑，险峭异常，兵行既难兼程，寇至即难立应。一有征调，率多后时。且官兵以火器为先，施诸狭隘则不便；匪党以野战为利，御以整队则弗宜。又或兵未及齐，贼已先遁；兵方渐撤，贼复欻来。劳逸之势攸分，攻守之策宜豫。即此次缅宁回匪反复肆扰，自应惩创从严，而兵出贼归，兵聚贼散，挟其故智，前后若出一途。"①

李星沅经过一番深思熟虑，决定改弦易辙，认为经济便捷的治理办法是举办团练，武装地方，化民为兵，兵农合一，使人人承担守土之责，压缩"游匪"活动空间，铲除"游匪"生存土壤。他说："此类踪迹靡常，所在多有，固不忍禽弥草薙，更无从扫穴犁庭。若以小丑跳梁，动辄劳师糜饷，于理似为不值，于势亦有所难。欲期简易可行，莫如团练之法，人自为卫，农即为兵。寇至则修我戈矛，寇去则入此室处。无调发支给之扰，无跋涉转徙之烦。不必伺其方来，而常存备御；不必极其所往，而各固藩篱。以治匪而不劳，以辅兵所不逮，计无便于此者。"② 李星沅饬令地方官认真办理团练，因地因时，互保互助，冀望日久天长之后，汉回群众关系协和，联为一气，使"外来游匪"无立足之地。李星沅所提办法得到道光帝高度认可："所见极是。妥实相机而行。"

云南"游匪"问题日益引起朝廷重视，道光二十七年（1847）初，御史杨铭柱奏称"滇省匪势骄横，厂匪、川匪勾结益多，肆行掳掠，贼焰日张，抗官殃民"。李星沅承认杨铭柱所言情况属实，指出"游匪"大多数来自矿厂，"滇省近连黔蜀，远接夷番，山径丛歧，四通八达。各盐厂、铜厂、银铅厂、煤炭厂工作实繁，匪徒最易聚集，率借汉回积怨，遇事生风，阳以报复为名，阴以烧抢为业，由来者渐，案牍具存"。经常打着汉回复仇的名义，干的其实是偷盗烧抢的营生，换句话说，"游匪"利用民族矛盾作为制造治安、刑事案件的掩护，转移视听，逃避官府追究、法办。"游匪"借机向汉回民众集资敛财，扰害地方，李星沅重申"治回必先治匪"的治理方略，说："虽各匪到处，未视户口多寡逼令出钱，而

① （清）李星沅：《李文恭公奏议》卷13《附奏举行团练片子》，台湾文海出版社1969年影印本。

② 同上。

回民势众心齐，遇有纠约报复，暗从诸寨敛费，缓急相通，有清真寺公费名目。汉民协力防匪时亦雇练醵资，不肖之徒因向富户讹借，有保家钱、买命钱名目，要皆游匪为之，不汉不回，可回可汉，非为民害，即为回衅。臣故曰治回必先治匪。"① 李星沅认为对于"游匪"，无论汉回，一律从严治罪，与其后任林则徐"但分良莠，不论汉回"政策如出一辙。在任期间，先后镇压的"游匪"案件有：镇南州"川匪"徐正兴等持械入境案，永善县胡长耳等"啯匪"案，东川府苏耀、吕珍祥等汤丹"厂匪"互斗案，顺宁县水泄厂杨履富等"游匪"借端抷诈案，保山县猛庭寨游匪范小黑案。

李星沅提出治理"游匪"根本之策在于择吏和练兵："治匪之要，一在择吏，一在练兵。吏治不修则豢匪自甘，兵力不足则避匪恐后。即以团练论，法与保甲相维，然四外游民未可从中溷迹，必专用土著，无出其乡。又以夷练论，向为攻剿之助，然遐荒异类，未可倚令前驱，必精练官兵，以隐为制。"② 其逻辑是吏治清明，官员督率基层举办保甲、团练实力认真，执法严明，清查游民力度大，收效自然显著；作为国防中坚、经制兵的绿营兵精将广，战斗力强，控驭地方坚强有力，可以掌控大局，统率、约束乡团、土练等各类民间武装，而不是处处受制于这些民间武装，应对突发事件迟缓、被动。道光帝对此完全赞同："所论均是，总在实力认真。"

（二）汉回互斗难以化解和社会动荡的重要原因

道光朝云南边吏选不得人，军政、民政背离正轨，是十分突出的现象。道光六年（1826）御史杨殿邦上《云南边要六条》一折，称云南"边缺文武多不胜任"，引起道光帝重视，说："云南边陲，多由汉奸盘剥，匪徒煽惑，及文武抚绥失宜。夫马、差徭、杂派，听凭土司、目把及兵差滋扰所致。迨兵练剿办，又复怯懦无能，该省大吏奏捷冒拿，滥保市恩。"③ 云南远离王朝政治中枢，天高皇帝远，通信不便，政情、民情无

① （清）李星沅：《李文恭公奏议》卷14《查复回匪不靖严饬缉拿折子》，台湾文海出版社1969年影印本。

② 同上。

③ 程贤敏选编：《清圣训西南民族史料》，四川大学出版社1988年版，第244页。

法及时有效地上达"天听"，中央政府完全依靠地方各级政府官员分层级"掌土治民"，从省会封疆大吏到边区文武官吏，充分掌握、利用上述制度缺陷，以欺蒙粉饰为能事，因循苟且，吏治腐败直接导致治理能力不足，基层社会地痞恶棍、匪盗奸徒充斥，生灵涂炭。

李星沅严厉批评云南文武官员颟顸隔膜，不能化解社会矛盾，他愤懑地对同僚按察使普泰说："承示汉回积弊及云州现在情形，洞中款要，而'勿长汉骄，勿启回忌'数语尤为切实可行。地方官果知凛遵，开诚劝谕，持平办理，兵练均可不用。特无如颟顸隔膜何也！"①

右甸汉人团练范小黑聚众夺犯，毙练拦抢一案，李星沅视为叛乱，力主镇压，而地方文武官员之前对此案置若罔闻，敷衍了事："鄂署协撤兵路过，周守备带兵弹压，均未与地方文武设法查办，仅以匪党逃散为词。试思匪党逃散，究归何处？且如此巨案岂能任其逃散，过而不问耶？亦何怪迤西游匪频年反复，劳师糜饷，迄无已时也。"② 李星沅认为地方文武应该对迤西边区年复一年社会动荡、民不聊生的状况负直接责任。

如前文所述，李星沅治理云南强调"择吏"，要安民必须先察吏，肃清吏治是治理边省的重要内容之一。李星沅解释整顿官员队伍的初衷说："滇省地处极边，民贫事剧，地方官稍不加察，非以瘠苦支饰，即以荒远姑容，自当核实剔除，勉图整顿。"③

他在日记中记录对云南州县官和佐杂人员官声、官德、官才的了解与考察，多数不尽如人意：

> 平夷典史马涛性情乖僻，舆论未孚，署宣威州陶廷绩遇事喜铺张。④

> 候补直隶州判潘时鑅、范来仪，路南州吏目余文达，永平典史齐

---

① （清）李星沅撰，王继平校点：《李星沅集》卷7《普安园廉访》（正月初九日），岳麓书社2013年版，第1103页。

② （清）李星沅撰，王继平校点：《李星沅集》卷8《荫兴堂提军》（四月初八日），岳麓书社2013年版，第1125页。

③ （清）李星沅：《李文恭公奏议》卷14《甄别提举州县折子》，台湾文海出版社1969年影印本。

④ （清）李星沅撰，袁英光、童浩整理：《李星沅日记》（下），中华书局1987年版，第688页。

彦滨，保山典史路锡申声名甚劣。①

　　姚延之甚狡诈可恶，伊明阿、徐惟良、倭克金布皆在可汰之列，百斋（云南府知府桑春荣）诚实可靠，惺翁（署迤南道、顺宁府知府黄德濂）亦正派，略偏执自信，恐于省会不宜。②

　　惺溪（黄德濂）正派，惟病在偏听，不能容人；河西令阳之萃太猥鄙，现有控告钱债案，前巧家厅徐惟良亦有勒罚案难了，伊明阿即双水塘缺亦不胜任，倭克金布尚老实。③

　　蒋莲生浮掠无实际……刘禧祖在阿迷州官声好。永北刘沛霖不过尔尔。安平同知翁祖烈为耦丈（前任云贵总督贺长龄）所拔赏，而靳于一送，未免怼然。达水严良裘为迪甫胞兄，公事亦平缓。杨汝芝尚有才，丁楚玉亦足当边要。④

　　新任迤东道潘小裴（行六）楷来，由刑部外擢，人安雅，略嫌气弱，不如柳臣（前任迤东道徐思庄）能。⑤

　　据此陆续参劾一批文武官员，分别将其撤职、降调。州县官方面，参劾代办顺宁府事、晋宁州知州彭衍墀办理回民张富、马效青降清事件时不当，既未能先事防范，又不及时向上司汇报，导致张富、马效青被回民武装裹胁，将其就地革职。⑥ 又参劾琅盐井提举徐惟良署任巧家同知时，听断失平，任性粗率，舆论每多不惬，罗平州知州潘斌办事迂疏，力难振作，两耳重听，两人均被撤职休致。河西县知县阳之萃才识浅陋，政体未谙，降职为府经历县丞。

　　武职方面，镇压缅宁马国海、马登霄、海连升等回民武装抗官事件中，李星沅奏参腾越镇总兵李能臣军事行动迟缓，使李能臣受到降一级调用的处罚。然而，李星沅对接任者拴住更不满意，认为还不如原任："得

---

①　（清）李星沅撰，袁英光、童浩整理：《李星沅日记》（下），中华书局 1987 年版，第 688 页。

②　同上书，第 690 页。

③　同上书，第 691 页。

④　同上书，第 693—694 页。

⑤　同上书，第 701 页。

⑥　（清）李星沅：《李文恭公奏议》卷 14《附参代办顺宁府彭衍墀片子》，台湾文海出版社 1969 年影印本。

兵部行知腾越镇李能臣，以前奏交议，竟降一级调用，遗缺已属松桃协拴
住，其才力似相等，而情形熟悉尚不如李。"① 缅宁、云州之役事毕后，
查明景蒙营游击鸣起、署腾越左营都司临元镇右营都司安如嵩、新嶍营守
备张连仲三人堵截不力，威远营参将扎克当阿移营不力，署景蒙营守备督
标右营守备李廷相赴调不力，为严肃军纪，将扎克当阿降为游击，鸣起、
安如嵩均降为守备，张连仲、李廷相二人革职。②

　　尤其值得指出的是，前任总督贺长龄撤任提督张必禄，而李星沅用荣
玉材更换荫德布③为云南提督，两任总督连续撤换全省绿营兵最高长官，
亦属罕见现象。李星沅认为"滇省边要，提督首在得人"，时任署提督荫
德布"年力方壮，资性聪明，待将备不烦苛，待兵丁不刻扣，平日操守
体面，人无异词"，然而不足之处在于缺少历练，资历过浅，"更事日浅，
尚少威重，再得数年摩厉，当可应变握奇。此时此缺，未敢遽云胜任"，
建议调任前贵州镇远镇总兵、新升湖北提督荣玉材为云南提督，认为荣玉
材"老干严明，晓畅军务，在黔九载，兵畏民怀，于滇省情形就近亦多
熟悉"④，为清廷所接受。从中可以看出李星沅简任云南提督的标准是老
成持重，熟谙军事，在军中树立崇高威望，熟悉边情。

　　（三）选任地方官注重"人地相需"

　　道光中期，云南州县官和绿营将官出现严重缺员现象，政务、军务殷
繁，缺乏得力之员，处理均棘手。其中佐杂人员署任州县官成为常见现
象，治理主体流品过杂，素质堪忧，导致地方治理出现危机。李星沅在日
记中写道："滇省人太少，佐杂多署州县，是以地方日坏。"⑤

　　李星沅向清廷告急说：

　　文职方面。"滇省地界极边，五方杂处，民俗近称难治。欲期整饬绥

　　① （清）李星沅撰，袁英光、童浩整理：《李星沅日记》（下），中华书局 1987 年版，第
692 页。

　　② （清）李星沅：《李文恭公奏议》卷 14《查参军务不力各将备折子》，台湾文海出版社
1969 年影印本。

　　③ 史料又写作"音德布"，为同一人。荫德布（1805—1857），蒙古人，侍卫笔帖式出身。

　　④ （清）李星沅：《李文恭公奏议》卷 13《附奏复查荫德布未能胜任并李能臣拟请开复片
子》，台湾文海出版社 1969 年影印本。

　　⑤ （清）李星沅撰，袁英光、童浩整理：《李星沅日记》（下），中华书局 1987 年版，第
684 页。

靖，必当任使得人。且按年额铜采运均须择人，而使其部选各员，又因距京太远，不能迅速到省。虽经节次奏请拣发知府、同知等官，现在俱已委署，遇有紧要差务及署理各缺，实在不敷委用。"①

武职方面。"滇省地方辽阔，营务殷繁，训练要在得人。每遇武职缺出，即当随时拣员接署。他如防边、缉匪，紧要差委亦多。前督臣节次奏请拣发各员，或已经补缺，或已委署事，其实任各缺又多应行给咨赴部引见之员，现当委用乏人，不得不再请拣发以备差遣。"②

其实，李星沅未点破产生治理主体危机的一个重要原因是，云南民众连绵不断的武装抗官斗争，导致地方文武官员被杀、自杀、病亡或降职、免职人数大增，官员队伍需要及时补充新鲜"血液"，否则行政系统、军队系统将陷入紊乱状态，导致政令、军令无法贯彻下去。李星沅奏请朝廷从在京候选人员内拣选曾任实缺知州2名、知县6名，迅速派到云南来加以任用，并请求于本科进士即用班内，增加签掣分发云南补用的人员；又续请从曾任绿营候补选人员内拣选参将1名，游击、都司各2名，由兵部带领引见后，分发云南委用，均获得批准。

李星沅任职总督期间，先后拣选人员任云南府知府、大关同知、腾越同知、广西直隶州知州、昆明县知县，兹制作表格如下：

表 2—1 云贵总督李星沅拣选府州县官员表

官职	官缺类型	自然人文状况	候选人	任职条件	不足条件	破格任用理由
大关同知	夷疆要缺	界连川黔，汉夷杂处，政务殷繁，兼有承运京铜之责，非精明干练之员，不足以资治理	昆明县知县侯晟	副榜，年四十七岁，安详老练，办事勤能，历俸已满三年，在滇年久，熟悉边地夷情		

① （清）李星沅：《李文恭公奏议》13《奏请拣发州县等员折子》，台湾文海出版社 1969 年影印本。

② （清）李星沅：《李文恭公奏议》卷13《奏请拣发参游都司等员折子》，台湾文海出版社 1969 年影印本。

续表

官职	官缺类型	自然人文状况	候选人	任职条件	不足条件	破格任用理由
广西直隶州知州	在外拣选调缺		蒙自县知县丁楚玉	进士，年四十三岁，精明练达，办事老成，历俸已满三年，在滇年久，熟悉边地夷情	以调缺请升，与例稍有未符	人地相需
腾越同知	在外拣选题缺	地处极边，界连缅甸，所辖七土司，地方辽阔，汉夷杂处，一切控驭抚绥，均关紧要，非精明干练，熟悉情形之员不足以资治理	南宁县知县彭崧毓	进士，年四十二岁，年强才裕，练达精明，于边地夷情均为熟悉	历俸未满三年	人地相需
云南府知府	在外拣选调缺	省会首郡，管辖十一州县，地方辽阔，政务殷繁，且时有发审案件，必须精明干练之员方足以资治理	临安府知府桑春荣	进士，年四十六岁，练达精勤，器识闳远，衔缺相当		
昆明县知县	冲、繁、疲、难四项相兼要缺	地当省会，政务殷繁，非干员弗克胜任	定远县知县贾洪诏	进士，年三十九岁，守洁才明，朴诚开展	历俸未满三年	人地相需

资料来源：（清）李星沅《李文恭公奏议》卷13、14，台湾文海出版社1969年影印本。

上述 5 个官职中，大关同知候选人侯晟、云南府知府候选人桑春荣满足所需任职条件，与例相符，洵堪胜任，而其余三职均有与例不符之处，李星沅都根据人地相需之例，专折奏请，说明人地相需这条标准在清后期地方官甄选具有突出的重要性，值得研究者重视和深入解读。所谓人地相需之人，涉及出身、官场履历、年龄、德、才等基本条件，人地相需之地包括地理位置、幅员、民族、政务繁简、治理难易等因素，二者需要匹配，方能得宜。特别值得一提，大关同知、广西直隶州知州、腾越同知三缺候选人条件都使用了"熟悉边地夷情"的表述，显然不是无意为之，三地在当时均属于边区，汉夷杂居，需要谙熟治道、精明强干的行政人才，而云南府、昆明县属于腹里，汉多夷少，故没有上述特别要求。

三 镇压缅宁、云州回民武装抗官事件

李星沅的前任贺长龄回避为"永昌事件"受害者平反昭雪，前后两次用兵迤西，占领猛庭寨，将回民武装强力驱散，但迤西边区回民反抗火焰并未就此熄灭，而是暂时转入地下，寻找时机重新集结，抗争活动复起。道光二十六年十月十五日（1846 年 12 月 3 日），顺宁府缅宁厅 1000余回民聚集，由镇康州大、小猛统攻入缅宁新寨，掀起新一波抗官斗争，简称为"缅宁事件"。其首领马国海、海连升是来自陕甘地区的游民，马登宵、马亨科为云州本地回民。其中马国海身背罪案，官府审拟斩监候，由省城发回监禁。道光二十五年（1845）十月，在押解途经蒙化时成功逃脱，随后参加猛庭寨回民抗官斗争。斗争失败后，潜匿至镇康、湾甸土司区避难。后马国海在大小猛统与海连升、海老陕等回民以及倮罗茶五十六、汉人戴军照、罗大顺等四处邀约、召集 1000 多人，借称报复道光十九年（1839）客民械斗杀死回民案，攻入缅宁厅，迤西大震。需要注意，此次"缅宁事件"发起者有汉人和倮罗，说明抗争活动并非单纯民族间仇杀，而是各族民众对清朝统治爆发不满，具有"民与官仇"的民众暴动性质。

李星沅接报后，当即决定紧急调兵镇压，他认为"缅宁事件"是"凶徒千百为群，远由土司地界肆扰边境，且以事隔多年之案，乌合无业之人，或匪或回，几难区别，忽聚忽散，尤易蔓延，亟宜一鼓歼除，刻不

可待"①。署云南提督荫德布札调腾越镇总兵李能臣、署迤西道黄德濂率兵练飞速驰往"堵剿",开化府知府宝俊、署抚标中军参将伊昌阿会同查办,后续派按察使普泰赴蒙化办理军需后勤。道光帝指示处理"缅宁事件"总方针是"切忌讳饰玩愒,务当严加整饬,妥速而行"②,即高度重视,严厉镇压,从速从快地解决,防止反抗活动星火燎原。

就在清军调兵遣将赶赴缅宁的同时,位于缅宁厅以北、毗邻顺宁府城的交通要冲云州爆发打官夺犯事件,简称"云州事件"。十月二十八日(12月16日),代理云州知州顾壬澝奉令处决该州拟绞监犯回民马子鸣、易帼亮2人,回民马登宵事先听到消息,与同寨回民掌教马帼相、甲长马扶溃、乡约马怀任以及汉民罗真等人商议,决定劫走犯人。马登宵动员了100多人,持械于赴刑中途拦路抢夺,双方发生武力冲突。官差、兵丁寡不敌众,有人受伤,马子鸣、易帼亮2人最终成功逃走,潜藏到云州回寨。

"云州事件"发生后,道光帝指示李星沅运用武力立加扑灭,决不能见好收兵,敷衍塞责:"云州回寨匿犯拒捕,恃险负隅,不法已极,若非实力痛剿,示以兵威,恐迁就于日前,必致贻患于日后。该督等即严饬镇将,激励军心,立加攻剿,断不可因献出数犯,收缴器械数件,遂信为贼势穷蹙,又复将就了事。"③道光帝反复强调武力解决,将参与抗争活动的民众一网打尽,"净绝根株,毋使滋蔓"④,是为最高统治者对云南武装抗官事件层出不穷失去耐心,试图改变前任总督贺长龄剿抚兼施方略,转变为依靠武力维护边省稳定,有将云南官员招抚活动视作姑息政策的倾向。作为朝廷政令的忠实执行者,李星沅必须坚决有力地贯彻道光帝的战略意图,故而一再催促前线清军将领进兵,以应付道光帝的督战,直至为此寝食难安,心急如焚。

---

① (清)李星沅:《李文恭公奏议》卷13《缅宁游匪滋事请将该管总兵先行议处折子》,台湾文海出版社1969年影印本。

② (清)李星沅:《李文恭公奏议》卷13《附奏查办猛缅匪徒情形片子》,台湾文海出版社1969年影印本。

③ (清)李星沅:《李文恭公奏议》卷14《附奏复陈办理云回通盘筹划片子》,台湾文海出版社1969年影印本。

④ (清)李星沅:《李文恭公奏议》卷13《附奏先行复陈剿办匪徒并察看荫德布是否胜任折子》,台湾文海出版社1969年影印本。

清军出动腾越、龙陵、鹤丽兵各 500 人，普洱、威远、维西兵各 300 名，开广、楚雄兵各 200 名，提标兵 800 名，共计 3600 人，兵分两路，一路由顺宁前路径入，一路由缅宁后路抄出，前后两面夹击回民武装，署提督荫德布暂驻顺宁调度。缅宁回民武装侦测到清军大兵压境，于一个月之后，陆续撤离缅宁，其主力转投云州回寨，与"云州事件"马登宵等人汇合，实力顿时大增。清军跟踪而至，并添调普洱兵 500 人，新嶍、维西兵各 300 人，威远、鹤丽、东川兵各 200 名，从省城派委维西协副将果仁布、东川营参将爱兴阿、署督标游击怀唐阿分起管带赴营，又饬令景蒙兵 200 人赴神舟渡，剑川兵 200 人赴马台渡，临元、楚雄、永北等营兵 1000 多人，分别驻守蒙化各个要隘，严密防堵，共计增兵 3100 人。此外，还调集维西土练、猛猛练、腾越明光隘土弁左大雄练、普洱、威远团练共 2000 人，将回民武装 1000 余人层层包围，行攻剿之法。①

云州围攻战，回民武装与清军人数相差悬殊，然而，回民武装利用气候、地形条件与清军周旋，屡次挫败清军进攻。清军久攻不下，士气严重受挫，难怪李星沅痛斥前线指挥官说："约计兵练此时六倍于贼，即以十当一，亦可决其必胜，岂将士皆木偶耶？何以听其战守自如也！"② 李星沅查阅地图，发现方圆三里的回寨地理位置险要，易守难攻，守在暗处，清军仰攻，攻在明处，回民武装以逸待劳，造成清军伤亡："回寨居象山之鼻，其上为老君山，我兵能否由山后小路抄出，或本无山路，专派善走夷练，如维西练之类，攀援而上，直踞象山之顶，以火器轰击太平寺贼营，再向贼巢俯攻……回寨北为州街，贼匪借以保障，我兵屡次从此进攻，既距回寨太远，火器难施，又有州街墙壁为贼炮眼，我明彼暗，易于被轰。"③ 李星沅急不可待地亲自向前线官兵指授具体战法和战术。

清后期军队朽败，绿营兵战斗力下降得相当厉害，清军优势兵力在与揭竿而起的民间武装作战时，不能左右战局变成常态，时人痛心疾首地

---

① （清）李星沅：《李文恭公奏议》卷 14《审结云州回匪全案折子》，台湾文海出版社 1969 年影印本。

② （清）李星沅撰，王继平校点：《李星沅集》卷 6《荫兴堂提军、黄悝溪观察》（十二月二十三日），岳麓书社 2013 年版，第 1094 页。

③ （清）李星沅撰，王继平校点：《李星沅集》卷 7《又荫兴堂提军》（正月二十四日）岳麓书社 2013 年版，第 1109 页。

说："粤逆（指太平军）初起金田，仅二千人，广西额兵二万三千，土兵一万四千，乃以三万七千之兵，不能击二千之贼，广西兵不可用，他省可推。其后发、捻、田、苗等匪，悉赖湘、淮营勇戡定，绿营战绩无闻。"① 云南情况也很典型："云南营务废弛已久，诚能操练，按期渐添各项技艺，自可有效，但不可操之太急。"② 绿营兵缺乏操练，不能战。李星沅听到流行的说法是绿营兵战不过团练，汉族团练战不过土练："此间论边务者皆云，兵不如练，民练不如夷练。"③ 由于国防常备军如此不堪一战，李星沅甚至动过从矿山临时招募湖广客民助战的念头。清军兵练纪律松懈，受围困的回民武装分子居然能够轻易穿越清军防线，搬运粮草。普威营将领滥用夫马，扰害百姓。

再看回民武装武器数量少，火力一般，清军缴获的回民武器只有铜炮1具、抬炮4杆、鸟枪16杆、矛杆11根。④ 清军临战赶制多门木制火炮，其他武器装备也要强得多。道光二十七年（1847）春节过后，李星沅极度焦虑清军拿不下云州回寨，虎头蛇尾，成为不了之局面，敦促荫德布、黄德濂说："欲靖匪党，必破云州，欲破云州，必用劲练，欲用劲练，必派各路重兵保护，火炮四面轰击，贼巢虽坚，何愁不为灰烬。但须镇将督率备弁奋勇向前，若遥遥相望，即群放枪炮，不过自耗火药，于贼何干，竟不知作何了局矣！焦灼之至，当有同心。"⑤ 又严厉指责统兵将弁畏葸，质问说："云州回寨不过一大村落，并无高城深池，如以大炮分攻，何难克期而破……总由将弁畏葸，以致所带官兵不能逼近之故。万勿听其欺饰，以为寇兵甚利，岂绿营火器全不如贼？然则平日训练果何事耶？"⑥

---

① 赵尔巽等纂修：《清史稿》卷448《列传》235《卞宝第传》，中华书局1977年点校本。

② （清）李星沅撰，袁英光、童浩整理：《李星沅日记》（下），中华书局1987年版，第691页。

③ （清）李星沅撰，王继平校点：《李星沅集》卷5《又荫兴堂提军（荫德布）》（十一月二十一日），岳麓书社2013年版，第1077页。

④ （清）李星沅：《李文恭公奏议》卷13《奏报筹剿回实在情形折子》，台湾文海出版社1969年影印本。

⑤ （清）李星沅撰，王继平校点：《李星沅集》卷7《又荫兴堂提军、黄惺溪观察》（正月初四日），岳麓书社2013年版，第1101页。

⑥ （清）李星沅撰，王继平校点：《李星沅集》卷7《荫兴堂提军、黄惺溪观察》（丁未正月初二日），岳麓书社2013年版，第1100页。

对于云州前线清军将领指挥水平和士兵作战能力均不得力的状况，李星沅更多的是感到无可奈何："刘祖昆自顺（宁）云（州）来，具陈兵将不得力，火器不敢近贼寨，堵截贼匪亦未扼要，惟左练差强人意，荫提谋勇都不足恃，且不如李镇勇往，可叹也。"①

双方经过近2个月苦战，激战数十次，回民武装阵亡六七百人，清军亦多有伤亡。最终在清军九节大炮轰击胁迫下，正月十五日（3月1日），云州回寨绅耆带领民众投降。其中回民武装首领马国海、马登霄、海连升、马效青4人做了俘虏，张富受伤身死。云州之战报捷，李星沅获得道光帝"所办甚好，可嘉之至""调度有方，办理迅速"②的夸赞，赏加太子太保衔，并赏戴花翎。

治理成效评价。清廷和李星沅都认识到，缅宁事件和云州事件是"永昌事件"的余波，许多回民武装首领如张富、马效青、海老陕都是永昌抗官前案的参与者和幸存者。其中张富、马效青降清后复叛清，反映封疆大吏制定的剿抚兼施政策难以言见成效。

云州一战，回民武装遭受重创，领导人几乎全部被杀被捕。然而武装抗争活动虽然暂时被扑灭，但汉回矛盾猜忌未即释然，李星沅对此心知肚明："云州汉回相处，猜忌未即释然，全在地方官开诚布公，久自相安如故。"③

在军事镇压奏效后，李星沅着手从事以调解滇西汉回关系为主旨的善后工作，主张持平处理云南汉回矛盾，决不能大开杀戒，遗留后患："此举如足示惩，迤西汔可小息，筹策之功甚伟，且暴去良安，保全尤为造福矣……总祈谆饬地方官持平了妥，毋以将就贻后患，亦毋以惨杀结深仇也。"④ 云州之战结束，李星沅将解散胁从回民当作第一要务，他贯彻除暴安良思想，主张对降清回民开诚示公，约束兵练滥杀行为，使良回得以

---

① （清）李星沅撰，袁英光、童浩整理：《李星沅日记》（下），中华书局1987年版，第694页。

② （清）李星沅：《李文恭公奏议》卷13《奏报官兵围剿拿获回案首要各犯勒交余匪渐就肃清折子》，台湾文海出版社1969年影印本。

③ （清）李星沅撰，王继平校点：《李星沅集》卷8《黄惺溪观察》（三月十四日），岳麓书社2013年版，第1123页。

④ （清）李星沅撰，王继平校点：《李星沅集》卷7《黄惺溪观察》（正月二十一日），岳麓书社2013年版，第1108页。

保全，缓和民族矛盾，使战区早日恢复秩序和安定。进而想到网罗、笼络富有威望的回民掌教（"骆掌教"），实行"以回制回"策略。他嘱咐在云州前线督战的署迤西道黄德濂对良回信守除暴安良方针说："既有保全良回成说，势必不可食言，此时惟威信二字可望得力。"①

他意识到云南汉回矛盾日积月累，积重难返，必须持平办理，除暴安良："若汉回势不两立，仇怨日深，一时无从疏解。惟有遇事持平，铢两悉称，有犯即办，从速从严，各尽我辈心力，人言不遑顾矣。"②

李星沅提出大力举办保甲、团练，用之以防范、抵御内部和外部反抗力量，然而，其成效未见之前，其问题已暴露出来。李星沅思考缅宁、云州事件善后工作时，提出回民、团练各自守分归农，约束团练滥杀无辜，侧面透露在基层社会汉人团练与回民清真寺势力存在尖锐对立："云州若能粗定，余匪作何散法，必须预筹妥贴，沿路相安，既不致匪党倚众横行，又不致乡练借端滋事。或责成该寨掌教耽保以后无事，并即谆切开导，以数人为一起，各回各寨，守分归农。或再谕附近乡练，非大伙持械，无再截杀生衅，以期两无猜忌，此即安扰第一关也。"③ 而汉人团练抗官事件也初露端倪，右甸范小黑聚众夺犯案即是例子。

民众反抗斗争聚散无常，单纯依靠武力镇压，固然可以收一时一地之效，但是收兵之后，民众散而复聚，甚至越聚越多，如何了局？军队将疲于奔命直至被拖垮，财政上也负担不起，是为"围剿政策"的"死穴"，也是其难以在边省从始至终执行到底的根本原因，这决定无论封疆大吏个人看法如何不同，却无一例外地走剿抚兼施的路子，李星沅也不例外。治理云南之难用李星沅自己的话说是："所难者兵力软弱，军用浩繁，若辈诛不胜诛，不能不相机办理。"④ 上述"难言之隐"当事人体会最深，却不能直陈道光帝，因为道光帝当时不顾客观实际，一味坚持主剿的方针，

---

① （清）李星沅撰，王继平校点：《李星沅集》卷 8《黄惺溪观察》（二月十五日），岳麓书社 2013 年版，第 1116 页。

② （清）李星沅撰，王继平校点：《李星沅集》卷 8《黄惺溪观察》（三月初五日），岳麓书社 2013 年版，第 1121 页。

③ （清）李星沅撰，王继平校点：《李星沅集》卷 7《黄惺溪观察》（正月十二日），岳麓书社 2013 年版，第 1106 页。

④ （清）李星沅撰，袁英光、童浩整理：《李星沅日记》（下），中华书局 1987 年版，第 697 页。

上命难违，李星沅只能一面随机应付道光帝的严厉督察，一面正视治理难题，实事求是地对主剿方针进行修正："频年匪徒反复，圣意专主严惩，自以前车为鉴，而外间情形略异，不敢不熟计兼权，且积恶凶渠一律伏法，尚非将就了事，至积怨报复，遇事生风，何能悉就敉定？惟有就案办案，外间踏实做去，随时据实上闻，无他道也。"① 这势必给施政带来有始无终，政策难以贯彻到底的弊端，使主政者陷入忽宽忽严、折冲为难的窘境。

又，李星沅是在赴滇抵任途中，下榻贵州安顺府公馆时，得知"永昌事件"梗概："永昌城内靡有孑遗，闻官兵先颇不敌，后因内应一语，哨民聚而歼之，可谓奇惨。"② 对遇难回民流露出同情。然而督滇期间对"永昌事件"的处理并不妥善，祸首之一罗天池只是被革职，没有被追究罪行。对回民丁灿庭、杜文秀控告案没有给予正视，对经历"永昌事件"劫后余生之回民的招复工作进展迟缓，没有制定出比较圆满的抚恤政策和安置方案，均是其治理云南的失误，当然其中有任期短促的客观原因，但主要还是出于巩固清政府统治秩序的根本目标作祟，对从源头上解决云南问题存在畏难情绪。

离职前，李星沅反思、总结云南问题，认为回民强横，汉人跋扈，军队管控不力，地方官失职渎职，无所作为，自己作为封疆大吏，感到有心无力，并预测云南未来局势堪忧。

"滇省近今之患皆曰回汉不和，实则回固强横，汉尤跋扈，而积弱不振，则将与兵为之，兵又由将为之，以纵为宽，以滥为赏。若威信二字未之前闻，亦无怪匪徒充斥，不可究诘也。即如右甸范党敢于聚众夺犯，杀练劫驮，此非济以兵力，岂能缉获群凶？乃就近弹压者，岸然不动，奉委侦缉者，且望望然去之。即提戎书来，亦以彼既畏罪逃散，不可移兵勒拿为解，可胜浩叹！……鲁难未已，杞忧莫释，空拳独奋，眠食不遑。益念云州之役，非老谋卓见，持以坚忍，安得有此局面？来日大难为愀

---

① （清）李星沅撰，袁英光、童浩整理：《李星沅日记》（下），中华书局 1987 年版，第 699 页。

② 同上书，第 682 页。

然也。"①

　　同时，李星沅在回顾自己的短暂任期时，又感到庆幸，寄语后任者持平办理云南汉回事务，不能偏袒一方："自上年冬月初八抵滇，今四阅月矣。日逐回务，劳虑交并，乃以无功受赏，旋即量移，虽迁地未能为良，而平安来往，未始非福，惟祝后之君子持平经理，无仍偏袒肇衅耳。"②

　　① （清）李星沅撰，王继平校点：《李星沅集》卷8《黄悭溪观察》（四月十四日），岳麓书社2013年版，第1125—1126页。
　　② （清）李星沅撰，袁英光、童浩整理：《李星沅日记》（下），中华书局1987年版，第703页。

第 三 章

林则徐治理云南的贡献与隐忧

　　道光二十七年三月十六日（1847 年 4 月 30 日），清廷降旨将身在西北的林则徐由陕西巡抚调补云贵总督，令其接旨后不必前往京师觐见，立即入滇赴任。次月，林则徐由陕西启程，六月十五日（7 月 26 日）抵达云南省垣昆明，两天后与云南巡抚程矞采按照成例办理交接手续，开始任职视事。两年之后，道光二十九年六月十七日（1849 年 8 月 5 日），宿疾缠身萌生归意的林则徐上《病势增剧请开缺回籍调理折》，提出辞职还乡和寻医诊治调理病体两项请求，七月二十四日（9 月 10 日），获得当局批准。林氏自云贵总督一职解任后，返回福州老家里居，次年被紧急起用，委任为钦差大臣派往广西镇压农民起义，不料于十月十九日（11 月 22 日）病逝于广东潮州普宁行馆，半途而卒，消息传递迟滞，令五日后清廷发布由林氏接任广西巡抚的任命状变成了一纸空文。梳理上述史实，可以说对于这位"筮仕四十年，历官十四省，仰荷三朝知遇"① 的晚清名臣，云贵总督是他仕途生涯担任实职的"最后一站"，值得研究者高度重视。

　　综观学术界既往对封疆大吏林则徐治理云南的研究，成果主要集中在以下方面：其一，总结林则徐总督云南期间的军政功绩。张一鸣先生撰文认为林则徐督滇时清王朝面临千疮百孔、危机四伏的社会经济环境，他在处理 1845 年"永昌事件"善后过程中，提出了"但分良莠，不问汉回""以汉保回，以回保汉"等公正、持平理念，通过武力弹压与布告化导相

---

　　① （清）林则徐：《遗折》（道光三十年十月十九日），载来新夏等主编《林则徐全集》第 4 册，海峡文艺出版社 2002 年版，第 548 页。

结合，对汉回群众注意区分良莠，区别首要、胁从，区别土著与"游匪""外匪"，努力化解尖锐对立的回汉矛盾。同时大力整顿官僚队伍，认真整饬营伍，着意选拔人才，罢黜庸劣不职人员，显示了卓越的才干，治滇成效口碑载道。其阶级局限性和历史局限性表现在弥渡事件纵容部下杀戮过多，出于"官官相护"陋习袒护"永昌事件"中背负严重罪行的地方官吏，思想意识中对回民的民族偏见有所流露。① 林有能、肖忠生先生对林则徐宦滇亦持积极评价。② 然而，上述看法引起部分学者公开争鸣，他们认为林则徐处置云南汉回冲突事件存在明显失误、偏颇，应总结其中教训。马寿千指出，林则徐"但分良莠，不问汉回"不是民族平等政策，从阶级分析角度看，只是为封建统治阶级服务的空洞口号。③ 方国瑜、吴妙玲、庄兴成等先生认为林则徐出于维护清朝统治阶级利益，查办"永昌事件"办理不公，包括错误地将劫后余生的永昌"难回"迁往潞江（今怒江）西岸烟瘴之地官乃山安置，其措施加深了民族隔阂，埋下了以杜文秀起义为首的咸同云南各族人民反清运动的种子。④ 杨国桢先生对两次"永昌事件"前因后果和三任云贵总督贺长龄、李星沅、林则徐查办思路、过程进行了详细考述，透过事件表象，揭示"永昌事件"爆发根源在于清朝统治阶级民族政策错误，即对回民采取民族歧视和民族压迫政策，为扑灭回民反抗斗争，利用汉族地主武装香把会进行屠杀。统治阶级玩弄阴谋手段，挑拨民族关系，制造汉回冲突，目的是混淆人民斗争视线，削弱人民反清力量。探讨林则徐查办上述案件之得失，必须考虑地处边疆民族地区的云南，阶级关系和民族关系交织，异常错综复杂的现实。杨先生定性永昌七哨汉民抗官劫犯事件，是汉族地方地主势力对抗中央政权的一场暴乱，林则徐查案活动是平反回民冤案，目的是维护清朝封建法

① 张一鸣：《试论林则徐在处理云南"汉回互斗"事件中的几个问题》，《福建论坛》（人文社会科学版）1985 年第 6 期；张一鸣：《林则徐在云南》，《云南社会科学》1986 年第 1 期。

② 林有能：《林则徐与云南少数民族问题》，《学术研究》1984 年第 6 期；肖忠生：《论林则徐在云南的政绩》，《福建史志》2005 年第 2 期。

③ 马寿千：《"但分良莠，不问汉回"决不是民族平等的政策》，《中央民族大学学报》（哲学社会科学版）1981 年第 4 期。

④ 《永昌汉回互斗案节录》，载方国瑜《云南史料目录概说》第 2 册，中华书局 1984 年版，第 548—549 页。吴妙玲：《评林则徐处理永昌惨案》，《回族研究》1991 年第 3 期。庄兴成：《林则徐与滇西回民起义》，《蒙自师范高等专科学校学报》1995 年第 1 期。

律的权威，缓和阶级矛盾，巩固封建统治。杨先生澄清说，将永昌回民清产和择地安插的决定是由前任督抚做出，并报呈清廷同意，该决定违背林则徐本意，乃不得已而为之。对保山回族民间传言林则徐"杀汉族少，杀回族多"和"受贿说"等广为流传、似是而非的看法，予以辩驳。论定林则徐查办"永昌事件"功中有过，功大于过，洗清了加在林则徐身上的不实之词。① 其二，筹议整顿云南银矿、铜矿，鼓励商民开发云南矿业，是为林则徐督滇期间经济活动。② 其中，开采银矿拟订了具体章程，允许民间集资开矿。云南铜矿采冶自嘉庆朝以降弊政丛生，积重难返，林则徐维持"放本收铜"既定政策，未能大事兴革，没能扭转滇铜产量一蹶不振的颓势，对此研究者基本取得共识。其三，晚年林则徐思想、诗歌创作、用人研究。林有能先生指出西南边陲地理环境对林则徐晚年思想产生过一定影响。③ 宁夏江先生认为督滇期间所作诗歌是林则徐一生诗歌创作体系中的一个转折点，诗风从雄迈豪放转向沉郁反侧。④ 焦静宜注意到林则徐居滇时器重张亮基，勉励不已，破格提拔，离任前不忘向朝廷密荐，为张亮基仕途敷设了一条"快车道"，反映林则徐为国举贤，知人善任的人才观。⑤ 其四，云南回民丁灿庭、杜文秀京控案审办事件发生在林则徐任云贵总督期间，研究者历有论及。⑥ 林荃考证出林则徐调任云贵总督时间在杜文秀京控之前，订正了学术界流行的不确说法。⑦ 李典蓉跨越社会史、族群史、法制史鸿沟，以杜文秀京控案为案例透视清朝边疆地区

---

① 《林则徐查办永昌屠杀回民案》，载杨国桢《林则徐论考》，福建人民出版社 1989 年版，第 55—74 页。具体史实参见杨国桢《林则徐传》（增订本）第 15 章"从陕甘到云贵"，人民出版社 1995 年版，第 525—569 页。

② 专题论文有文思启《林则徐与云南矿冶业》，《思想战线》1985 年第 4 期；谢彬《林则徐督滇治矿》，《云南社会科学》1987 年第 1 期；来新夏《林则徐传论》，载来新夏《林则徐年谱长编》（上），上海交通大学出版社 2011 年版，第 12 页；杨国桢《林则徐传》（增订本）第 15 章"从陕甘到云贵"，人民出版社 1995 年版，第 525—569 页；张一鸣文《林则徐在云南》、肖忠生文《论林则徐在云南的政绩》均有论及。

③ 林有能：《论林则徐晚年思想特点的成因》，《广东社会科学》1990 年第 2 期。

④ 宁夏江：《声声杜鹃残阳里——林则徐任云贵总督时的诗歌创作》，《湖南科技学院学报》2007 年第 6 期。

⑤ 焦静宜：《林则徐的爱才、育才与用才》，载啸马主编《林则徐与民族精神》，海峡文艺出版社 2005 年版，第 132—140 页。

⑥ 罗尔纲：《杜文秀》，《回族研究》2010 年第 1 期。

⑦ 林荃：《杜文秀京控时间考》，《云南师范大学学报》（哲学社会科学版）1985 年第 1 期。

地方州县吏治的弊病，及隐藏于社会底层的民族歧视与偏见。①

　　林则徐治滇研究涉及民族政策、边疆、经济、社会民生等诸多问题，在林则徐宦海生涯中别具特点。笔者不揣浅陋，从国家治理视角加以思考、分析，力图针对研究对象做到遵从具体历史情境，分析主客观因素，实事求是地加以分析、认识，正如列宁所指出的那样，"马克思主义的精髓，马克思主义的活的灵魂，对具体情况作具体分析"②。运用国家治理理论观照林则徐督滇思想与实践，有助于克服对唯物史观简单、片面、庸俗式理解，避免不顾条件、语境照搬照套"阶级局限性"和"时代局限性"两顶帽子，③ 导致对丰富、具体历史现象的解析陷入僵化、教条思维模式。

第一节　由陕入滇履任

　　林则徐一生历经清嘉庆、道光、咸丰三朝，这位"才略冠时""名节播宇内焕史册"④ 的治世能臣，曾先后两次赴西南边疆省份云南从事政务活动。第一次是嘉庆二十四年（1819），时年35岁的林则徐被派充云南乡试正考官（吴慈鹤为副考官），赴云南省垣昆明主持乡试考试。林将由京赴滇行程、道里和路途见闻以日记形式记录下来，写成《滇轺纪程》。林、吴一行于五月初八（6月29日）出京，途经直隶、河南、湖北、湖南、贵州等省，走官修驿道，住行馆，奔波8000里，⑤ 逾两个半月，于八月初一（9月19日）抵达昆明。⑥ 主持乡试考试，阅评卷4000余份，如额取士正榜54名，副榜10名，一系列公务活动毕，回京复命，于十二月十七日（1820年2月2日）回到京师。林启程返京具体日期因缺乏资

---

① 李典蓉：《编户下的回民：以清朝杜文秀京控案为例》，《清史研究》2007年第2期。

② 列宁：《共产主义》（1920年6月12日），《列宁选集》第4卷，人民出版社1995年版，第213页。

③ 陈支平：《林则徐研究的重新思考》，《东南学术》2011年第5期。

④ 赵尔巽等纂修：《清史稿》卷369《列传》156，中华书局1977年点校本。

⑤ （清）林则徐：《己卯科云南乡试录序》，载来新夏等主编《林则徐全集》第5册《文录卷》，海峡文艺出版社2002年版，第2646页。

⑥ （清）林则徐：《己卯日记（滇轺纪程）》，载来新夏等主编《林则徐全集》第9册《日记卷》，海峡文艺出版社2002年版，第4280—4294页。

料不详,根据来滇单程所费时间推断,当在十月初(11月中旬),据此得知林居滇约两个月。返京 4 个月后,林则徐结束京官生活,外放浙江杭嘉湖道,开始从政地方。可以说,赴滇主持乡试是林仕途"助跑"阶段。

第二次是道光二十七年(1847),林则徐时年 63 岁,从陕西巡抚调任云贵总督,是为本书所论身为封疆大吏治理云南时期。林则徐第一次滇任系放考差,科举考试是抡才大典,学使属于朝廷钦差,位崇事简,富有清望,与之相比,林第二次滇任即云贵总督面临的局面更为复杂、棘手,任务要艰巨得多。

分析林则徐接任云贵总督的背景,有必要简要回顾其仕途起落。道光二十一年(1841),林则徐遭遣戍伊犁,仕途陷入最低谷。道光二十五年(1845)秋起复,以四品京堂候补,命运迎来转机,不久署理陕甘总督。次年春,陕西巡抚邓廷桢卒于任,林则徐继任陕西巡抚。然而,抵任后数月,公务繁忙,加之关中地区入秋之后遭遇大旱灾,"麦不能种,种不能生,蒿目焦心"①,林则徐操劳过度,卧病于床,无法正常处理政事。林则徐上折请求开缺,被清廷否决,唯给假三个月就地医治。二十七年初(1847 年 3 月),林则徐大病初愈,销假回任,三月十六日(4 月 30 日)命调补云贵总督。关于此次调任,上谕用词十分急迫,要求林则徐"即赴新任,毋庸来京请训"②。林则徐接报后,立刻与新任陕西巡抚办理移交手续,束装启程,四月十二日(5 月 25 日)从陕西西安出发,取道四川赴滇履任。道光帝勉励他路途上保重身体,"长途善养,以副简任"③。对年过花甲的林则徐而言,赴云贵总督之任实在有君命难违、勉力而行之意味。

历史时期四川在地理上是相对封闭的单元,陕西、四川因秦岭阻隔,交通不便。沿及清代交通网,全国驿路分等,从西安通往云贵川的干线统称为四川官路,属于国家级官道——官马西路系统。④ 林则徐从西安西

① (清)林则徐:《致杨以增》,载来新夏等主编《林则徐全集》第 8 册《信札卷》,海峡文艺出版社 2002 年版,第 3818 页。

② 《清宣宗实录》卷 440,中华书局 1985 年影印本。

③ (清)林则徐:《补授云贵总督谢恩折》,载来新夏等主编《林则徐全集》第 4 册《奏折卷》,海峡文艺出版社 2002 年版,第 1835 页。

④ 王崇焕:《中国古代交通》,商务印书馆 1996 年版,第 28—29 页。

行，抵达凤翔府宝鸡县。自宝鸡进入秦岭大山，路遇大雨两次，四月十九日（6月1日）到达汉中府凤县。二十二日（6月4日）行抵褒城马道驿。① 在褒城复遇雨，行程为山水所阻，"颇觉艰屯"②。稍作停留后复登程，二十五日（6月7日）抵达宁羌大安驿，次日到达宁羌州城，由此出陕西入四川境。林则徐回想陕西段"沿途俱系瘠苦之区，借骑站马颇觉费事"③。五月初六（6月18日）抵达四川省会成都。从汉中府城至成都府城的道路，古称"金牛道""剑阁道"，清代称为"四川北路"④，沿途多架设栈道，路况艰险。以上为林则徐入滇行程之川陕段。

林则徐得到成都官绅款留，又值连日下雨，不得不羁留数日，于五月十一日（6月23日）继续行程，计划取道叙州一带，走云南铜铅委员所走大路，赶赴昆明。因史料阙失，根据推断，林则徐一行当换船顺岷江而下，进入川江。在泸州府纳溪县登陆。⑤ 再行至川黔交界的叙永厅城。二十七日（7月9日）抵达乌蒙（云南镇雄州）。次日到达贵州大定府毕节县。接到贵州威宁镇来禀，呈请林顺路校阅营伍，⑥ 遂到达威宁州，并由此入滇。经宣威、沾益、寻甸、马龙、嵩明，于六月十五日（7月26日）抵达终点昆明。是为川滇东线。⑦ 以上为林则徐入滇行程之川滇段（参见图3—1）。

合计林则徐赴滇履任之行历时两月有余，路上遇到阴雨连绵，因为天气不佳和道路难行等原因导致旅程迟滞，倍增辛劳。林则徐事后回顾履任之行说："此次由蜀赴滇之路，虽所历多属险艰，而计程尚不纡折。"⑧

---

① （清）林则徐：《致杨以增》，载来新夏等主编《林则徐全集》第8册《信札卷》，海峡文艺出版社2002年版，第3879页。

② 同上书，第3881页。

③ 同上书，第3882页。

④ 蓝勇：《四川古代交通路线史》，西南师范大学出版社1989年版，第29页。

⑤ （清）林则徐：《致夏云岫》，载来新夏等主编《林则徐全集》第8册《信札卷》，海峡文艺出版社2002年版，第3920页。

⑥ （清）林则徐：《致乔用迁》，载来新夏等主编《林则徐全集》第8册《信札卷》，海峡文艺出版社2002年版，第3885页。

⑦ 蓝勇：《四川古代交通路线史》，西南师范大学出版社1989年版，第134页。

⑧ （清）林则徐：《补授云贵总督到任日期谢恩折》，载来新夏等主编《林则徐全集》第4册《奏折卷》，海峡文艺出版社2002年版，第1836页。

"弟自蜀入滇，路途缭曲，崇崖峻巘，艰险备经。"

图 3—1 林则徐入滇路线图

底图来源：谭其骧主编：《中国历史地图集》第 8 册《清时期》。

林则徐出发赴滇时三个儿子均不在侧照料，长子林汝舟晋京准备科考，三子林聪彝、四子林拱枢均远在福建老家。随同人员有夫人郑淑卿和一位女儿，6 名戈什哈随行护送。因驿站借用马匹困难，途中不得不裁减人员，其中 4 人护送至宁羌后，原路返回西安销差。剩余 2 人，林抵达成都后，令他们回程销差。林夫人行前身体状况欠佳，行走不便，"寸步难

① （清）林则徐：《致崇纶》，载来新夏等主编《林则徐全集》第 8 册《信札卷》，海峡文艺出版社 2002 年版，第 3890 页。

移，幸眠食尚能支拄"①。这对伉俪行前约定"我死汝收，汝死我收"②，谁知一语成谶！经此一番长途跋涉，林夫人病情加重，到滇后一病不起，迁延四个月后辞世，享年 59 岁。林则徐倍感神伤，追悔自己冒险携妻赴任，说："前者之来，本以病躯勉从行役，而携挈病妻偕来，尤为失计。缘其时儿辈均不在侧，无人随侍南回，不得已同涉险程，相依为命。"③林夫人饱受病痛折磨给林则徐巨大精神打击，他说："（夫人）明春即满六旬，何此一冬便过不去？且临终病磨之苦，难以形容。"④

第二节　对严峻形势的认识与制定治理方略

林则徐获悉调任云贵总督的消息时，心里存在重重顾虑。我们知道，清嘉庆朝以降国力衰败，内政弊病丛生，长期积累的社会矛盾逐步暴露出来，民众揭竿而起进行武装抗争的事件层出不穷。道光朝中叶又增外患，鸦片战争后，最高统治者缺乏政治上改弦更张、卧薪尝胆的智慧与魄力，但求粉饰太平，曲全苟安，腐败问题积重难返，政府治理能力严重下降，官府在民众中的威信流失，统治本来相对薄弱的边远地区如西北、西南各省愈加无暇顾及，历来受到政治压迫、经济剥削和民族歧视的边省民众各类反抗斗争烈火越烧越旺，猛烈冲击着清王朝统治秩序，就总体而言，清王朝已处于统治危机爆发的前夜。作为统治集团重要成员的各直省督抚对危机感知更加直接、强烈，流露出忧心忡忡、力不从心的政治态度也就不难理解了。

一　错综复杂的边省形势

林则徐接到滇督任命对云南形势的认知是："边疆重地，既虞控驭之

---

　　① （清）林则徐：《致郭观宸》，载来新夏等主编《林则徐全集》第 8 册《信札卷》，海峡文艺出版社 2002 年版，第 3879 页。

　　② （清）林则徐：《致刘齐衔》，载来新夏等主编《林则徐全集》第 8 册《信札卷》，海峡文艺出版社 2002 年版，第 3959 页。

　　③ （清）林则徐：《致杨以增》，载来新夏等主编《林则徐全集》第 8 册《信札卷》，海峡文艺出版社 2002 年版，第 3956 页。

　　④ （清）林则徐：《致刘齐衔》，载来新夏等主编《林则徐全集》第 8 册《信札卷》，海峡文艺出版社 2002 年版，第 3959 页。

难周，加以回汉杂居，尤戒抚绥之失当。而凡吏治营伍、铜厂鑛务诸大端，均须加意讲求，认真整饬。如臣暗昧，实恐胜任未能，所冀上秉衡谟，俾得勉图遵守。"① 希望能晋京面见皇帝，摸清当政者对云南问题的看法、态度，获得治理战略方面的最高指示，以便施政时有所遵循，避免因不明晰当政者政治意图而导致犯错、翻船。莅任时又说："云贵为边陲重地，苗夷杂处，奸宄易滋，且汉回积衅寻仇，甫经寝息，务在杜其报复，以期久远相安。……总冀猛宽互济，公正无偏，庶几绥靖地方，仰副鸿慈简任。"② 剥离掉公文中的套话之后，我们归纳林则徐认为的施政挑战主要有：第一，云南省是边疆重地，存在治理盲区，属于区位评价。第二，民族矛盾突出，尤以汉回冲突愈演愈烈为甚。第三，云南军队战斗力不足，财政难以为继："军少干城之用，久已经费难供。"③ 弹压民众、绥靖地方需要用兵，用兵需要开支军费，对于一个常年依赖协饷弥补财政亏空的边疆省份而言，增加军需开支是巨大挑战，以至于户部官员也为筹款问题深感困扰："军需仅借动十万，即捐输亦无多，此事甚难筹划。近来各省拨款，日不暇给。大抵课虚责实，缓不济急。若滇事续有需费，当如之何？广东距滇尚近，只有税款分季报解。近已为南河拨去廿余万，其余部库，专待急用。除此一项，不知滇、黔两省，更有何款可以通融，尚望速示，并希筹及济急之策。"④

　　有鉴于此，林则徐设计的治理思路是"猛宽互济，公正无偏"，治理目标是根绝汉回互斗，汉回民众做到和谐共处，维护云南腹内、沿边地区社会稳定。清廷对林则徐的治理方案给予支持，朱批勉励道："一切如昔，克副重任。"⑤

　　在写给同僚来往信函中，林则徐的忧虑情绪溢于笔端笺上，说："连

―――――――――――

①　（清）林则徐：《补授云贵总督谢恩折》，载来新夏等主编《林则徐全集》第4册《奏折卷》，海峡文艺出版社2002年版，第1835页。

②　（清）林则徐：《补授云贵总督到任日期谢恩折》，载来新夏等主编《林则徐全集》第4册《奏折卷》，海峡文艺出版社2002年版，第1836页。

③　（清）林则徐：《致陈孚恩》，载来新夏等主编《林则徐全集》第8册《信札卷》，海峡文艺出版社2002年版，第3888页。

④　黄泽德编：《林则徐信稿》，福建人民出版社1985年版，第150页。

⑤　（清）林则徐：《补授云贵总督到任日期谢恩折》，载来新夏等主编《林则徐全集》第4册《奏折卷》，海峡文艺出版社2002年版，第1836页。

圻边务，本恐控驭难周，兼值汉、回互争，余波未息，拊循弹压，倍觉棘手多艰。自顾衰龄，弥增惴惴，爰我何以策之？"① 治理思路虽确定，仍须苦思妥善措置汉回互斗的具体善后办法，希望集思广益。

要解析清楚林则徐莅任所面临的错综复杂的政治局势，有必要扼要追溯云南民族结构特征、汉回关系的演变与林则徐前任的处置失当。云南自明初大批汉族移民进入，逐渐改变了"汉少夷多"的人口格局，汉人成为云南人数最多的民族，在交通沿线城市、腹里平坝占据主体，边境沿线地区矿厂、村寨也活跃着其身影，可谓无远弗届。② 回人从元代开始成规模涌入云南，占籍为民，世代繁衍生息，经济上从事商业贸易、运输、农牧业、矿业等活动。当时集中分布在滇中云南府、楚雄府，滇东东川府、曲靖府，滇南临安府，滇西大理府、永昌府、丽江府，顺宁府、蒙化厅。回民保持着相对独立于其他民族的生活习俗和宗教信仰，民族特征比较突出，民族认同意识较强，势力仅次于汉人。汉回民族居民点交错分布，交往频繁，和睦共处，经济交流，共同开发腹地和边疆是云南民族关系的主流。然而，随着嘉庆、道光朝政治黑暗，经济萧条，军备废弛，云南矿业一蹶不振，矿民失业，游民问题、土客矛盾突出，民生艰难，社会治安状况恶化，民族矛盾作为社会矛盾的一种也浮出水面，成为清王朝统治危机的表现形式之一。基于此，云南民族矛盾以汉回矛盾为突出表现，是不难理解的。两大民族从个别地方个别人之间的误解、戏谑和摩擦等普通矛盾或治安案件，逐步升级到依仗武力争夺土地、矿产、房产等重要生存资源，从而爆发一系列以聚众械斗为主要形式的重大群体性流血冲突事件。社会上无业游民从中煽动，扩大事态。地方官府文武官员处理此类案件有的反应迟缓，有的失职渎职，有的"乱作为"，不仅不化解仇怨，反而挑拨矛盾，火上浇油，有的与地方豪强势力暗中勾结，恃强凌弱，结果往往造成局势失控，这是官府治理失败下的社会常态。于是，本来属于"民与民仇"的汉回互斗迅速演变为汉回民众"纠众抗官"，官府威信扫地，

---

① （清）林则徐：《致郭觐宸》，载来新夏等主编《林则徐全集》第 8 册《信札卷》，海峡文艺出版社 2002 年版，第 3879 页。

② 研究成果参见陆韧《变迁与交融——明代云南汉族移民研究》，云南教育出版社 2001 年版，第 1—3 页。

彻底丧失了维系统治的民意基础，矛盾变得错综复杂，事态变得扑朔迷离，把主政云南的封疆大吏搞得焦头烂额、心力交瘁。

就在两年前的道光二十五年（1845），滇西永昌府保山县汉族练总沈聚成与迤西道罗天池、署邓川州知州恒文勾结串通，设下阴谋，于九月初二（10月2日）夜率领哨练官兵血洗保山城内数千回民，制造骇人听闻的"永昌事件"。时任云贵总督贺长龄不辨是非，听信永昌地方官员诬告，对回民劫后余生提出的平冤昭雪的合理要求采取压制政策。随之而来，道光二十六年（1846）回民丁灿庭、杜文秀等先后北上京控，滇西回民重新聚集，汇合为以黄巴巴、张富为首的回民武装暴动。暴动队伍与驻守滇西永昌、顺宁两府地方的清军激战，事态越来越严峻，11月，云州、缅宁、顺宁回民纷纷暴动。贺长龄两度调集大批绿营兵赶赴滇西镇压，耗费军费白银20万两，才将暴动队伍击溃驱散。清廷斥责其劳师糜饷，办理不善，迄无成效，任用军犯，谬妄无能，降职调任河南布政使。后永昌"遗回"复进攻云州，罗天池滥杀罪状曝光，清廷追溯贺长龄之罪，将其褫职。继任总督李星沅到职后，调重兵镇压缅宁暴动回民，依靠武力抓捕首要，解散胁从，历时三月，各地局势基本得到控制。二十七年（1847）春，清廷将李星沅改调两江总督，由林则徐接任滇督。前任总督贺长龄的教训表明封疆大吏处置汉回冲突事件潜藏着高风险，小则承受巨大道德舆论压力，进退失据，大则丢官降职，"政治生命"告急。

林则徐莅任时滇西战火基本平息，但政治嗅觉高度敏锐的他感到紧张不安，判断汉回矛盾仍然尖锐，自己所处的不过是"大风暴"的前夜。他对同僚说："迤西近日情形尚称静谧，但保山逃亡未复，回地未清，终恐难云了局。现饬悉心招复，寓约束于抚绥，未识果能奏效否也？"① 让他忧虑的还有军队不得力，财政发生危机："军少干城之用，久已经费难供。"② "有兵即不能无饷，又多支绌之忧，棘手焦心，殊无长策。"③ 鉴

---

① （清）林则徐：《致吴振棫》，载来新夏等主编《林则徐全集》第8册《信札卷》，海峡文艺出版社2002年版，第3886页。

② （清）林则徐：《致陈孚恩》，载来新夏等主编《林则徐全集》第8册《信札卷》，海峡文艺出版社2002年版，第3888页。

③ （清）林则徐：《致郑祖琛》，载来新夏等主编《林则徐全集》第8册《信札卷》，海峡文艺出版社2002年版，第3968页。

于种种不利条件，林则徐力改前任"大加剿洗"的片面办法，转变为"抚绥整饬"，敦促滇西地方官力行保甲，弭患于基层。对于保山孑遗"难回"的善后，主张发还产业，进行抚恤："流亡之回子散在各处，不免时有抢案，总非了事之道。我意总以归复原处，有产者清产还之，无产者量以绝产给种。"① 后因故未能实施。

二　"但分良匪，不问汉回"政策

经过调查和思考，林则徐于任职的次月提出了治理方略，反映在《复陈汉回情形片》和《丁灿庭京控案现办情形片》两道折片中。

> 伏思汉回构衅，不过民与民仇，迫至纠众抗官，则兵不得不用，然已叠经剿办，尤须永冀安恬。前此永昌之后，缅宁又起。缅宁之后，云州又起。惩创非不痛切，而仍反复无常，总由人人以报复为心，即处处之猜疑易起。加以游匪造言挑衅，汉回多为所愚，意欲借以复仇，而不知适以自害。彼则利其焚夺，人已陷于败亡，此种匪徒最为可恶。前督臣李星沅及兼署督臣程矞采节次惩办者，业已不少，犹恐潜踪匿迹，煽惑为奸。故外匪一日不除，即祸根一日不断。如何始能净绝，现臣与抚臣均在加意讲求。此时以军务而言，似善后特为余事，而以清源而论，则杜患正费深筹。窃思汉回虽气类各分，而自朝廷视之，皆为赤子，但当别其为良为匪，不必歧以为汉为回。果能各择其良，以汉保回；以回保汉，协力同心，共驱外来游匪，则所谓同体者非复虚言，而所谓攻心者毋烦劲旅，与李星沅前所密陈，似相吻合。②

前任总督李星沅认识到穷兵黩武无法有效治理边省，主张改弦易辙，对汉回民众公平执法，依靠保甲、团练维持社会秩序，实现稳定，"与其

---

① （清）林则徐：《家书》，载来新夏等主编《林则徐全集》第 8 册《信札卷》，海峡文艺出版社 2002 年版，第 3902—3903 页。

② （清）林则徐：《复陈汉回情形片》，载来新夏等主编《林则徐全集》第 4 册《奏折卷》，海峡文艺出版社 2002 年版，第 1837—1838 页。

滥杀而徒滋借口，莫如持平执法，俾汉回同体，犯则重惩。行保甲以清内匪，团练以御外匪"。林则徐接受李星沅的治理方略，并对道光帝上谕"无所用其回护"进行发挥，认为汉回"皆为赤子"，办案应"持平执法"，无所偏袒，提出"但当别其为良为匪，不必歧以为汉为回"的总方针，务使汉回一体，同力协心，实现"以汉保回，以回保汉"①。

林则徐分析云南汉回矛盾起源，认为汉回积仇越久，报复之心越强，法律难以厘清如此纷繁复杂、是非曲直纠缠不休的民族复仇案件："汉回积仇已久，累世各不相能。溯查道光元年、十三年、十九年，皆有奏办两造械斗焚杀多命之案，第尚不至如此次之甚。彼时回民亦会赴京叠控，有卷可稽。就赴诉之一事而言，则原告无非理直，被告无非理曲，剖断似极不难。而统全案之原委而言，则此造直中有曲，彼造曲中有直，纠缠实为不了。盖一仇即有一报，而所报偏非所仇。崑冈之玉石俱焚，城门之池鱼殃及，凶顽煽毒，而良善受灾，事之不平，固莫有甚于此者。然欲按名伸理，而法又有时而穷。缘汉回彼此报复，皆起于仓猝之间，往往因游匪外来，遂成乌合之势。回匪合则汉村倏为灰烬，汉匪合则回寨立见摧残。人多势乱之时，被杀被烧者先已魂惊魄散，即起死者而问其孰杀，亦复不能指明，又何从为之搜捕？惟访有匪类即拿，拿有匪类即办，则凶手自在其中。然欲讯其所杀何人，彼亦诿诸不识姓名而不能指实。此办法所以綦难也。"② 官不能理，民心不服，于是民间械斗仇杀此起彼伏，局势陷于失控。

政府治理能力下降，地方治理危机随之出现，法律威信扫地，民众非但不畏官，反而怨官、抗官，弱肉强食、报复泄愤成为主宰边省社会的"游戏规则"，诚如林则徐所说："回民见官兵剿回，则以为助汉，而汉民见官吏杀回不尽，又以为助回，无非只顾私仇，而不知官法……回汉无不怨官者，职是故耳。"③ 其中，回民武装抗官事件在"永昌事件"后更是层出不穷，林则徐列举说："此案自二十五年（1845）四月间，因回民在

---

① （清）林则徐：《复陈汉回情形片》，载来新夏等主编《林则徐全集》第 4 册《奏折卷》，海峡文艺出版社 2002 年版，第 1838 页。

② （清）林则徐：《丁灿庭京控案现办情形片》，载来新夏等主编《林则徐全集》第 4 册《奏折卷》，海峡文艺出版社 2002 年版，第 1843—1844 页。

③ 同上书，第 1844 页。

板桥唱曲，讥笑汉民起衅，汉民打毁清真寺，业已调处赔银，而回民张世贤、丁泳年等尚复纠聚多人，叠扑板桥，不服弹压，先将汉人张占魁杀毙。是月内汉民三次斗败，被烧樊家屯、窑门口两寨。官兵赴援，亦被拒伤。迨七月间外回聚于猛庭者甚众，乃又进攻思母车寨，烧枯柯街及陶家寨，又烧大田街，攻丙麻。世职高朗死之，都司杨朝勋、守备潘惠扬及兵丁百余人俱被该回掳去。此皆九月初二以前回民逞凶之事。……至九月初二以后，则该回与官兵接仗于永昌城外之小松寨，游击朱日恭死之。其烧毁汉民村庄，亦复指不胜屈。迨二十六年（1846）春间，回匪黄巴巴复经传帖聚众数千人，在大丫口抢客银四千八百余两，烧顺宁之江桥，攻永昌之飞石口，又在永昌官坡接仗，至千总赵发元、外委杨廷佐、都司缪志林、把总赵得和先后阵亡。四五月间，则又扑营于大麦地，接仗于乌鸦河，都司韦成喜，守备严方训，把总解浇、金鳌皆死之。维时回众攻右甸城，抢五里寨，复有窜赴蒙化将南洞巡检砍伤者。九月间，该回逃犯马国海，与海老陕等又纠党至缅宁，声称报复十九年（1839）互斗之仇。烧杀掳抢，为日甚久。其云州之回，又将出决绞犯打夺两名。至十二月间，云州街道十九条汉民房屋均被回众烧毁，计三千数百间，并遍烧猛郎等汉寨三十余处。官兵赶往剿办，至本年正月内甫得息事。……在滇省汉人绅庶，咸云回民之杀汉民，前后统算，实数倍于汉之杀回。"① 在滇西边地社会失序的状态下，汉回民众两败俱伤，生命财产损失惨重，官府对社会管控实际上已瘫痪，社会混乱达到临界点。

林则徐提出治理重点是要铲除外来游匪，化解内部仇恨，断然不可片面用兵以致滥杀无辜群众，新增矛盾，火上浇油。他说："缉拿匪类，亦须先除外匪，而内始可渐清。所谓外匪者，本系无籍游民，自称为回，而未必真回，自称为汉，而未必真汉；何处抢杀，即随何处助凶。此等匪徒，现在拿到即办，并处处严查保甲，务使无地容身。其所谓内匪者，如汉回同壤而居，安分者即为良，生事者即为匪。若必一时穷治追溯搜查，则查汉而汉人即目为护回，查回而回人又目为护汉，汉回各执一说，分辩

---

① （清）林则徐：《丁灿庭京控案现办情形片》，载来新夏等主编《林则徐全集》第 4 册《奏折卷》，海峡文艺出版社 2002 年版，第 1845—1846 页。

不清。治丝而棼，终非了局。"①是以区分良匪以服从法律为标准，不以民族属性为界限，其识见不可谓不高明，也符合地方治理的实际，有利于稳固清政府对云南边区日益丧失的统治能力。

当时云南"游匪"问题越来越突出，外来游民对汉回互斗事件起到推波助澜的恶劣作用，地方政府大力查拿驱除，然而收效不彰。林则徐说其中来自川陕两省的回民，十居七八，甚至有汉民随同入伙，以白布缠头，冒充回民渔利，在滇西回民聚居的州县，"内回"与"外回"勾连现象普遍，成为统治秩序的巨大威胁："滇省外来游匪，自（道光）二十五年迤西汉回结衅互杀之后，招朋引类而至者，一年多似一年。缘回民恶习，首以帮护同教为能，遇有汉回互斗，即以回字传帖，远近约会，谓之搬人。且连年永昌、顺宁、缅宁、云州、姚州、白井各处，焚杀相仍，其名固谓复仇，其实尤在图抢。此等外匪随同滋扰，到一处即得一处之利，是以邀之即至，不邀亦来。……要其表里为奸，必先与本地土回串通勾结，然后知何处最易获利，何处最有积藏，讹诈则说合分肥，焚抢亦暗中指引。故内回户多之处，外回尤所争趋。"②

林则徐在写给其子林汝舟的信函中透露自己对清廷民族歧视政策不赞同，阐发"但分良匪，不问汉回"政策说："从前入手时，原不必专指回民为匪，今中外并为一谈。滇中有折，注语上无不曰回匪，曰回务，若有回而无汉也者，若汉人中无匪也者。及奉上谕，无不照折声叙，无怪回人不服。今于折片内略寓微意，然皆未必看出，亦尽我心而已。"③清廷将回民视为政治异端，实行民族歧视和民族压迫。林则徐自认为没有民族偏见，并希望自己的开明态度能影响朝廷政策。

林则徐确定处理汉回矛盾当务之急是要"弹压之使不妄动，化导之使不互疑"④，责成汉人士绅耆宿和回民掌教头人订立章程，民族自相约

---

①　（清）林则徐：《丁灿庭京控案现办情形片》，载来新夏等主编《林则徐全集》第4册《奏折卷》，海峡文艺出版社2002年版，第1846页。

②　（清）林则徐：《弥渡地方滋事调兵先往剿除情形折》，载来新夏等主编《林则徐全集》第4册《奏折卷》，海峡文艺出版社2002年版，第1903页。

③　（清）林则徐：《家书》，载来新夏等主编《林则徐全集》第8册《信札卷》，海峡文艺出版社2002年版，第3935页。

④　（清）林则徐：《丁灿廷京控案现办情形片》，载来新夏等主编《林则徐全集》第4册《奏折卷》，海峡文艺出版社2002年版，第1846页。

束，出具"以回保汉，以汉保回，永禁侵凌，务敦和睦"的保结。杨国桢先生认为如此做法是林则徐"安贫保富""除暴安良"思想在云南民族杂居区的具体运用。① 笔者认同杨先生观点，窃以为反映出林则徐政治经验丰富，做事果敢，公平持正，务实开明的施政风格。

第三节　治理迤西边区

查办"永昌事件"及处理善后是林则徐治理云南面临的重大挑战，也是林则徐治滇思想付之于实践。林则徐对此案高度重视，认为是云南汉回关系恶化的关键，他说："自有永昌擅杀之事，而仇衅愈结愈深，遂致不可收拾。"②

永昌府地处滇西，是道光朝云南沿边七府之一。地处横断山脉滇西纵谷南端，境内山脉纵横，地形复杂多样，地势总体自西北向东南延伸倾斜。群山之间分布着面积大小不一的山间盆地（即坝子），其中最大的坝子位于府治保山县，今面积达 149.9 平方千米。水文方面，境内河流分属于澜沧江、怒江、伊洛瓦底江三大水系，澜沧江、怒江穿境而过，奔腾不息，伊洛瓦底江流域的大盈江和瑞丽江两大水系干流发源于境内。气候方面，属低纬山地亚热带季风气候，因受地处低纬高原，地形地貌等因素影响，形成"一山分四季，十里不同天"的立体气候。年温差小，日温差大，现年均气温 14—17°C；降水充沛，干湿分明，分布不均。其中附郭保山县城倚山骑坝，日照充足，现年平均气温 15.5°C，冬无严寒，夏无酷暑，一年四季如春。

永昌府西与缅甸接壤，东与大理府、蒙化厅、顺宁府相连，北与丽江府为邻，是"南方丝绸之路"必经通道，云南西出缅甸、印度重要门户，沟通滇东、滇西联系的交通要冲，地理位置十分重要。从政区体系看，隶迤西道。清雍正八年（1730）设置分巡迤西道，驻大理府，管辖包括大理、楚雄、永昌在内的滇西十府，乾隆中期加兵备衔，官职全称变为

---

① 杨国桢：《林则徐传》（增订本），人民出版社 1995 年版，第 543 页。

② （清）林则徐：《丁灿庭京控案现办情形片》，载来新夏等主编《林则徐全集》第 4 册《奏折卷》，海峡文艺出版社 2002 年版，第 1844 页。

"分巡迤西兵备兼管水利道"。直至光绪二十八年（1902）因腾越关开埠通商，为加强管理，移驻腾越厅，兼管海关关务。① 永昌府下辖腾越厅、龙陵厅两厅，保山、永平两县，其演变为嘉庆二十五年（1820）升腾越州为腾越直隶厅，两年之后复降为散厅。

一 七哨事件

林则徐抵任滇督不久，接令着手处理丁灿庭、杜文秀京控案，是为"永昌事件"衍生案件，林则徐面临如何收拾"永昌事件"残局的棘手难题。道光二十五年（1845）"永昌事件"发生时，杜文秀侥幸脱险，逃出永昌府城，路上遇到赛白袍、张世贤、丁灿庭、木联科等人，商量对策，赛白袍、张世贤主张武力复仇，丁灿庭、杜文秀主张上省城控告。时任总督贺长龄受理杜文秀控案后，不辨明事件真相，竭力偏袒、庇护罗天池、恒文等涉事官员，认定"永昌事件"是城外回民赛白袍聚众谋叛，城内回民持械内应，罗天池、恒文非但无罪，反而有保全邑城之功。控告人杜文秀被责成回籍。② 封疆大吏黑白之颠倒，处置之颠顸，致使罗天池、恒文逍遥法外，而杜文秀依靠云南大吏平冤昭雪的计划化为泡影。于是，次年杜文秀转而进京，赴都察院京控，希望引起清廷重视，查清案件，秉公处理。道光二十七年（1847）夏，丁灿庭、杜文秀在京城滇中回教人的帮助下，将京控材料成功递交到都察院，都察院受理后，上奏道光皇帝，道光帝下令林则徐进行审办："本日据都察院奏，云南回民丁灿庭等控告'香匪'串谋，灭杀无辜一折，已明降谕旨，交林则徐等审办矣。此案控关奸匪挟仇寻衅，串谋倡乱，被害至一万余命之多，如果属实，必须彻底根究，水落石出，庶足以服难民之心而除地方之害。"③

是年冬，丁灿庭、杜文秀两起京控案由京城发解回到云南审理。丁灿庭、杜文秀两案指控制造九月初二日"永昌事件"的汉民香把会成员共

① 周振鹤主编，傅林祥、林涓等：《中国行政区划通史·清代卷》，复旦大学出版社 2013 年版，第 551 页。

② 罗养儒：《永昌回汉相残记》，转引自林荃《杜文秀京控时间考》，《云南师范大学学报》（哲学社会科学版）1985 年第 1 期。

③ （清）林则徐：《保山回民两起京控案审明定拟折》，载来新夏等主编《林则徐全集》第 4 册《奏折卷》，海峡文艺出版社 2002 年版，第 1995—1996 页。

达 207 人，林则徐命令地方官员到保山七哨提解有关首要人犯，押送到省城参加质讯。道光二十八年十一月二十九日（1848 年 1 月 5 日），永昌府知府李恒谦、保山县知县韩捧日等文武官员带兵押解汉民首恶周曰庠等 9 人，抵达距保山县城 40 里的官坡。金鸡村练头沈聚成义子沈振达指使武生张文儒、张时重等率领大批哨民，拦路劫夺全部人犯。七哨哨练总人数达数十万人，配备了枪炮武器，"每聚众时，用牛角一吹，无不蜂拥而至……其时文武带领兵役，虽有数百名，无如哨匪累万赶来，枪炮乱放"①，官府数百兵役在与哨民的对抗中寡不敌众，仓促溃散，狼狈地掩护着知府、知县奔逃回保山城，关闭城门实施戒严。此行行李、武器、马匹全部落入哨民之手，"械马为其所夺，犯人为其放还，辱詈解官，虏掠行李"②。次日，数万哨民涌入保山县城，纵火焚烧县衙，打毁监牢，放出全部囚犯，并将招复归来的回民百余人杀害，连前来府城应试的回族童生也未能幸免，制造了第二次"永昌事件"。沿途哨民聚众阻塞道路，搜查官府往来公文，凡有关系的文牍，均私自拦截撕毁，并拆去澜沧江江桥桥板，日夜派人把守，阻断省城与永昌府之间交通。城内永昌协绿营兵系当地人，与哨民有千丝万缕的联系，难以扭转局面，文武官吏坐困危城，连人身安全都得不到保障，更遑论恢复秩序："自镇道府以及各委员皆被困窘在城，每日市粮，限数出粜。"哨民逼迫书吏缮写会禀，胁迫镇道、府县等用关防发出，将哨民抗官夺犯事件栽赃给回民，诬陷回民叛乱："（周曰庠）因闻前途有回匪聚众图抢，该被证等恐被杀害，哭求缓解。是日街期，众民纷纷跪求，因人多拥挤，周曰庠等走散。旋报城内回民防火，延烧县署、监狱，汉民救火，匪回齐出抢杀，被兵练格杀多命，监犯亦乘间逸出。"③

滇西边区永昌府由"牛丛会""香把会"等民间结社组织发展而来的团练，借助民族矛盾和社会不靖大环境，势力日益坐大，其中以七哨哨练

---

① （清）林则徐：《剿办保山七哨匪徒起程日期折》，载来新夏等主编《林则徐全集》第 4 册《奏折卷》，海峡文艺出版社 2002 年版，第 1897 页。

② （清）韩捧日：《迤西汉回事略》，载中国史学会编《回民起义》第 1 册，神州国光社 1952 年版，第 179 页。

③ （清）林则徐：《剿办保山七哨匪徒起程日期折》，载来新夏等主编《林则徐全集》第 4 册《奏折卷》，海峡文艺出版社 2002 年版，第 1897 页。

为代表，人数达到数十万人，俨然成为边疆地区挟制、对抗清政府的一股强大地方武装割据势力，成为国家治理的障碍和威胁。作为地方武装豪强势力，哨练和清政府在压迫、剥削汉回人民方面有一致的地方，但在争夺地方统治利益上又存在矛盾，从国家治理角度看，哨练的存在无疑挑战政府行政权威，是中央集权体制的离心力量，也是边疆内地化进程的反向作用力。哨练通过抗官夺犯事件向封疆大吏林则徐示威，炫耀实力，胁迫其就范，希望林则徐处理"永昌事件"能大事化小，小事化了。

林则徐闻讯后，将保山七哨哨民所为定性为叛乱，认为其威胁统治秩序，势必成为法外之地，造成地方更大混乱，当即主张调集重兵镇压平乱："该处哨匪如此不法，虽尚未闻戕害各官，而抗拒勒逼情形，即与反叛何异？……今逆情如此昭彰，直欲负隅梗化，若再化大为小，不独永昌竟成域外，而凡汉回匪类，孰不恃居边远，群起效尤。……回民现亦四处纠党各图报复，若再互相仇杀，祸患更必蔓延，须得多调重兵，方足以示弹压而资剿办。"① 他下令调集滇黔两省绿营兵 8000 人，从东西两面夹击，以雷霆万钧之势慑服七哨哨练。道光二十八年（1848）正月，林则徐从省城启程，亲赴大理、永平督师。林则徐一面大军压境，一面遍贴布告，劝谕交出首要各犯，胁从者悔罪减责，无关者不予株连，恢复江桥，交还被抢军械，可以网开一面，从而收到震慑首恶，解散党羽，分化瓦解对手，减少对立面，事半功倍的效果。他对七哨民众进行细分，将打击重点确定为金鸡、板桥两哨："该处七哨有南三北四之分，南哨人尚知畏法，即北四哨上、中二哨亦比金鸡、板桥差堪理论。"② 于是七哨不得不向清军投降，照办林则徐的要求，先后"缚献"各犯 436 人。林则徐经过两次审办，处死了"香把会"首刘书、周曰庠、沈振达、金混秋、张文儒、张时重等首恶分子 145 名，沈聚成吞金自杀，发遣军流 188 名。同时，对地方官进行调整和处理，纵练杀回的恒文，予以革职，永不叙用，其作恶的家丁黄溃处以斩决。林则徐认为永昌府"表率尤须得人"，而知

① （清）林则徐：《剿办保山七哨匪徒起程日期折》，载来新夏等主编《林则徐全集》第 4 册《奏折卷》，海峡文艺出版社 2002 年版，第 1898 页。

② （清）林则徐：《为明示顺逆利害俾知输诚悔罪以免玉石俱焚告示》，载来新夏等主编《林则徐全集》第 5 册《文录卷》，海峡文艺出版社 2002 年版，第 2620 页。

府李恒谦性格近于优柔寡断，人地不相宜，"于边要地方难资整顿"①，予以降职，奏调临安府知府张亮基接任。总计林则徐督师滇西一行历时半年，抓捕汉回涉案人数超过 1200 人，使用兵力 3 倍于前任，花费军费 15 万两，可谓刑乱国用重典，兴师动众，势在必得。林则徐对此役收效是满意的，上奏说："保山地方经此次惩创之后，人心震慑，地方均甚安静。"② 虽然滇西局势得到一时控制，然而治标难治本，林则徐致信同僚坦陈对滇西未来局势发展存在担心："剿抚兼施，地方已臻静谧……第日久何如，尚未敢必耳。"③ 通过督师滇西，执法严办，林则徐镇压了汉回人民切齿痛恨的七哨武装割据势力，将"永昌事件"制造者、参与者分别究处，实质是平反冤案，通过平反冤案维护清朝封建法律的权威，缓和社会矛盾，巩固了清王朝的统治，也符合汉回劳动人民的利益。④

二　加强对迤西边区的军事管控

林则徐利用督师滇西的机会，顺道校阅腾越镇标，永昌、龙陵二协，顺云一营，提标，大理城守营，楚雄协，鹤丽镇、维西协以及永北、剑川、景蒙等营绿营军，督促军事操练。他认为："永昌民风素称强悍，故兵丁不患其软弱，而转患其嚣凌，尤防其与各哨匪类勾通，致捕缉不能得力。"⑤ 在永昌府城校阅营伍时，林则徐对官兵严加训饬。为了斩断地方保护势力链条，防范军民勾结形成尾大不掉的地方割据势力，威胁滇西边区稳定，建议仿照四川、甘肃换防之例，变革永昌驻防军营制，从外地调派"客兵"，对澜沧江、怒江两处江桥和各条道路隘口择要驻防，按年交换，避免驻防军与当地乡哨渐相熟习，联为一气。与之相配套，将永昌协

---

① （清）林则徐：《查明保山案内并无劣员调处片》，载来新夏等主编《林则徐全集》第 4 册《奏折卷》，海峡文艺出版社 2002 年版，第 1956 页。

② （清）林则徐：《保山案犯审明定拟并陆续撤兵折》，载来新夏等主编《林则徐全集》第 4 册《奏折卷》，海峡文艺出版社 2002 年版，第 1941 页。

③ （清）林则徐：《致汪本铨》，载来新夏等主编《林则徐全集》第 8 册《信札卷》，海峡文艺出版社 2002 年版，第 4033 页。

④ 《林则徐查办永昌屠杀回民案》，载杨国桢《林则徐论考》，福建人民出版社 1989 年版，第 55—74 页。

⑤ （清）林则徐：《顺途校阅营伍并酌改营制折》，载来新夏等主编《林则徐全集》第 4 册《奏折卷》，海峡文艺出版社 2002 年版，第 1927 页。

在城额兵拨给邻境差使，以达到相互牵制的目的。从点（江桥、隘口）到线（道路）再到面（永昌府辖境），实现军事管控力量全覆盖。

林则徐亲自到保山城外各哨查看，发现金鸡村建有坚固异常的哨墙，外挖深壕，内开炮眼，实际成为哨练武装的军事堡垒。林则徐立即下令拆毁、填平。

出于巩固迤西地区统治目的，调整军事部署，加强镇守、管控能力，林则徐联合云南巡抚程矞采、云南提督荣玉材上奏《迤西移改协营添设汛兵折》，建议清廷移改协营，添设汛兵。这是一份因应形势通盘筹划、改革迤西军事布防的重要军事地理文献，对稳定迤西地区具有一定作用，前人关注较少，兹将其方案节录如下：

> 滇省之永昌、顺宁、大理三府，暨蒙化一厅，并楚雄府所辖之姚州，皆处迤西边境，山深箐密，道阻且长，杂处汉回，易藏奸宄。……地段绵延，各营汛相距既遥，即有鞭长莫及之势，迨闻焚抢劫杀，兵至而贼已远飏。是以今夏军务竣时，虽将全师凯撤，而犹酌留兵弁分段驻防。……惟各处情形不一，有须互相钤制者，自宜以客兵换防；有须永固藩篱者，又宜以土兵驻守。为久远计，不得不相度要隘，移汛添兵，以期巡察周详，互相犄角。①

永昌府军事布防调整。

> 永昌地方，最称扼要，在国初原设永顺镇总兵，统辖中左右三营。迨后改镇为协，只留左右两营，左营兼中军都司一员，右营守备一员，均驻永昌府城内。自城外至大理府五百余里，路途险阻，而实为来往通衢，乃仅有把总、外委汛地，并未驻有千总以上之武职，殊属非宜。今拟将永昌存城之右营守备一员，移驻紧要之永平县城。其自澜沧江北岸之杉木和汛，直至东北大路之漾濞汛，皆应归于右营管辖。查永平原驻把总一弁，带兵三十四名，未免单薄，今拟添募兵八

---

① （清）林则徐：《迤西移改协营添设汛兵折》，载来新夏等主编《林则徐全集》第 4 册《奏折卷》，海峡文艺出版社 2002 年版，第 2098 页。

十六名，连原驻之兵，合共一百二十名，驻扎永平，以为永昌门户。

又永平辖之永定站，亦系大路，距城约及百里，为盗贼出没之所，向未驻兵，今拟添募兵五十名，拨一外委督巡，作为永定汛。又龙街，距城一百二十里，回民多而且悍，向来亦未驻兵，今拟添募兵四十名，拨一外委管带，作为龙街汛。又漾濞，虽在蒙化厅界内，而距厅城约二百里，其汛地本系永昌右营所辖，但向来仅以额外外委带兵三十二名驻扎相近之柏木铺，而于漾濞上下两街烟户极多之处，虽有巡检分驻，并无武弁专防，殊不足以资巡缉，今拟移拨永昌千总一弁，添募兵八十名，令其管带驻守。其柏木铺原驻兵弁，即作为漾濞汛协防，统归右营守备管辖。

又永昌左营之姚关汛，壤接夷地，距城一百六十里，原设把总一弁，驻兵六十名，今拟添募兵四十名，共成一百名，驻守要隘。又旧乃汛，距城四百五十里，本系右营汛地，今应改归左营，其原设代防外委一弁，驻兵三十名，在昔足敷防守。今将保山回民安插于官乃山，已有二百余户，而尚有回民续求赴彼居住者，该山系旧乃汛所辖，防范稽查更关紧要，拟改拨把总一弁，添募兵五十名，以资弹压。又永昌坡，距城一百八十里，地形险要，向只驻兵十二名，今拟添募兵六十二名，移把总一弁赴彼管带，以资防守。

至永昌协左右营汛地，前因都守均在本城，故分汛颇有错杂，今既将守备移驻永平，应接各汛地势，分别改隶两营：如姚关、旧乃、永昌坡、蟒水、枯柯河、潞江、猛峒、戥子铺，猛赖、栗柴坝、观音山十一汛，应归左营都司管辖。杉木和、竹鲁凹、燕子河、北冲、河湾、永平城、永定、龙街、柏木铺、漾濞十汛，应归右营守备管辖。此永昌一带添改备弁兵丁之情形也。

但永郡最为险要者，莫过于澜沧江桥。往年回匪之烧桥，上冬哨匪之拆板，皆谓此桥一断，官兵即不能渡江，以致匪类恃为负隅之固。查向来该桥一带只派兵丁八名轮巡，固属无益，今即添营移汛，若仅守以本处兵丁，仍恐其与哨匪勾通，缓急究难尽恃。……似此咽喉之地，宜以客兵换防，拟由提标派出千总一弁，带兵一百名，驻扎澜沧南岸之平坡。该处踞险凭高，四面皆堪瞭望，以之守御折冲，自当倍形得力。每届半年，调换一次，俟接防者到彼，准原驻者回营，以均劳逸。但客兵于地形未尽熟悉，仍须主兵协同守望，不任置若罔闻。此后拟将江桥地方作为永昌左右两营公汛，如该处失事，将永昌都、守与派防之提标千总，一体惩处，以期各顾考成。此又酌拟主客互防之原委也。①

归纳永昌府军事布防调整方案的要点为：第一，将永昌协右营守备驻地从永昌府城移到永平县城。永平县城位于大理府、永昌府往来干道的中点，战略地位重要，必须加强防守。第二，添募绿营汛兵，增强军事要隘驻守兵力（详见表3—1）。第三，重新厘清永昌协左、右两营汛地，左营都司管辖11汛，右营守备管辖10汛，改变此前分汛错杂局面，使汛塘官兵的军事职责更加明确，杜绝推诿。第四，澜沧江桥作为永昌协左右两营公共汛地，由提标派出客兵驻防，每半年调换一次。

表3—1　　　　　　　　　　永昌府添募汛兵人数统计表

汛名	原汛兵数	添募汛兵数	总计
永平城	34	86	120
永定	0	50	50
龙街	0	40	40
漾濞	0	80	80
姚关	60	40	100
旧乃	30	50	80
永昌坡	12	62	74

顺宁府军事布防调整。

顺宁府地方南北相去七百余里，从前营伍原隶永顺镇标，迨后改为顺云营，以参将一员管辖，驻扎缅宁厅城内，离顺宁府城三百余里，而所辖之锡腊等处，接连夷地，回匪每与夷众勾结为奸，且距营

---

① （清）林则徐：《迤西移改协营添设汛兵折》，载来新夏等主编《林则徐全集》第4册《奏折卷》，海峡文艺出版社2002年版，第2098—2100页。

既遥，恐参将难于远驭。查龙陵协副将一缺，虽处边隅，而地方现甚安静，且龙陵距腾越镇不远，该镇总兵堪以随时策应。今拟将顺云营参将与龙陵协副将两缺互相调换，作为顺云协副将、龙陵营参将，并龙陵中军都司亦改为顺云协中军都司，均移驻缅宁厅城。将该协钱粮归都司经管，其顺云营左军守备，仍驻顺宁府城，右军守备则须移驻锡腊。查锡腊原只外委一弁，带兵十八名驻扎，今情形大非昔比，夷回均须防范，兵力不可太单，数年以来皆有留防弁兵三百名，现拟以守备带兵久驻其地，所需兵额酌定二百四十名，除原驻兵十八名外，尚应添兵二百二十二名。

又右甸一城，介在永、顺两府之间，是以永昌协与顺云营皆有右甸汛名目。然该处距顺宁府城只一百四十里，而距永昌府城二百一十里，今既于永顺坡添兵驻守，则永昌协不必再立右甸汛之名目，自应归于顺云专辖。查右甸城，毗连猛庭寨，汉回杂处，屡启衅端，原驻把总一弁，带兵四十三名，为数本少，近年多事之际，添驻防兵每及数百名，今匪类多已就擒，仍须时加防范，拟酌添守兵三十七名，连原驻之四十三名，共成八十名，并添拨额外外委一名，随同把总管带。

又阿鲁史塘，亦系犬牙交错处所，原设塘兵五名，不敷稽察，今拟改塘为汛，添兵三十五名，应拨顺云营存城外委一弁管带。以上三汛，共应添兵二百九十四名。查顺云之兵分汛多而存城少，龙陵之兵分汛少而存城多，除右甸、阿鲁史两处所添兵数，仍于顺云存城兵内改拨外，所有锡腊应添兵数，即于龙陵存城兵内改拨，作为新设顺云协额兵，不必另行招募，千总以下各弁，均不更动。惟其中军都司既改归顺云协，应将龙陵右营守备改为中军守备，并将左右两营改为左右哨，由该备督率两哨千总经理营务。①

归纳顺宁府改革营制和调整军事布防的要点为：第一，顺宁府与永昌府接壤，回民人数多，是该时期武装反抗斗争最激烈的地区之一，锡腊、

---

① （清）林则徐：《迤西移改协营添设汛兵折》，载来新夏等主编《林则徐全集》第 4 册《奏折卷》，海峡文艺出版社 2002 年版，第 2100—2101 页。

右甸成为回民聚集地以及与清军激战的地点，引起林则徐高度重视。他将顺云营升格为顺云协，加强军事配备。第二，将右军守备移驻锡腊，添兵驻守，严加防范。第三，右甸汛划归顺云协专辖。第四，阿鲁史塘升格为汛，添兵驻守。

大理府军事布防调整。

> 大理府为提督驻扎之所，复有城守一营，似兵力已属充足，但城守营汛地绵亘三县四州，而额兵仅七百余名，逐日解犯护饷等差，络绎不绝，势难再行裁拨，其提标中左右三营之兵皆为征调而设，若将标兵改汛，殊与营制不符。现查太和、赵州交界之下关，商旅辐辏，向无员弁驻扎，亦属非宜，今拟添募兵一百名，拨大理城守营存城之右哨千总一弁，移赴下关驻防，作为该千总汛地，其原设巡防上、下两关汛之右哨把总汛地，即令专驻太和县城，毋庸兼管，并另派左哨外委千总前往上关驻扎，以专责成。又弥渡地方，甫经戡定，原驻外委一弁，带兵四十名，尚觉单薄，今拟添募兵四十名。又红崖一处，亦匪类聚集之区，向无驻扎弁兵，今拟添募兵四十名，拨城守左哨二司外委，在红崖驻扎巡防，与赵州、弥渡上下联络，统归大理城守都司管辖。其余各汛，悉仍其旧。①

大理府布防调整相对较小，重点在加强对交通要冲下关、上关、弥渡、红崖四地驻守及巡防。

蒙化厅、姚州军事布防调整。

> 蒙化一厅最多回户，而其汛地系景蒙营游击管辖，该游击向驻景东厅城，距蒙化厅城已有四百七十里，而自蒙化厅至扼要之三胜站，又七十余里，中间未设塘汛，实恐疏虞。今拟将景蒙营存城之右哨二司把总移驻三胜站，由该营拨兵八十名随同驻扎，并巡查大小围埂及茅草哨等处，以免空虚。至楚雄原有楚姚镇标，自裁镇改协之后，其

---

① （清）林则徐：《迤西移改协营添设汛兵折》，载来新夏等主编《林则徐全集》第 4 册《奏折卷》，海峡文艺出版社 2002 年版，第 2101 页。

分驻姚州者，惟千总一弁，带兵六十七名，除分布二十二塘计兵四十五名外，存城者仅兵二十二名。如上年该处汉回焚杀之事，在城兵丁即不敷弹压，今拟添募兵五十三名，连各塘共成一百二十名，俾共防守城池，巡缉附近匪类。①

蒙化厅至景东厅城交通要冲三胜站设汛，拨兵驻守并负责巡查大小围埂、茅草哨等回民聚居区。姚州城添兵防守城池，及加强巡防力量。

上述方案因地制宜，共计需要招募守兵 641 名，每年增加兵饷七八千两，兵米折银 2000 多两。林则徐计划每年动用本省盐课溢余银 1 万两，作为新添兵丁的兵饷米折开销。林则徐坚定认为实施迤西移改协营添设汛兵计划，是"永昌事件"善后必不可缓的任务，通过整饬营伍才能实现朝廷绥靖边陲、久安长治的目标，事不宜迟，命令所有添募兵丁于两个月后即二十九年（1849）正月起全部到汛值防。

第四节　"永昌事件"善后处置

一　对迤西地区民风的认识

林则徐亲赴迤西督师时，清廷采纳了其"但分良莠，不问汉回"政策，指示林则徐对抗官夺犯的七哨汉民不能示弱，必须针锋相对，武力镇压："不可妄杀无辜，致失众心，尤不可再示姑容，稍留余孽，总期一鼓作气，悉数歼除，方足大昭惩创。"② 为了使汉回武装抗官民众慑服，林则徐对迤西地区民风进行了调查分析，他认为迤西汉民中以保山七哨最为桀骜不驯，其余比较淳朴，而回民无处不有，良善少顽梗多，聚集为匪为盗者甚多，化名为永昌事件"难回"，拦路抢劫来往的客货和官盐。他对聚众抢劫的回民大肆搜捕，"各处回庄通气者多，每以庇护同教为名，而以窝盗分赃为实，非重罚数处，难挽积惯颓风"。他力主乱世用重典，在

---

① （清）林则徐：《迤西移改协营添设汛兵折》，载来新夏等主编《林则徐全集》第 4 册《奏折卷》，海峡文艺出版社 2002 年版，第 2101 页。

② （清）林则徐：《复陈保山汉回情形片》，载来新夏等主编《林则徐全集》第 4 册《奏折卷》，海峡文艺出版社 2002 年版，第 1921 页。

迤西边区除暴安良，平定边疆："迤西久为盗薮，非重兵无以扫清。即使哨匪办完，亦拟乘势会督提镇，择其要害，压以重兵，责令头人指名缚献，果能尽将匪类献出以正刑诛，无论是汉是回，皆准一体办理，总使铲除粮薮，保卫善良，以期边圉肃清。"①

林则徐从保山折回大理后，对丁灿庭、杜文秀京控案进行审理，坐实地方官勾结哨练血洗保山回民的罪行，同时指出控告中几处"呈控不实"的地方，如夸大遇害回民人数，被控告的人不实等。林则徐总结滇西汉回冲突案件中，汉回各有曲直，都要承担责任，"汉人之逞忿于回者，莫甚于二十五年九月初二日之事，而回人之逞忿于汉者，前后并计，实亦厥罪唯均"②，通过剿抚兼施，汉回民众感到心服，以此总结自己处理汉回纠纷所定"但分良莠，不问回汉"政策是有"明效大验"的。丁灿庭、杜文秀等四名京控原告表示服从判决，立下遵断甘结，林则徐体念四人均是"永昌事件"遇难者家属，不再追究其呈词失实责任，从宽免处释放，了结了这一桩旷日持久的汉回纠纷案。

二 施行"就地正法"政策

林则徐通过实地调查，认识到云南独特地理环境对司法造成巨大影响，披露地方州县官员按照规定解送重犯到省城审办耗时费力，开销浩大，不堪负担，故缺乏积极性，民众通过司法实现社会公平正义的目标落空："滇省向来解犯种种受累，凡重犯一名到省，沿途囚笼抬夫及签派差役兵丁饭食，无非地方官赔垫，距省愈远，则需费愈多。缘滇中幅员辽阔，一县所辖有至七八百里之遥者，而又踄步皆山，夫价较他处数倍。地方官自起解重犯到省，以迄审明办决，已不胜赔累之多，设有在省翻供，往还驳审，或调原审官到省随同复讯，则州县因办理一犯，而累月经年，奔驰羁滞，不得回任者有之。"③ 而且，案犯解省后恃无旁证，最易翻供，

① （清）林则徐：《复陈保山汉回情形片》，载来新夏等主编《林则徐全集》第 4 册《奏折卷》，海峡文艺出版社 2002 年版，第 1922 页。

② （清）林则徐：《保山回民两起京控案审明定拟折》，载来新夏等主编《林则徐全集》第 4 册《奏折卷》，海峡文艺出版社 2002 年版，第 2000 页。

③ （清）林则徐：《兹后迤西缉获要犯请准审明就地正法片》，载来新夏等主编《林则徐全集》第 4 册《奏折卷》，海峡文艺出版社 2002 年版，第 2002—2003 页。

起解途中易于脱逃，长途起解人犯易半路遭劫夺，种种弊端，不一而足。

　　林则徐揭露国家司法制度落后于社会形势变化，带来各种恶果，地方官对缉拿案犯不作为，因循苟且，敷衍塞责，实为纵容犯罪，是社会动荡的根源："地方官实心整顿者少，畏难苟安者多，以为因拿犯而受累无穷，不如阳奉阴违，转为得计，即使上司严行督饬，亦只拿获零匪塞责，其于大帮巨盗结伙多人者，转不敢轻易下手。盗贼之所以滋炽，病根多由于此。"由此产生光怪陆离的社会怪象，"其被贼戕杀之家，非不亟图鸣官拿办，而拿不到案，或到而复逃，则被其报复之害更甚，故有被贼而并不敢呈告者。访闻迤西一带，向'有贼不畏官官畏贼，民虽被贼莫鸣官'之谣"，司法制度千疮百孔，名存实亡，加剧基层社会治安恶化，社会黑暗态势下的司法真空成为地方武装势力崛起的温床，民间滥设私刑，以私刑代替国法的现象蔓延，地方俨然变成"法外之地""独立王国"："因是各庄以防贼为名，设牛丛以聚众，始而获贼擅杀并不报官，迨后彼此相仇，所杀多非真贼，而大伙奸盗转得勾结横行，莫敢过问。颓风已久，不得不极力挽回。"①

　　林则徐意识到司法陈规已是地方治理的重要阻碍，提出变通固有章程，施行"就地正法"政策。林则徐督师迤西期间，在驻地对抓捕的案犯，随即提审，立时惩办，对"情罪重大"者，实行就地正法。他认为效果明显，既简化司法程序，节省时间，节约办案经费，提高官员办案积极性和司法效率，又直接影响民众观感，起到巨大震慑作用："毋庸远解到省，听候逐层审转，各文武皆以此次办贼可免累官，倍见踊跃从事，而汉回百姓目击犯法之被刑，亦皆异常警悚。"在试点基础上，向清廷建议在迤西地区推开施行该政策，对原有大伙巨匪捉拿时当场格杀的政策，保持不变，新增"如有患病受伤，易致幸逃显戮，抑或党与甚众，气力过强，沿途实难防范者，拟即准其就近批解道府，审勘明确，由道移明臬司，具详督抚，核明情罪果属允当，即由臣等咨行该处驻扎之提镇，恭请王命，就地正法"② 条款，是为林则徐"戢暴安良"思想的具体实践。道

---

　　① （清）林则徐：《兹后迤西缉获要犯请准审明就地正法片》，载来新夏等主编《林则徐全集》第 4 册《奏折卷》，海峡文艺出版社 2002 年版，第 2003 页。

　　② 同上。

光二十八年九月十一日（1848 年 10 月 7 日），清廷批准林则徐等所请迤西所获人犯"就地正法"政策，给予 5 年施行期限："该处军务甫竣，余匪正当严办。著即予限五年，俟期满后，仍照例由督抚亲提审明题奏，以示限制，而昭划一。"①

三　迁徙安置保山难回

研究者对该问题评价截然两分，争议非常大。"永昌事件"幸存的回民称为"难回"，如何安插"难回"以及处理遇害回民田产、房产等财产是善后工作的重要组成部分。道光二十六年（1846），前任总督贺长龄招复 100 多名难回安插于大理，但途经右甸时，被"香把会"分子截杀，另有百余人被安排返回保山县城居住，在道光二十七年（1847）第二次"永昌事件"中遇害。而对保山回民的绝产、逃产，一直未予清理、退还。道光二十七年（1847），云南巡抚程矞采到任后，与总督李星沅商定清查回产，变价给与难回，将他们集中安插别处，林则徐接手后反对该办法，主张将"难回"招回原处复业，他说："现在程年伯（程矞采）饬属清查永昌回产，业已奏出，欲变价给与难回，安插别处，此必不讨好之事，亦办不成，我只好缓与商量。闻石梧（李星沅）亦主安插之说，然安插何处，即何处必有是非，定不如招回原处，而派文武贤员弹压之为便也。"② 七月十二日（8 月 22 日），在家书中重申自己方案："流亡之回子散在各处，不免时有抢案，总非了事之道。我意总以归复原处，有产者清产还之，无产者量以绝产给种。（前年永昌城内实杀三千多人，全家死者即是绝产）。"③ 林则徐并且有将该方案付之于实施的行动，次月写给同僚的信函说："汉回构衅已越两年，兹虽厘息交锋，而彼此犹怀报复。辰下招流亡以安其业，清田产以遂其生，并设卡添兵，严缉外匪。现虽办有端绪，未卜成效何如。"④

　① （清）王先谦编：《东华续录》道光卷 58，清光绪年间刻本。

　② （清）林则徐：《家书》，载来新夏等主编《林则徐全集》第 8 册《信札卷》，海峡文艺出版社 2002 年版，第 3935 页。

　③ 同上书，第 3902 页。

　④ （清）林则徐：《致廉敬》，载来新夏等主编《林则徐全集》第 8 册《信札卷》，海峡文艺出版社 2002 年版，第 3921 页。

然而，令林则徐意料不及的是，清廷批准了程矞采善后办法，林则徐违心地成为上述办法的实施者。① 经过永昌府文武官员勘察和选址，道光二十八年（1848），林则徐同意陆续安插回民 200 余户于官乃山，派遣 1 名把总带兵 80 名负责弹压。林则徐奏报放弃此前"招原难回复业"方案的两大苦衷分别是：其一，逃亡回民的房屋被焚，早成灰烬，若令自行建盖，力所未能；其二，"难回"与汉民杂居，清厘匪易，忧虑寻衅滋事，日久更难以相安，于是决定择地集中安插。

然而，官乃山位于保山县境内，距县城二百余里，"周围约十余里，外狭中宽，前隔潞江，后依雪山。雪山之巅，石崖陡险，虽有傈僳夷人窝居其上，向不与民人相通。其自半山中腰，下至临江，间有平旷地土，堪以垦种，因而外来无业客民，单身赴彼，或种苞谷杂粮，或植大小果树，先搭棚寮栖止，渐盖土屋草房。究因中隔潞江，往来未能甚便，该客民等仍不乐于久居"②。耕地狭小，交通不便，位置相对封闭，形势险恶，土地贫瘠，农耕条件差，生活环境较为艰苦，真是一座天然的营地（来新夏语）。地方官下令将山上客民土地、果树、房屋折价迁让，或调换他处，与此同时，与保山回民头人商量将保山清真寺公产、回民绝产公同估价，与官乃山客民调换产业、房产，将整座官乃山腾空作为回民聚居地，交给迁徙而来的回民居住、耕种，并主观认为该处山场上种出的杂粮果实，能保证回民"无枵腹之虞"，如天长日久加大开垦种植力度，更可以"长资养赡"，成为一片"世外桃源"般的乐土。开初安插方案采取自愿原则，官府出于鼓励和照顾发给移民盘费，移居时"除有他处亲戚可依不愿前往者，听其自便外，凡愿移之回户，皆按大小人口，官给盘费，经署保山县知县韩捧日、署永昌协副将桂林等，将该回民二百余户分起押送前往"，抵达后官府再发给三个月口粮过渡。

经过历时一年试办，地方官报告 200 多户回民在官乃山垦种为业，不

① 《林则徐查办永昌屠杀回民案》，载杨国桢《林则徐论考》，福建人民出版社 1989 年版，第 72 页。

② （清）林则徐：《保山县城内回民移置官乃山奏明立案折》，载来新夏等主编《林则徐全集》第 4 册《奏折卷》，海峡文艺出版社 2002 年版，第 2231 页。

仅安分守己，秩序井然，而且粮食收成喜人，"去秋苞谷杂粮，均称丰熟，果树亦皆获利"，且预测称"今年垦种之地比较去年更多，将来户口繁滋，该山亦足资其力食"，认为通过实施民族隔离政策，找到了一劳永逸地解决保山县汉回冲突的万全之策，"与山巅之傈傈夷人及江外之土著汉民，均无罫辖，而保山城哨相距甚遥，更无虞其生衅。是回民安置在此，似可决为久远之图。虽不愿者，本不强其前来，而已来者，定可安于无事矣"①。显而易见，地方属吏向林则徐的汇报具有粉饰夸大和歪曲事实的成分，而林则徐照搬照套地写进向道光帝的奏报中，实属偏听偏信，由此暴露清政府国家机器不能正常有效运转，政治生态恶化扭曲的状况。依据上述报告，林则徐支持永昌府知府张亮基废除自愿移民原则，准备强行变卖尚未处理的回民在保山的零产，强制回民永远定居官乃山的方案。一年之前，对于保山未经故绝的回民所遗留田产，官府委派人员分路清查，并由官府派佃代种，收取田租，转交外逃之业主。然而张亮基认为如此做法属于权宜办法，非长久之计，带来麻烦不少："回户业经他徙，若将零星田产留在保山，内有狡黠之徒未忘旧衅，即难不借此为由，以清租为寻衅之地。"长效办法是强行一体清理，断绝其后路："不如查起原契，官为觅售，其无原契者，亦由官估价值，分别变卖。节经（回民）头人传谕，业已允从者多。唯闻有力之回，本在他处经营贸易，有不必急于变产而尚观望迁延者，若不催令一体办理，转恐退有后言，是以现仍传觅本户回民，谆切晓谕，令其出售零产，以断葛藤，总期保邑汉回各遂其生，永无可开之衅。"② 地方官推行民族隔离政策实属简单粗暴，虽然收到加强对保山回民统治力度以及缓和汉回积仇的一时之效，然而也制造出争讼田产、流民抗争等诸多后遗症，③ 作为一省主政者的林则徐没有公正持平地处理好这件大事，应该承担相应的责任。我们知道，推行汉回民族隔离政策是逆历史潮流而动，企图凭此实现迤西边区长治久安治理目标，显然过于天真，亦是封疆大吏政治智慧陷于枯竭境地的反映，后续史实给出的

---

①　（清）林则徐：《保山县城内回民移置官乃山奏明立案折》，载来新夏等主编《林则徐全集》第4册《奏折卷》，海峡文艺出版社2002年版，第2232页。
②　同上书，第2233页。
③　吴乾就：《云南回族的历史与现状》，《云南省历史研究所研究集刊》1982年总第16期，第166页。

恰恰是反证。

治理成效评价。清代云南封疆大吏群体中，林则徐精明强干，识见过人，《清史稿》本传评价说"才识过人……所莅治绩皆卓越"①，并非虚美之词。林则徐对治理边省云南颇有心得，离任时说："驭边者，公、勤、仁、明、威，少一不可。守令能公、勤，则小衅可弭，大吏能仁、明、威，则众心自服。"指出边吏相较于内地省份官员，无论州县官还是封疆大吏，都应具备更高素质要求，才能应对各种复杂局面和治理挑战。

同时，他对自己治理云南成效保持清醒头脑，预测经过大事惩创，只能换来十年安定，云南未来局势发展不乐观："经此次创艾，区区之力，不过维持十年，过此非所知矣。"②罗养儒稿本《永昌回民相残记》对此记载更为详细："一日，程抚（按：指程矞采）设宴款林，席中谈到迤西各处乱事，今世勘平，程抚随举酒贺林。林督笑而言曰：'老同年，亦未可乐观也！汉与回其结仇集怨，是同样深厚，云胸中无芥蒂存在，老同年岂能信乎？今只能云暂时安定，最大限能达十年。'"③对云南政局演进作出了符合实际的估计，不愧为一位卓越的实干型政治家。

林则徐治理云南的出发点和根本目标，是取得清政府在云南统治的长治久安，"剿抚兼施""但分良莠，不问汉回"、严刑峻法等措施只能暂时缓和矛盾，不能从根源上解决矛盾，更无法扭转国家治理能力下降的大趋势，无法逆转云南民族关系基础动摇的现实。他查办"永昌事件"和处理回民善后等军政活动，坚决果断且强有力，体现干吏治边特征，收到治标的效果，尤其对保山"七哨事件"处置，先获得道光帝"所办好"的朱批，后又因其处理得体，被赏加太子太保衔。在林则徐军事高压严打态势下，迤西边区暂时从战乱边缘拉回稳定轨道，而称其为"古今用兵之一奇局也"④，显然是对局势估计过于乐观了。林则徐隐退时告诫后任

---

① 赵尔巽等纂修：《清史稿》卷369《列传》156，中华书局1977点校本。

② 龙云、卢汉修，周钟岳纂：民国《新纂云南通志》卷181《名宦传》4《清》2，民国三十七年（1948）刊本。

③ 来新夏：《林则徐年谱长编》（下），上海交通大学出版社2011年版，第701页。

④ 中国史学会编：《回民起义》第1册，神州国光社1952年版，第180页。

"莫恃征西烽火息，从来未雨合绸缪"①，他显然意识到治理云南隐患仍多，自己所收获的不过是"大风暴"来临前的片刻宁静。综览其治滇思想与实践，大致可以作如是观。

---

① （清）林则徐：《留别滇中同人四首》，载来新夏等主编《林则徐全集》第 6 册《诗词卷》，海峡文艺出版社 2002 年版，第 3130 页。

第四章

咸丰、同治朝云南反清大起义与封疆大吏治理方略

　　鸦片战争以后，中国进入半殖民地半封建社会，外国侵略势力的不断"冲击"导致中国传统社会出现解体迹象，经济、政治上的一系列新变化，使清朝国内社会矛盾愈加突出、尖锐，至咸丰初年集中爆发。从华南到华北，从西部到东部，民众揭竿而起，掀起反清风暴，太平天国农民起义、捻军、西北回民起义、贵州苗民起义、云南各族人民反清大起义，以摧枯拉朽之势震撼清政府统治秩序，1858—1860年英法两国挑起第二次鸦片战争，清王朝陷入内忧外患的境地，文武官吏穷于应付，清政府统治接近于瓦解。曾国藩、李鸿章、左宗棠、胡林翼等大员通过举办团练，组织起湘军、淮军等军事武装，在危机局面下，清政府原有集权森严的军政权力结构有所松动，凭借上述军事将领率军东征西讨，扑灭各地人民反清浪潮，本已摇摇欲坠的清政府统治得以实现所谓"中兴"。

　　咸同年间，云南各地各族人民发动一系列反清起义，占领城市、乡村，驱赶清朝官吏，建立政权，滇东南回民武装三次围攻省城，杜文秀大理政权军队"东征"，包围省城，使清王朝对云南的统治一度陷入绝境。咸丰时期云南陷入长达18年的战争状态，起于汉回冲突未能得到官方及时、有效化解，民族矛盾演变为反清起义，战事旷日持久，与封疆大吏频繁易人，"剿抚"政策不一致，或畏葸规避，或龃龉不和，有直接关系。出生于广西、投效云南的岑毓英依靠镇压云南反清起义积累政治资本，从宜良知县官至云南巡抚，实施"先东后西"军事战略，最终将云南反清大起义镇压下去。

学术界对咸同时期云南各民族反清大起义的研究，是以杜文秀起义为中心展开的，重点放在对起义史实、战争过程、领导人物史迹的梳理，以及大理政权的政治纲领、经济政策、对外关系研究上，通史类成果有《云南近代史》编写组编著《云南近代史》，[①] 蒋中礼、王文成主编《云南通史》第5卷。[②] 荆德新编著《杜文秀起义》，[③] 对杜文秀起义进行全面、系统的专题研究，制作了大事年表、杜军职官表、咸同年间清云南地方政府大吏任职表，又编有《云南回民起义史料》，[④] 搜罗和辑录咸同云南大起义各方文献资料，更早的资料集当属中国史学会主编四卷本《回民起义》的前两卷，专题辑录咸同云南大起义史料。[⑤] 王树槐专著《咸同云南回民事变》，对杜文秀起义前因后果进行条分缕析，认为起义的根本原因是政治、社会、经济因素，民族宗教问题并非主因，杜文秀起义坚持18年之久，是清政府内忧外患形势造成的。[⑥] 论文方面，多数有关岑毓英的研究论文交代其通过镇压云南反清大起义而在政治上发迹的过程，[⑦] 从军事地理视角来立论的研究甚少。[⑧]

第一节 咸丰朝云南社会矛盾全面激化

从元代回民大规模进入云南开始，云南是我国回民人数较多、分布较广泛的省份。元明清三代，回民与包括汉族在内的其他各民族人民和睦相

---

① 云南近代史编写组：《云南近代史》，云南人民出版社1993年版。

② 何耀华总主编，蒋中礼、王文成主编：《云南通史》第5卷，中国社会科学出版社2011年版。

③ 荆德新编著：《杜文秀起义》，云南民族出版社1991年版。

④ 荆德新编：《云南回民起义史料》，云南民族出版社1986年版。

⑤ 中国史学会主编：《回民起义》，神州国光社1952年版。

⑥ 王树槐：《咸同云南回民事变》，台湾"中研院"近代史研究所专刊1968年版。

⑦ 相关论文有赵至敏：《岑毓英与云南回民起义》，《中央民族学院学报》1991年第4期；黄家信：《从被怀疑到受重用——云南回民起义时期的岑毓英》，《蒙自师范高等专科学校学报》2000年第1期；刘启强：《岑毓英研究概况浅述》，《红河学院学报》2006年第1期；施铁靖：《论岑毓英》，《广西民族研究》2009年第2期；刘海泉：《晚清边吏岑毓英治滇研究》，硕士学位论文，云南大学，2010年。

⑧ 施均显：《岑毓英军事思想试析》（《广西地方志》2013年第6期）一文点到"先东后西"战略。

处，经济上互通有无，文化上相互联系、交流，取长补短，共同开发云南边省，使云南成为中国疆域版图中牢固的不可分割的一部分，是为云南民族关系的主流。

然而，这种良好的民族关系，从嘉庆年间开始发生逆转。汉回矛盾所导致的流血事件在银厂、铜厂、金厂等山地矿厂屡有爆发，地方官员治理不当，或从中挑拨、利用，矛盾不仅没有解决，反而扩大、升级为回民群体与临安汉人群体的地域性群体的械斗、仇杀。另外在农村地区，汉、回地主以及部分群众，因为农地、山场、用水等问题，有时不免发生一些摩擦，这些日常生活矛盾本来实属平常，然而由于地方官吏漠不关心，或心怀偏袒，不能及时、有效地加以调解和处理，普通的利益之争，经过别有用心者的挑动，常常迅速发展为民族间大规模械斗。

一　汉回关系恶化

从根本上看，咸同朝云南各族人民反清大起义是清朝统治者推行民族歧视和民族压迫政策的恶果，也与嘉庆朝以降云南社会经济走向不景气，民众生计问题日益突出，社会矛盾激化有直接关系。

根据文献记载，自嘉庆五年（1800）顺宁府悉宜银厂（位于今临沧市耿马县境内）发生汉回流血冲突以后，50多年时间内相继发生汉、回民族之间重大冲突事件达十余次之多，如云龙州白羊厂案（1821）、缅宁（今临沧）事件（1839）、永昌（今保山）事件（1845）、巧家厅汤丹厂案（1847）、姚州事件（1847）、南安州（今双柏）石羊厂案（1854—1855）、昆明事件（1856）等。（参见图4—1）从时间序列上看，嘉庆朝矛盾表面化，开始发生冲突事件，进入道光朝矛盾加剧，关系恶化，互争互斗事件层出不穷，咸丰朝矛盾尖锐至不可调和的地步，回汉人民举起反清斗争大旗。从发生地点看，呈现从山区向城市、从边区向腹内地区推进的趋势，形成以争夺省会昆明和滇西重镇大理为焦点，反清烈火遍布迤东、迤南、迤西三迤大地的格局。

具体分析咸同云南反清大起义爆发的远因与近因，均与云南封疆大吏的治理政策不当有或直接或间接的关系。

图 4—1 清代后期云南汉回重大流血冲突地示意图

底图来源：《中国历史地图集》第 8 册《清时期》。

第一，汉回冲突以争夺矿产、水、土地等资源酿成不幸的流血事件最为突出，正如荆德新所言，不外乎追逐矿利和商利，即一个利字。清朝云南地方政府行政上只顾对矿厂收税而不问人民死活、缺乏有效维护矿区治安和保障矿民合法权益的手段，埋下了汉回冲突的重大祸根。①

例如悉宜厂案。乾隆四十八年（1783），云贵总督富纲奏准奉旨开办悉宜银厂。因厂地距离顺宁府治所路途遥远，管理不便，兼之地处耿马土司区，于是令耿马土司就近管理，集丁开采："耿马宣抚司一……管悉宜

① 荆德新编著：《杜文秀起义》，云南民族出版社 1991 年版，第 30 页。

银厂，纳岁课。"①

嘉庆五年（1800）悉宜银厂案具体情况是：

> 顺宁府耿马土司所管之悉宜厂远在边外，向听内地民人前往开采贸易。……厂上食米多系回民贩售，回民倚众恃强，楚民屡受欺压。嘉庆五年三月初四日，回民金耀才与楚民（湖南）刘思义在乔姓茶铺口角争闹，金耀才遂邀回众将茶铺器具打毁。经回民客长沙有璧、楚省客长夏秀山等前往弹压，询系金耀才无理，令金耀才向刘思义服罪。金耀才不依，声言夏秀山偏护同乡，回众亦附合哄闹。夏秀山见人众转回。是晚，回民又打毁楚民店铺十余间。夏秀山闻知，起意纠人肆杀泄忿，遂邀允楚民彭三锡等一百八十余人，名执器械，与回民沙有明等彼此混杀，共杀毙回（民）沙有明、沙有华、沙绍森、马布青、马成相、朱珍玉、沙汉、沙奉蛟、金彩经、李有荣、马连勋、艾士毕十（二）人，楚民亦被回民砍伤数人。夏秀山等探知回民沙有璧、穆殿、姚成洲、金士春、马□义、马珍陇六人在官房躲避，夏秀山复带领曾么大、陶金富、栗老十等赶至，将沙有璧等六人拖至礼拜寺，喝令曾么大等杀死，用土掩埋逃逸。②

云南富含矿产资源，清政府出于国家财政收入、货币流通和经营开发边疆的诸种需要，对云南开发银、铜等矿产资源向来较为重视，并汲取明代矿冶业官营政策弊端甚多，对云南矿产开采一定程度上放松限制，施行听民开采的经营政策，云南地方大吏据此出台过一系列奖励办法，鼓励招商开矿，对开采矿产取得明显成绩者，奏请保奖或授予官职，这一鼓励政策既推动乾隆中后期云南铜矿、银矿开采达到鼎盛局面，又影响到封疆大吏治滇政策，云南矿业开发成为关系国计民生的大政。云南各大矿厂云集四方人士，有两湖、江西等外省人员前来办厂，也有受雇进入硐嶂掘矿的

① （清）伯麟修纂，揣振宇主编：《滇省舆地图说·滇省夷人图说》顺宁府，中国社会科学出版社 2009 年影印本，第 109 页。

② 《白羊厂汉回械斗案》，载荆德新编《云南回民起义史料》，云南民族出版社 1986 年版，第 10—11 页。

云南本省汉回民砂丁，还有为矿民贩运粮米的商人。"厂之大者其人以万计，小者亦以千计"①，矿区人口聚集带动粮米供不应求，推动米价上涨，乾隆中期云贵总督杨应琚曾指出："滇省近年矿厂日开，砂丁人等聚集，每处不下数十万人，耗米过多，搬运日众，以至各厂粮价日昂一日。"②经营粮食贩卖的商人有利可图，接踵而来，来自不同民族的商户、硐户、炉户、砂丁之间因生活琐事发生矛盾、摩擦在所难免。悉宜银厂年纳课银800两，据荆德新估计，矿民人数应有数千人。③由于矿厂小范围地域聚集的人数众多，事实上形成了一个个"矿民小社区"，虽然地方政府派员弹压，并有一套相应的管理体制，但制度形同虚设的情况较为普遍，地方政府事前管控治安不力、事后草率敷衍处理流血冲突的事件屡见不鲜。云南地方政府对于悉宜银厂案的办理，是在多数杀人凶犯逃走，回民控告上门的情况下，地方官才开堂问案，审理结果是将肇事者之一夏秀山凌迟处死，对于其他肇事者，地方官以此案逃犯尚多，无从质对，草草了结。

道光元年（1821）云龙州白羊厂案发生原因与悉宜银厂案有相似之处。白羊厂坐落于迤西大理府云龙州，距州城180里，因白羊山而得名。原为银厂，乾隆中期奏准采铜，年定额铜供外省采买达十余万斤。据文献记载，该厂砂丁"多楚人与滇之临安汉人、迤西回人，皆强悍"④。该厂矿民除云南、湖南二省人外，尚有来自四川、贵州、江西等省，估计包括硐户、炉户、砂丁、商人各色人等总数在千人以上。湖南人建有寿佛寺，临安人建有临安会馆，回民建有清真寺，各自成为集会场所，有事时一呼百应。因为生活中的细微纠纷，湖南客长向中心与临安客长秦贤中纠集300多人与矿上回民200余人发生大规模械斗。这场冲突长达7天，汉回双方共计死亡90人。向中心在事后审理中自供说："小的实因从前悉宜厂的回民本与湖广人有嫌，近来又因争夺嵧尖，时常吵闹，那日见了揭帖，说回民要杀湖广人的话，故此信以为实，纠人帮助秦贤中与回民共

---

① （清）吴其濬：《滇南矿厂图略》，禁第十二，清刻本。
② （清）阮元、伊里布等修，王崧、李诚等纂：道光《云南通志稿》卷74《食货志》2《矿厂》2《铜厂》上，道光十五年刻本。
③ 荆德新编著：《杜文秀起义》，云南民族出版社1991年版，第23页。
④ （清）岑毓英修，陈灿纂：（光绪）《云南通志》卷106《武备志》6《戎事》6，光绪二十年（1894）刻本。

殴，致伤多命。"① 云龙州知州雷文枚也明确指出白羊厂案实为争夺厂利：
"此案衅起回民与湖广及临安等处人因争厂地嶾硐挟嫌。"②

　　如果白羊厂所在的大理府、云龙州两级地方政府能鉴于厂地位置偏僻，治安形势复杂，在事前加强治理措施，或者在械斗案件发生后，迅速采取果断措施加以弹压，均不至于导致民心不服，事态迁延难了。械斗发生之时，大理府知府张志学、云龙州知州雷文枚因公务外出，均不在岗，事发 20 天后方从外地赶回处理，负责管理白羊厂的雷文枚出于卸责目的，采取拖延和敷衍的策略，并不大力缉凶、实心审案和如实查报。而知府张志学年老昏聩，玩忽职守，听信下级呈报，并未认真核查案情，追查真相，进行纠偏，给予当事方公平、公正的审判，平反冤屈。两级地方政府主政官员企图草率结案的做法激起受害回民亲属的强烈不满，他们绕过府、州政府越级控告到省，并派人奔赴京师都察院提出京控。

　　云南省内省外人群以及汉回民众围绕争尖霸厂或争夺商业贩运利益而发生纠纷、摩擦，背后有相当复杂的政治、经济、社会原因，从事发地官员到封疆大吏的治理不力，办案不公，产生连锁效应，助长此类事件层出不穷，影响的地域范围扩大，矛盾不断升级，就此埋下民族仇恨的种子。

　　林则徐处理道光二十五年（1845）"永昌事件"也留下后遗症，保山回民集体西迁官乃山后，回民原在保山坝子的田产被汉人占据，回民利益受到侵害，引发一系列报复活动。咸丰五年（1855），陕西道监察御史陈庆松披露说："永昌膏腴之地，多为回子所有，自平定后，将回子驱逐徼外，腴田尽予民人，回子失其故业，往往勾结夷人，沿边滋扰。且自曲靖至永昌，上下二千余里，处处民回杂居，回子每思乘机报复。"③

　　道光、咸丰朝时期，国内银贵钱贱现象突出，受其影响，铜矿开采受到一定抑制，而金、银矿作为贵金属更吸引开矿者的注意力，云南一些汉、回矿业经营者为了争夺金、银矿的开采权，相继发生一系列矛盾。道光三十年（1850）他郎厅坤勇箐金厂案爆发，该案起自回民厂商马纲与

---

　　① 《白羊厂汉回械斗案》，载荆德新编《云南回民起义史料》，云南民族出版社 1986 年版，第 17 页。

　　② 同上书，第 2 页。

　　③ （清）奕訢修：《钦定平定云南回匪方略》卷 1，中国书店 1985 年影印本。

建水西庄人李经文聚赌生衅，引发聚众斗殴，继而发展为汉回之间大规模流血冲突和争厂事件。咸丰四年（1854）南安州石羊银厂案（学术界又称"双柏事件"）因借贷私争引起事态扩大，厂民邀约临安汉人潘德等介入争端，汉回爆发冲突。在他郎厅金厂、南安州石羊银厂从事采矿的有汉民，也有回民，汉民以临安府建水人、石屏人为多。矿区由于特殊的生活环境，治安状况不良，矿民常以地缘为单位结成矿民集团，成员互相保护，有的拥有武器，形成一股尾大不掉的地方势力。云贵总督林则徐披露矿民集团成为官府治理难题，说"查向来厂上之人，殷实良善者十之一，犷悍诡谲者十之九""其分也争相雄长，其合也并力把持，恃众欺民，渐至藐官抗法，是以有厂之地，不独官惧考成，并绅士居民亦皆懔然防范"①。矿区回民同教相护，互为奥援，汉民也不甘示弱，例如临安府建水、石屏二县汉人倚仗人多势众，成为多起厂案的肇事方，文献对此记载说："道光以来，云南诸厂采矿砂丁号厂客者，类皆汉家无赖子，青布缠头，被甲执械，扬旌击鼓，千百为群，目无法纪，官司斥为厂匪。其人多临安府籍，亦称临匪。"② 石屏人许印芳揭露临安籍厂民结党营私，占厂肇事，成为地方治安一害，官府养痈终成大患："结党号厂客，歃血固要盟。戎装执戎器，击鼓扬旃旌。占厂凭势力，树敌各联营。争夺启边衅，于法当重惩。历官病尪羸，畏虎莫敢撄，隐忍示宽大，养痈患以成。"③

对于回民与建水汉人反复争夺而起石羊银厂案，南安州知州兼厂委崔绍宗负有重大责任。案发前，石羊银厂汉、回厂商鉴于他处争厂起衅的教训，向崔绍宗建言派兵驻厂维持治安，或办理团练，均被崔绍宗以没有必要加以拒绝，错失了事前防范的契机。案发后，崔绍宗见汉回激烈冲突，厂地数次易手，事态难以控制，干脆当起了"两面派"，拨弄其间，坐收渔利。当时在云南做地方官的彭崧毓对于崔绍宗的投机做法深恶痛绝："南安州石羊银厂官征其课，而无术以平其争，回强则祖回，汉强则祖

---

① （清）岑毓英修，陈灿纂：（光绪）《云南通志》卷106《武备志》6《戎事》6，光绪二十年（1894）刻本。

② 同上。

③ （清）许印芳：《五塘诗草》卷1《即事呈郡守方伯雄先生》，载中国史学会主编《回民起义》第2册，神州国光社1952年版，第59页。

汉，酿成巨祸，罪可胜诛耶！"① 云南巡抚舒兴阿对于省内汉、回民族冲突愈演愈烈的状况漫不经心，听之任之。各级官吏或敷衍失职，或推波助澜，是厂案一再发生和汉回流血冲突扩大、蔓延的主要原因。

由争夺厂利、商利为导火索的汉回流血冲突，到咸丰六年（1856）杜文秀起义前，已由偏远矿区蔓延至农村、城市，冲突地域从迤西大理府、顺宁府、永昌府蔓延至东川府、楚雄府和省会云南府，全省范围汉、回关系都陷入紧张和恶化状态，云南地方大吏对此缺乏行之有效的治理措施，事态自此朝着更为严重的方向发展，爆发全省各民族参加的反清大起义。

第二，咸丰初年，云南绿营兵多次调往外省，镇压太平天国起义，省内军事管控能力下降。吴文镕任总督时，清廷传旨挑选云贵精兵各 2000 人，赴援两湖地区，充实清军兵力。② 贵州爆发苗民、教民起义后，云贵总督恒春从云南抽调军队统带前往镇压。咸丰六年（1856）戕害省城回民的"昆明事件"发生后，云南巡抚舒兴阿向清廷告急称，云南绿营兵奉调出省，省城兵力空虚，无力控制局势："滇省官兵连年奉调出师，所存较少，实觉不敷派遣，地方招募练丁，亦属权宜之计，经费既虞不给，将来流弊亦多。"③ 康熙年间定云南绿营兵额 42000 人，后经裁汰减额，至道光二十九年（1849）为 39762 人，④ 咸同云南反清大起义前绿营额设马、步战兵 37000 多人，外调援助他省的兵员已达 5000 多人。⑤ 和平时期驻守城镇、分防塘汛尚且感到不敷分布，精锐东调出省之后，必然造成省内兵力空虚，在管控汉回流血冲突案件和民众武装抗官事件时感到捉襟见肘，封疆大吏管控地方的能力受到严重削弱。

咸同云南反清大起义期间，云南封疆大吏屡次向邻省四川、贵州、湖南借兵，调遣入滇镇压民众反清武装。咸丰三年（1853）迤东回民马二花在东川府汤丹动员数百人，戕官拒捕，东川城内回民举旗响应，总督吴

---

① （清）彭崧毓：《云南风土纪事诗·楚雄府》，同治二年（1863）刻本。

② （清）吴养原：《文节府君（吴文镕）年谱》，载北京图书馆编《北京图书馆藏珍本年谱丛刊》，第 146 册，北京图书馆出版社 1999 年版，第 344 页。

③ （清）奕䜣修：《钦定平定云南回匪方略》卷 1，中国书店 1985 年影印本。

④ 赵尔巽等纂修：《清史稿》卷 131《志》106《兵》2《绿营》，中华书局 1977 年点校本。

⑤ （清）奕䜣修：《钦定平定云南回匪方略》卷 2，中国书店 1985 年影印本。

文镕紧急奏调滇黔官兵数千人，配合团练武装，与马二花率领的数千民众在东川、寻甸、宣威所属三官庙、柯渡、落冲、秃头梁子等地进行多次鏖战，直至马二花被俘遇害。湘军将领刘岳昭带领湖湘兵援黔援滇，与贵州苗民、云南回民、石达开转战西南残部作战，积累军功直至官封云贵总督。

岑毓英认为云南绿营废弛，从外省调兵又存在"人地不习，目前则多报销，事后则易聚难散"①等诸多弊端，决定依靠招募本省乡勇团练武装镇压云南各地反清武装，以此收到事半功倍的效果。他揭露云南绿营兵已经形同虚设，说："滇省绿营额设马、步兵三万七千数百名，承平日久，训练多疏，将不知兵，兵不知战。仓卒有事，则募勇以代兵，饷需支绌，即不能不后兵而先勇。于是兵丁愈困，营务益弛，有改业贸易者，有入营当勇者，通省营兵，所存不及十分之一。"②岑毓英麾下前后调集的兵勇、乡团人数达到 8 万多人，其中除了旧部粤勇 1000 余人以及把总周平楚所带粤勇 1000 名以外，其余皆为云南本省兵勇和招募各矿厂的砂丁，这些人或因地方失陷不能归营回籍，或因厂务废弛停工失业，不耐于农业耕作，却习于战斗，依赖当勇解决糊口问题。云贵总督吴文镕曾指出，矿民失业，生计无着，是影响云南社会稳定的重要因素："铜厂砂丁失业，必至生事。"③岑毓英招募成军，既给予出路，成功消化不稳定因素，又使之成为对抗反清武装、巩固清朝统治的重要兵源，无异于一举两得，他所说"滇省近年用兵，多藉乡勇之力"④，标榜依靠民力，实为以民治民之术的体现。

第三，从咸丰帝到云南督抚对民众抗官斗争处置方针失当，为渊驱鱼，为丛驱雀，官逼民反，促使云南局势急剧恶化。反映在清廷在采用围剿政策还是招降政策上（所谓"主剿主抚"）动摇不定："咸丰六年

---

① （清）岑毓英：《岑襄勤公奏稿》卷 2《通筹滇事酌拟八条请旨遵办折》，台湾成文出版社 1969 年影印本。

② 同上。

③ （清）吴养原编：《文节府君（吴文镕）年谱》，载北京图书馆编《北京图书馆藏珍本年谱丛刊》，第 146 册，北京图书馆出版社 1999 年影印本，第 338 页。

④ （清）岑毓英：《岑襄勤公奏稿》卷 2《通筹滇事酌拟八条请旨遵办折》，台湾成文出版社 1969 年影印本。

（1856）滇回之乱，起自与汉民仇杀，初误于当事不能分别良莠，一意主剿，以致三迤回众蜂起肆扰，而西回杜文秀则盘踞大理，旁陷各郡，东南诸回则围省者二，陷省者一，皆戕官踞城，逆迹昭著。又误于当事一意主抚，回得阳藉受抚为名，阴益肆其猖獗，卒之剿抚两乖，全滇糜烂。"①道光中期林则徐治滇确立的"但分良莠，不问汉回"方针没有得到彻底贯彻，先是州县官员即亲民之官措置失宜，激成事端："回汉杂处，历久相安，回民亦朝廷赤子也。乃以微嫌互斗，与汉为仇，而牧令措置失宜，遂致铤而走险，势极燎原。"② 最高统治者咸丰帝最初对云南局势的复杂性、严峻性显然也估计不足，他指示实施先剿后抚方略，传谕总督恒春、巡抚舒兴阿和提督文祥说："滇省汉回互斗，相习成风，全在地方官办理得宜，自能消患未萌，不致酿成巨案……先将愍不畏法之徒痛加剿办，声威所至，余众自必畏罪投诚……总当除莠安良，先剿后抚，分别办理，即可折服汉回之心，亦不致久劳兵力。"上述武力镇压政策，由于云南兵力不足而显得不切实际，"昆明四月事件"后，咸丰帝接到舒兴阿关于云南东、西两路回民群起反抗，军事形势紧张，决定改行剿抚兼施政策的奏报后，仍然坚持己见，认为必须以剿为先："舒兴阿因兵力不足，现拟剿抚兼施，然畏威之后，方能怀德，亦不可示之以弱，致令匪势愈张，梗化者宜实力剿办，投诚者当加意抚绥，方为情法两平，宽严得当。"③

　　朝廷中也有大臣乘机鼓噪，罔顾事实，混淆视听，迎合咸丰帝"主剿"心切的心理，咸丰帝随即附和："上命军机大臣传谕恒春、舒兴阿曰：据何彤云奏称，该省回匪起事之由，皆因历任地方官袒庇回匪，抑勒汉民，以致匪众毫无忌惮，肆行焚杀，所奏自系实情。当汉回互斗之初，彼此寻仇报复，自应持平办理，迨至因争厂而焚杀，因焚杀而戕官，则回匪已成叛逆，而临安及大小骠川人并无此事，该地方官何得概目为匪，力持并剿之议，又尽撤各乡团练而转募回匪守城，自坏藩篱，酿成巨患，殊为可恨。现在迤东、迤西各属回匪势若燎原，海口、碧鸡关等处逼近省

①　（清）谭钧培：《谭中丞奏稿》卷7《胪陈故督勋绩折》，清光绪二十八年（1902）湖北粮署刻本。

②　（清）奕䜣修：《钦定平定云南回匪方略》卷50，中国书店1985年影印本。

③　（清）奕䜣修：《钦定平定云南回匪方略》卷1，中国书店1985年影印本。

城，皆有逆回屯据，若非大加惩创，断不能使之畏威敛迹，即议抚亦无从下手。舒兴阿……着即督饬在事将弁认真剿办，并通饬各属实力举办乡团，以期自相保卫。"①

二　统治陷入危机

咸丰六年（1856）九月杜文秀举起义旗之际，云南清军兵单饷绌，纷纷丧土弃守，全省形势全面告急，统治陷入空前危机。云贵总督恒春奏报说："现查滇省东自（杨）林以至平彝，遍地皆贼。广西州属回匪复勾结依匪，乘间窃发。澄江、临安两府属几无完善之区。海口则屡次进兵，均未能取胜。姚州亦未收复。浪穹县失守，文武不知下落。大理府城回匪，烧杀三昼夜，迤西道林廷禧全家与署提标中军怀唐阿均被戕害。开化府亦有回匪勾结依匪之事。查滇省回匪唯迤西最多，大理既经蠢动，则顺宁、永昌各属之回难保不相率响应，当兹兵单饷绌，万分危急。"② 鉴于事态严重，恒春匆忙从贵州赶回云南，咸丰帝严令恒春带兵出省，对反清起义军"痛加剿洗"，收复丢失的城池，不得姑息，"不可株守省城，坐误事机"③，恒春为难地自辩说自己无兵可调，对赶赴前敌无能为力，只能收缩兵力于城市，进行重点防守："臣督师出省，必须厚集兵力，查通省各营兵弁，除奉派出师并防剿本境外，实在无可征调。省中现共存兵一千六百余名，臣即勉强抽拨，至多不过三五百名，恐回匪侦知兵力单薄，益无忌惮。"④ 恒春非但无力贯彻咸丰帝主动进攻的战略，反而于咸丰七年（1857）滇东南回民起义军围攻省城时，感到兵粮两缺，焦急忧惧，情急之下自缢而死，留下一道遗折吐露苦衷"滇事难办，以死相报"⑤。

恒春自缢事件对咸丰帝触动是不小的，得知消息后说："封疆大吏当时势艰难之际，不思力图挽救，辄以一死卸责，不惟无益国事，抑且贻误大局，死出无名，与效命疆场者，不可同日而语。唯览其遗折，因督剿计

---

① （清）奕䜣修：《钦定平定云南回匪方略》卷 2，中国书店 1985 年影印本。
② 同上。
③ （清）奕䜣修：《钦定平定云南回匪方略》卷 4，中国书店 1985 年影印本。
④ 同上。
⑤ （清）奕䜣修：《钦定平定云南回匪方略》卷 5，中国书店 1985 年影印本。

穷，自怨误国殃民，一死不足蔽辜，且惓惓以国计民生为念，其情亦甚可悯。"① 虽然认定恒春此举是不负责任的行为，于大义上不以为然，但显然恒春之死与皇帝一味坚持的主剿政策有关系，因而对主剿政策有所反思，调任吴振棫入滇继任云贵总督后转而支持抚回政策。

客观地说，咸丰帝基于形势判断对云南封疆大吏的人事安排费了许多心思，是有所考虑的，然而局势非但没有改观，反而一再趋于恶化，侧面证明其失算。咸丰帝登基不久，曾语重心长地对新任云贵总督吴文镕说："汝之有谋有猷，济之以（巡抚）张亮基能持能断，和力同心，则滇省之吏治民风，自可渐臻淳朴。"② 勉励督抚同心协力，共济时艰，破解边省治理困局。

以往在分析论述云南汉回互斗案时，有学者认为是云南督抚大民族主义思想作祟，偏袒汉人，歧视、压制回人，导致杜文秀起义。实际情况要复杂得多，值得注意的是，促使云南各地民众揭竿而起的咸丰六年（1856）"昆明事件"发生时，除布政使桑春荣为汉人外，云贵总督恒春、云南巡抚舒兴阿、按察使清盛都是满人，在处理民族冲突时本该从巩固王朝统治出发，维护统治集团整体利益，采取超脱立场，持平办理，迅速控制局面，平息事态。然而事实却大相径庭。当时总督恒春带兵镇压黔东南都匀、镇远一带苗民起义，对云南情势只能隔岸观火，无力掌控。巡抚舒兴阿疾病缠身，其心脏患有旧疾（怔忡之疾），又新患健忘症，据称"夜寝须多人围绕，出则兵练夹拥而行"③，次年感到"右手足偏重，步履维艰，一月有余，投药数十剂，总未见效"④，处理公务力不从心，清廷将其内召回京。而清盛是制造"昆明事件"的罪魁祸首，恒春揭露清盛直接下令血洗省城回民，激起云南全省事变："本年（1856）四月间，省回勾结外回与临匪互斗，前署藩司清盛出示饬令民间齐团，遇有滋事回匪，准其格杀勿论，而不法汉奸从中煽惑，以致省内良回多被汉民杀害，省外亦纷纷蠢动，激成事变。兹若概以杀回为务，既无以服回民之心，且愈以

①　（清）奕䜣修：《钦定平定云南回匪方略》卷5，中国书店1985年影印本。

②　（清）吴养原编：《文节府君（吴文镕）年谱》，载北京图书馆编《北京图书馆藏珍本年谱丛刊》，第146册，北京图书馆出版社1999年影印本，第320页。

③　（清）奕䜣修：《钦定平定云南回匪方略》卷3，中国书店1985年影印本。

④　（清）奕䜣修：《钦定平定云南回匪方略》卷5，中国书店1985年影印本。

速汉民之祸。"① 表示对其行径不能认同。舒兴阿不加阻拦，任其肆意妄为，"从此回民得所借口，益肆猖狂，昔则与汉为仇，今则与官为仇"②，对事件同样负有难以推卸的责任。在以满人为主体构成的地方统治集团的治理下，云南局势更加恶化，回汉冲突更加严重，反清起义全面爆发，说明民族关系的恶化并非单纯的督抚偏袒所能解释清楚，应该上升到清政府治理云南失败的高度，导致对地方管控能力下降，统治秩序崩溃。所谓偏袒一方的说法，不排除统治者试图利用一方控制另一方，或冲突事件中当事方为扩大事态挑起新一轮冲突寻找借口的用意。正如布政使桑春荣大倒苦水说，云南汉回民众均对督抚大员丧失信任，政府已被民众所抛弃："汉则怨官庇回，回则怨官袒汉，业皆归怨于官，是在事之督抚两司，无论如何办理，断难悉洽舆情，唯有仰恳钦派公正大臣前来彻底查办，庶足以服汉回之心。"③

三　兴办保甲、团练

咸丰七年（1857）夏，云南人民反清斗争如火如荼，局势动荡，省城戒严。总督恒春自缢，巡抚舒兴阿因病离职，布政使桑春荣困守危城昆明。咸丰帝紧急就近调派四川总督吴振棫入滇任云贵总督，并重新起用前云南巡抚张亮基为副手，帮办云南军务。咸丰帝对吴振棫扭转地方统治颓势，收拾局面寄予厚望，说：

> 云贵总督一缺，现办军务甚为紧要，已降旨着吴振棫调补，即赴新任，毋庸来京请训矣。……云南回匪滋事已阅年余，其始由地方官区分汉回之见，不能秉公剖办，及至势成燎原，复未能分别良莠，剿抚兼施，以致回匪犹蓄异志，常谓汉人欺回，日事报复。吴振棫于云南情形颇能熟悉，经朕委以艰巨重任，务即先行出示剀切晓谕，但分良莠，不分汉回，俾先声夺人，解散党与，到滇后，恩威并用，示以通权达变之方，不为浮言所惑，方能帖服人心，挽回大局。该督阅历

① （清）奕䜣修：《钦定平定云南回匪方略》卷4，中国书店1985年影印本。
② （清）奕䜣修：《钦定平定云南回匪方略》卷5，中国书店1985年影印本。
③ 同上。

已深，办事素有把握，此中操纵机宜，着即悉心筹办。①

在咸丰帝看来，吴振棫是临危受命的不二人选，除了年龄、阅历、行政经验、就近赴任等优势外，更看重吴振棫熟悉云南省情。吴振棫（1792—1870），浙江钱塘人。嘉庆十九年（1814）中进士。道光二年（1822），外放大理府知府，上任后禁止民间种植罂粟，劝民种桑播谷，修筑桥梁，颇有政声。历经 30 年外官历练，咸丰二年（1852）迁云南巡抚，任职两年有余。整顿云南铜务，于省局、东川府局增炉加铸制钱，投放市面变现，以筹集铜矿开发工本，又会同总督吴文镕成功镇压过寻甸、东川、开化、广南等地民众武装反抗和游民暴动。

吴文镕、张亮基治理云南时，正值广西爆发洪秀全起义，云南、贵州等邻省大吏高度紧张，严加防堵其势力波及，并防范省内民众乘机起事。他们提出的应对之策是厉行保甲以靖"内乱"，举办团练以御"外匪"。

咸丰元年（1851），巡抚张亮基拟订《云南保甲章程》12 条：

> 滇省界连粤川黔，各州县村寨以外，多有厂地砂丁、夷、侬人等，五方杂处，引类呼朋，而临安、开化、广南、永昌、广西各府州境兼有夷、沙、侬人等，犷悍性成，聚众滋扰，深恐勾结粤匪为患。前有诏敕令各省编查保甲，以弭乱萌，因遵议《保甲章程》十二条：一慎选保长；一编联户口；一稽查各厂丁夫；一严查流寓，禁止容匿客民；一严究窝顿匪类；一严保正甲长赏罚；一修理城乡栅栏；一合力捕匪；一守要隘；一缉土棍；一立团练；一禁带刀闲游。城乡内外并各村寨责成乡（约）保（长），厂丁、炉户责成客长，土司所属及沙侬夷人皆责成头目，各将所管界址门户立簿，按月廪送，该管官弁稽查。如有烧香结盟为匪等事，立即指拿究办理，分饬各属文武认真办理。②

---

① （清）奕訢修：《钦定平定云南回匪方略》卷 5，中国书店 1985 年影印本。

② 《张亮基年谱》，载北京图书馆编《北京图书馆藏珍本年谱丛刊》，第 153 册，北京图书馆出版社 1999 年版，第 246—247 页。

《章程》上报清廷后，得到批复"所议尚属周妥"，遂颁行全省施行。办理保甲责成于官，实施于城乡内外村寨基层民众，官员必须亲身周历，加以督办，民要有信官之心，官民一体，上行下效，方能执行到位。然而一部分地方官员视为具文，并不奉行；一部分地方官员不明宗旨，所做的仅是刷印章程，张贴公告，"于此事尚未悉心体察，不过发几张告示，颁几本章程，遂冀此事之可以了门面而告无憾"①，使《章程》流于一纸空文，政策未能真正落地，收效极为有限。

云贵总督吴文镕披露说，上任一年多来，云南各地各类抢劫重案层见叠出，屡经严厉札饬而盗案不见减少，可见地方官无一人无一地实心实力清理保甲。云南地方官全无真实为民之心，虚与委蛇者固多，更有甚者，在封疆大吏督行保甲的压力下，胡乱行政，借机搜刮民众，扰民害民，滋生出新的流弊："差衙役下乡贴门牌，而索费鱼肉乡民，一弊也；委分防佐杂编查，贪婪而济以酷虐，二弊也；照例立甲长、里老、牌头，任其武断讹诈乡愚，三弊也。"② 所谓行之有效垂之久远的良法，在吏治败坏的非常时期，却收到民不聊生的负效果，是主政者始料不及的。吴文镕没有改弦更张，他发布《会抚院通饬各属力行保甲札》，重申实行保甲制度，与之前相比所做的调整是，制定更详尽的细则，加强推行力度。吴文镕强调因地制宜，乘时利导，将保甲法细分为三类，即"游民之保甲"，在游民多的地方设立客长，客长负责稽查游民往来，甄别良莠，分别去留；"厂地之保甲"，在厂地设课长、硐长，课长、硐长负责稽查厂民，"搜其来历，辨其良莠"；"沙侬倮夷之保甲"，沙侬倮夷各设有头人，头人管理治下之民，"因其风俗，严其责成"③。对不同人群进行分类治理，分别通过客长、课长、硐长、头人将游民、矿民和少数民族编立保甲，管控起来。吴文镕将选派各类人群头人即保甲里长作为推行保甲制度的重中之重，他说，"夫保甲之行在官，而官之行保甲，尤在于得公正头人"，如果城乡里老、甲长、牌头委派得人，保甲制度就能切实贯彻下去。

---

① （清）吴养原编：《吴文节公遗集》卷56《批镇雄州禀请保甲章程版片专丁来省刷印赍回遍发遵办由》，台湾文海出版社1969年影印本。

② （清）吴养原编：《吴文节公遗集》卷52《会抚院通饬各属力行保甲札》，台湾文海出版社1969年影印本。

③ 同上。

　　吴文镕吸收古人保甲法的精髓，编订出简易可行的《保甲条例》十则，通饬云南各地州县官负责办理，责令州县官细心揣摩，审时度势，实力奉行，并许诺该项行政措施奖惩分明，如果州县官推行保甲卓有成效，定当予以升迁，如果仍然像从前一样视为具文，束之高阁，将立即予以参劾，并严厉质问州县官对辖区州情、县情生疏的"怠政"现象，说："试问知州、知县于该州该县之户口多少、民风淳杂，一无所知，顾名思义，能无汗下？"

　　吴文镕颁布的《保甲条例》是咸丰初年封疆大吏治理云南基层社会的重要文献，现抄录如下：

　　　　一、定编列户口之法。各地方挨门顺户每十户编为一甲，每十甲编为一保，每户各置一门牌，无分绅衿军民，人丁多寡，逐一填写籍贯、年貌、生理，如系已房即填注已户，如系典赁之房，即填注典赁某之房，系外省人，即填某省州县人典赁某人之房。又如村落中止有十三四户，准共编一甲，止有六七八户亦只编作一甲，如孤村三四五家亦编作一甲，不必取盈于数。除每户各置门牌外，每一甲仍共置一横长牌总，书十户长年貌、籍贯并十户人口数目，责成州县正官亲标印记，如有来去存亡增减姓名，本户至甲长处告知，改注门牌日记簿内。每月朔，甲长同保长、约正汇报正官改正底册。

　　　　一、编列要公平。各保甲在城者或以府县衙门为主，分别东西南北四至，以辰宿列张四字，分为号数编之，或照原铺编之。在乡者亦照里甲、都图挨次编之，不分绅士军民、富贵贫贱一体挨编，次系排门。保甲无事互相保守，有事逐户挨查，非有支应差遣之苦，若一经优免，便生规避，且盗贼之警，富贵贫贱虽均受其害，究竟富贵家干系更大，如富贵家优免，止责贫贱者守望救助，其谁甘之？

　　　　一、编列要周遍各处。寺院庵观多停留远方僧道，不明之人或倡行邪教，惑众结拜，危害地方，须一体编入保甲册内。娼优家尤奸盗藏匿之所，应令开报，以便稽查，不便与良家同编，另置一牌，即与良家同编亦可，官须暗加记注，毋得遗漏。

　　　　一、巡行要亲到。州县正官每月量择一二日，乘肩舆，省驱从，巡行乡村，随意抽查。即家道之贫富，钱粮之完欠，亦可一览无遗，不许多带人役，骚扰地方，须大书禁约示众，仍查点乡兵，令其学练技艺，娴熟者犒以酒肉，稽考社学，令其训读，课勤书熟者奖以笔墨，即穷乡僻壤必须周遍，不得遗漏，致有向隔。

一、火盗要救护。每甲置铜锣一面，以便临时鸣号，每户各置刀枪木棍等器械，以便临时防护。每一甲每一日挨轮一人，晚间执牌往各户门首查访有无出入人户及面生可疑之人，随即传报甲长登日记簿内。夜间在十家门首往来击柝，以备不虞，遇火盗诸警，即鸣锣为号，一传十，十传百，齐执器械，并力救护，不许畏避不出，尤不许乘机抢夺。事毕听甲长会同保长按牌查点，不到者即登日记簿，转报州县，以凭查究。如甲长查点含糊，不行实报，及各户不服查点互相推避者，一并究问。

一、保甲长要得人。每甲即于十户内，按粮册选有家有行者编为甲长，每十甲即于百户内，按粮册选有家有行者编为保长，须四十外五十岁内者方有精力支应。编定后，州县正印官即将保甲长年貌、籍贯亲注册内，仍置油腰牌书给之，止令朝夕专心化导乡民，平时只听正官调度稽查，不许委佐贰捕官查点滋扰。

一、保甲长要优礼。保甲长专为化导乡民而设，即地方有事，毋得擅行拘唤，致伤体面。如果日久奉行不怠，酌给花红、匾额，以示奖励，如于每月朔望，循例乡约点卯时，逐一唤入内堂，屏去书差，亲加询问。有事来署时赐座面谈亦好，该里有无习教传徒、窝流贼匪、教唆词讼、倚强欺弱、聚众结盟之人，令其报举。询毕一人，再询一人，晓以断不令人知为某人所言，致有报复之累，密行登记，以便遇有该处绅衿，复加体访，互相印证，随时举发，无不惊为神明。

一、凡置十家牌，先将各家门牌挨审的实，如人丁若干，必查某丁为某官吏，或生员，或当某差役，习某技艺，作某生理，或过房出赘，或有某残疾及户籍、田粮等项逐一查明。十家编排既定，照式造册，一本存官，以备查考。遇有勾摄、差调等项，按册而稽，更无躲闪脱漏。一邑之事如视诸掌，每十家责令查报甲内有无习教为匪、窃盗及教唆词讼之人，投具隐饰，连坐接状，互相觉察，则盗贼可息。十家内有争讼等事，同甲即时劝解，恃强不听者相率禀官。又每日互相劝谕，务令讲信修睦，息讼罢争，则词讼可简。其法至约，其治至广，因是而修之；补其偏而救其弊，则赋役可均，因是而修之；连其伍而制其什，则外侮可御，因是而修之；警其薄而劝厚，则风俗可淳。每日听讼时，抽取底册，逐加核对，不必下堂，即与亲查保甲无异。

一、定里甲法。凡里老诸人各举德行著闻、通明道理者，使为一里模楷，此即古重德尚齿之意。迩来不问德行年齿，何如？惟于一里中头甲第一户使为里长老人，以至十里皆然，类皆贪暴无耻棍徒，日以侵吞弱户为计，兼以不才有司、刁恶衙役、需索里老，里老因一科十，民之呼天吁地，谁复恤也。至于地方乡约、保正诸人，类皆一丁不识贪鄙棍徒，有司任意作践，彼等任意横行，乡里欲化行俗美恶可得乎？应令一里百户中选高年有德、通晓文理者数人，择其尤贤者为里长，有司以礼相接，次者为老人，或本里德行可为人范者，使为乡约正副，又选公廉识字之人，使为地方总甲。每里择宽间处所为会讲之地，每月约正副、里老、地方并本里人户咸听宣讲圣谕，互相劝勉，于风俗人心良有裨益。

一、值凶荒之日，即以本里之富赈其本里之贫，则数少而易给，不以难继为忧。因以本里之贫雇于本里之富，则计工受值，不以冒食为愧，即有罢癃残疾、老弱妇女安坐而食，数亦无几。富者亦可作功德，想不必斤斤计较。

天下郡邑，南北异地，风土异宜，广狭异制，均之一法，或用之此邑则安，用之彼邑则扰，有未可一律拘者，惟在临期相机变通，各随才力斟酌而行之耳。①

举办团练以御"外匪"方面，巡抚张亮基在署理总督期间颁行条例，通令全省办理，然而州县官普遍漫不经心，有的视为迂阔而不欲行，有的畏难而不肯行，有的粉饰敷衍而实未举办。他们反映举办团练存在两大难题：其一，云贵两省跬步皆山，村寨分布零散，特殊的地理环境使举办团练所需人力、物力成本太高，窒碍难行；其二，太平军的威胁尚远，民众

---

① （清）吴养原编：《吴文节公遗集》卷52《会抚院通饬各属力行保甲札》，台湾文海出版社1969年影印本。

难与虑始，缺少举办团练的动力，如果强制实施，会骚扰百姓。吴文镕认为上述两种说法纯属借口，逐一驳斥，强调扰民现象是办理者不善而非法不善，不能因噎废食。就地理环境而言，"山多正有险可守，村落散而民心可聚"，在西南山地环境下行军作战，"若添调大兵，雇募多练，不独事无了期，经费无出，且兵不足恃，练不可信"①，从外省调兵或临时募练均不足恃，举办团练，官民一气，坚壁清野，正是因应地理环境特点，化不利为有利的办法。吴文镕公布《会滇黔抚院通饬各属筹办团练札》，敦促云贵两省州县官实心实力举办团练，以期达到民从政举的治理目标。

咸同年间，清王朝鼓励地方大办团练，整军经武，促成湘军、淮军崛起，镇压全国各地反清大起义，此举对挽救统治起到至关重要的作用。云南举办团练情况几经反复，比较复杂。咸丰初年吴文镕、张亮基饬令府厅州县筹办团练后，汉族团练组织出现与"牛丛会""香把会"合流的趋势，成员鱼龙混杂，业已成为基层社会尾大不掉的势力，在汉回冲突事件中，屡屡发生官府、军队与团练勾结、合谋，激化矛盾，制造流血，扩大纷争，左右冲突，抢夺资财，分赃利益，甚至挟制官府，阻碍缓和局势、化解争端，因而为封疆大吏忌惮，遭到裁撤遣散。咸丰六年（1856），云南各地纷纷反清，清军绿营兵力不足，清廷接受户部右侍郎何彤云的建议，重新祭出举办团练的对策，以之抗衡反清武装，下令回云南乡居的前任兵部侍郎黄琮、御史窦垿、右江镇总兵周凤岐等就地会同地方官举办团练。黄琮、窦垿等在省城昆明设立团练总局，主持其事，刊印联衔告示，遍贴城乡，并发至各府厅州县张贴，主张"痛剿"回民武装，民间看到团练告示，纷纷集结行动，引起回民疑忌日深，加剧了紧张局势。黄琮、窦垿报告大吏们说全省团丁人数达 60 万，然而省城被围期间，召集而至者不到 1000 人，接仗一触即溃，无战斗力可言。咸丰七年（1857），总督吴振棫改行抚回政策，认为黄琮、窦垿所办团练专主杀回，挟制官府，动摇人心，实属办理不善，省城团练成为干扰云南抚局的障碍，下令加以裁汰。吴振棫奏报说，省城外来及本地团练共有 1 万多人，每月需要练饷数万两，经费无从筹给；充当团丁者以无赖居多，将来散遣困难，而且团

---

① （清）吴养原编：《吴文节公遗集》卷 52《会滇黔抚院通饬各属筹办团练札》，台湾文海出版社 1969 年影印本。

练由练头自行管带，训练、作战不完全服从官府调派，有演变成私人武装的危险。他将清朝对云南统治失败归因于团练所误，指责团练哄堂塞署，逼官杀回，妄杀邀功，使可抚者不能抚，梗阻和议，大吏对此束手无策，称"团练在他省是要务，而在滇竟为大患也"①。咸丰帝改变之前的先剿后抚方针，接受吴振棫抚回政策，同意其裁汰省城团练的做法，并降旨将主持其事的黄琮、窦㻛革职治罪。

第二节　军事地理战略的调整

咸丰、同治年间云南各民族反清大起义中，以杜文秀起义、李文学起义和李永和、蓝朝鼎起义三次起义为主要代表，其中咸丰八年（1858）李永和、蓝朝鼎起义发轫于云南滇东北昭通府，旋即进军四川，得到四川人民支援和响应，呈燎原之势，起义军转战范围遍及云南、四川、湖北、陕西、甘肃等省。咸丰六年（1856）在滇西哀牢山区爆发的李文学起义，建立了密滴农民政权，与杜文秀军、滇南王四浪起义军有过支援、配合，起到牵制清军，联合反清的作用。据学术界研究，1856—1866 年为李文学起义军鼎盛时期，控制区域东起镇南马街、新平戛色，越过礼社江以东；西至蒙乐山（今无量山）以西镇沅，包括哀牢山上、中段全部和下段的一部，以及蒙乐山一部；南抵元江因远、他郎通关哨；北达南涧公郎，即囊括今云南南涧、弥渡、南华、楚雄、双柏、景东、镇沅、墨江、新平、元江 10 县大部分县域范围，总面积达 3 万多平方公里，② 然而密滴政权根据地及核心区始终局限在哀牢山、蒙乐山区。而在云南三次起义中，杜文秀起义坚持斗争的时间最长，政权统辖区域、影响范围最大。连站在清方立场与杜军殊死搏斗的岑毓英也不得不承认说："杜逆倡乱以来，流毒一十八载，攻陷五十三城，西扰及四川会理等州，东窜据贵州兴义各属。"③ 本节将讨论杜文秀起义前期的军事地理态势、清方封疆大吏

① （清）奕䜣修：《钦定平定云南回匪方略》卷 6，中国书店 1985 年影印本。

② 何耀华总主编，蒋中礼、王文成主编：《云南通史》第 5 卷，中国社会科学出版社 2011 年版，第 70—71 页。

③ （清）岑毓英：《岑襄勤公奏稿》卷 6《官军克复大理首逆伏诛全郡肃清折》（同治十一年十二月十九日），台湾成文出版社 1969 年影印本。

的应对以及"先东后西"军事地理战略等问题。

一 杜文秀起义前期的军事地理态势

咸丰六年（1856）"昆明事件"引爆了云南各族人民反清"火药桶"，使原处于局部的、小范围的人民武装反抗活动升级为全省范围大起义。云南巡抚桑春荣对云南人民反清斗争遍地开花之势感到极为恐慌，说："南安州属出有石羊银厂，临安汉民与楚雄回民互相争夺，辗转寻仇，始而波及附近村庄，继而扰及外府州县，甚至延及省城，临安、澄江、东川、曲靖、开化、昭通纷纷踵起。衅端之开，曲在汉，报复之甚，曲在回。楚雄、姚州甫经办结，而大理已戕官踞城，所未动者，仅普洱、顺宁两府、镇沅一厅耳。"①

云贵总督恒春向清廷报告说，昆明四月搜杀回民之后，"迤东回民愈形蠢动，现在省城及曲靖、楚雄、临安、东川各府属均有回匪滋扰。现据滇省文武禀报，委办军务之知府淡树琪、从九周廷拯在昆阳州、海口被戕，姚州城池亦为逆回窜据，而自平彝以迄嵩明，大路阻隔，平彝等城均甚吃重"②。恒春所说的丢失"姚州城池"，是楚雄府南安州石羊厂案引起镇南、姚州两地回民起义的结果。镇南、姚州是云南迤东、迤西交通的必经之路，也是省城与滇西交通干道，军事上属于战略要地。据荆德新先生研究，康熙时期楚雄府设有总兵1员，驻兵2400人，至乾隆年间由镇降为协，置副将1员，兵员削减了一半至1200人。咸丰初年裁兵节饷，兵员又减至900名。③ 不足千人的绿营兵力分布楚雄府境内各处汛塘，把关守隘，调动起来行动迟缓，而驻守府、州、县城池的兵力甚少，难以抵挡起义军进攻。驻守大理的云南提督文祥被迫带兵东下楚雄，围剿镇南、姚州回民起义军。因此说，镇南、姚州起义打乱了清军军事部署，歼灭了部分清军，牵制了滇西大部清军，造成滇西重镇大理兵力空虚，为杜文秀起义军占领大理城创造了条件。

大理是滇西军事重镇，清云南提督驻地，其战略地位表现在："大理

---

① （清）奕訢修：《钦定平定云南回匪方略》卷5，中国书店1985年影印本。
② （清）奕訢修：《钦定平定云南回匪方略》卷2，中国书店1985年影印本。
③ 荆德新编著：《杜文秀起义》，云南民族出版社1991年版，第69页。

为通省最要之区，地险而土沃，北通永北、丽江，南通景东、顺宁，西上永昌、腾越，东下楚雄、省城，四面扼要，实为全省屏障。"① 咸丰六年（1856）夏，杜文秀、马金保率领蒙化回军1000多人驰援大理，经过数个日夜激战，于八月十八日（9月16日）占领大理城，推翻清地方政权，建立以杜文秀为"总统兵马大元帅"领导的大理政权。大理政权肇建后，军事上积极展开攻势，攻城略地，不断取得反清斗争的成果，巩固和扩大新生政权的势力范围。清云南地方政府对大理政权不断进行军事围剿，按照地域将镇压反清起义的战争分为东路、西路。东路，大致是指迤东道所辖曲靖、广西、广南、开化、东川、昭通、澄江7府以及迤南道所辖普洱、临安2府，学术界将该区域反清武装统称"滇东南回军"；西路是指迤西道所辖大理、楚雄、永昌、丽江、顺宁、蒙化、永北等府厅，基本是以杜文秀为首的大理政权控制区域，学术界将起义军称为"杜军"。

西路。起义军占领大理后，清鹤丽镇标千总张正泰率领团练武装兵临城下，发动猛烈攻势，企图夺回大理，将大理政权绞杀于襁褓之中。杜军依靠军民一心，突袭敌军，以少胜多，取得自卫反击战胜利，击溃了张正泰部。咸丰九年（1859），张部内讧，张正泰被人杀死，部队瓦解，杜军乘势连下鹤庆、剑川、丽江、云龙、永北等地，将大理以北的府厅州县悉数囊入控制范围。

咸丰七年（1857），杜军击败清云南提督文祥对大理的围剿。七月，杜军攻克弥渡，截断总兵福陞所部后路，使其腹背受敌，大败而逃。杜军乘势东进，连下蒙化厅、元谋、姚州、大姚等城。咸丰十年（1860），署云南提督褚克昌从镇南（今南华）出兵，发动对大理政权的第二次"西征"，攻势猛烈，夺回姚州、大姚、云南县（今祥云）等城池，进而分兵攻打宾川、红岩、弥渡。形势紧急之际，杜文秀发函向滇东南回军领导人马德新、马如龙求援。马如龙得信后决定驰援，率部从曲江启程，取道通海、嶍峨（今峨山）、易门、南安州。四月，马如龙连克楚雄府城、广通、镇南、定远（今牟定），截断清军后路。与此同时，杜军大举发动进攻，进行配合，局势发生逆转，杜军不仅收复红岩、弥渡和云南县，而且与马如龙部对褚克昌所率清军形成东西夹击。七月，清军遭全歼，主将褚

①　（清）奕䜣修：《钦定平定云南回匪方略》卷2，中国书店1985年影印本。

克昌兵败身死。

咸丰七年（1857），大理政权控制永平县城。咸丰十一年（1861），杜军攻占永昌、云龙、龙陵、腾越等府厅州县，将迤西边区纳入大理政权的版图。咸丰七年至十年（1857—1860），杜军将领蔡发春率部发动攻势，先后占领蒙化（今巍山）、云州（今云县）、顺宁（今凤庆）、缅宁（今临沧），向南推进至威远（今景谷）、嶂嘉、景东一线。

至咸丰十一年（1861），大理政权前期军事斗争取得胜利，奠定其控制区域为：东至楚雄、广通、元谋，西到腾越、龙陵、云龙边区，南达云州、缅宁、威远，北抵丽江、永北。① 同治六年（1867），云贵总督刘岳昭向清廷报告大理政权占领云南府厅州县城池23座，军事上处于全盛时期："是时沦陷府城四，曰大理，杜文秀踞之；曰丽江，姚得胜踞之；曰永昌，杨德明、马国春等踞之；曰顺宁，马德征踞之。州九：曰镇雄，曰姚，曰赵，曰宾川，曰邓川，曰云龙，曰鹤庆，曰剑川，曰云。厅七：曰腾越，曰蒙化，曰永北，曰缅宁，曰龙陵，曰弥渡，曰普洱。县三：曰云南，曰浪穹，曰永平。而太和、顺宁、丽江、保山之附府者不计焉，其他村堡市镇不可胜数。"② 笔者认为，原文中的镇雄当作镇南，系手民之失，弥渡、普洱地处东西两迤交通要冲，并非厅级政区，刘岳昭统计有误。（参见图4—2）而根据岑毓英事后的呈报，大理政权攻占的城池累计多达53座。

东路。咸丰六年（1856）滇西人民举起反清起义旗帜时，滇东、滇中、滇南回民基于相同的原因，纷纷起来武装反抗清政府统治，嵩明州、宣威州、沾益州、寻甸州、澄江府、新兴州（今玉溪）、昆阳州、临安府等地都爆发了回民反清起义。其中，省城昆明是云南省政治、经济、文化中心，迤东曲靖府、东川府、昭通府是云南与内地交通往来所经，上述地区成为清军与起义军争夺的重点区域。

---

① 何耀华总主编，蒋中礼、王文成主编：《云南通史》第5卷，中国社会科学出版社2011年版，第25页。

② （清）王安定：《湘军记·平滇篇》，载荆德新编《云南回民起义史料》，云南民族出版社1986年版，第257页。

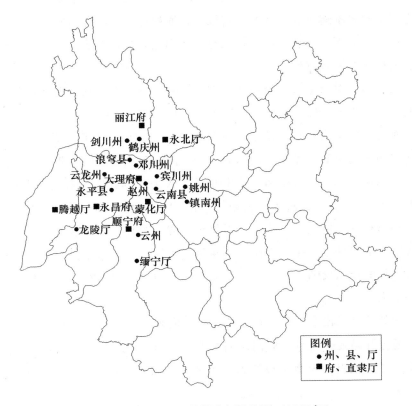

图4—2 大理政权前期占领城池图（1867年）

底图来源:《中国历史地图集》第8册《清时期》。

咸丰六年（1856），杨振鹏、马凌汉占领昆阳州海口，海口逼近省城昆明，省城粮米向来仰给于附近州县，"今海口之贼扼住省城要路，粮米不能接济，日久必有坐困之忧"①，对封疆大吏而言，丢失海口如鲠在喉，省城面临断粮危险，安全岌岌可危。

滇东南回军在马德新、马如龙等领导下，分别于咸丰七年（1857）、十年（1860）、十一年（1861）发动三次围攻省会昆明战役。其中咸丰七年（1857），滇东南回军围攻省城达3个月之久，迫使总督恒春绝望自

_____

① （清）奕訢修:《钦定平定云南回匪方略》卷2，中国书店1985年影印本。

杀，城内民食告罄，兵练无五日之粮，人情汹汹，省城顷刻即将失守。①
武定州知州夏家畴率领兵练赴援省城，打通粮道，方转危为安。在回军强
大的军事压力下，后任封疆大吏被迫改变围剿政策，易剿为抚，收买马德
新、马如龙等回军首领。

又，清人对云南迤东交通线的重要性有充分认识，顾祖禹指出曲靖是
入滇"门户"，他说："云南与贵州、四川接壤，今行旅所经，有东西两
路，而皆以曲靖为孔道。从辰、沅经贵州，出威清、平坝、普定、安南，
越普安州入云南界，循平夷而达曲靖者，此东路也。从巴、夔经泸州，出
永宁、赤水、毕节，过昭通，逾七星关，入云南界，遵沾益而达曲靖者，
此西路也。"② 迤东交通线是云南进京的"生命线"，其战略意义不言而
喻。外省粮食、协饷、军队、文报要到达省城所必经，战争时期清云南地
方政府要取得外援，镇压人民反清斗争，必须掌控迤东交通。而对起义军
而言，切断迤东交通，反清政权就能自成局面，在相对安全的环境下长期
坚持下去。

例如清代云南赴京师来往差使文报，向来取道贵州、湖南、湖北、河
南，通过驿站递送进京，咸同时期太平军活动于两湖地区，贵州爆发苗民
起义，驿路梗阻，云南文报被迫绕道四川、陕西、山西、直隶进京达 20
年之久。③

咸丰七年（1857），云贵总督吴振棫带川兵援滇，受阻于滇东南回军
马联升部，镇压计划无果而终："（咸丰七年）八月，振棫进至云南南宁
白水驿，为沾益回目马联升要（邀）于路，几成大变，因止曲靖府城。
奏调川兵二千，嗣兵至宣威州，亦为州境松韶关、永安铺叛回所阻，不
得进。"④

咸丰十年（1860），总督张亮基调派知县徐承勋率团练进攻宣威州永

---

① （清）奕䜣修：《钦定平定云南回匪方略》卷6，中国书店 1985 年影印本。

② （清）顾祖禹：《论滇程》，贺长龄《皇朝经世文编》卷87《兵政》18《蛮防》下，台
湾文海出版社 1966 年影印本。

③ （清）岑毓英：《岑襄勤公奏稿》卷11《文报改归贵州正驿行走片》（光绪元年三月初
一日），台湾成文出版社 1969 年影印本。

④ 《张惠肃公年谱》卷4，载北京图书馆编《北京图书馆藏珍本年谱丛刊》，第 153 册，北
京图书馆出版社 1999 年影印本，第 586 页。

安铺回军，前后攻破回寨 17 座，杀害回军首领王庭耀、速四元等人，遂克永安铺，肃清宣威州境反清武装，暂时控制了滇蜀交通咽喉永安铺。①

其后，迤东交通数度被起义军截断，不仅粮饷、文报入滇受阻，清廷委任的云南封疆大吏也受阻于四川、贵州、湖北等途中，无法抵达省会昆明接印履职，督抚畏葸规避，借词拒不赴任的现象多次出现。咸丰十年（1860），总督张亮基病免，清廷调贵州巡抚刘源灏入滇接任总督，刘源灏借口请求入京觐见和身体衰老，迟迟不肯赴任。咸丰十一年（1861）清廷改委成都将军福济代之，福济以道阻饷绌相推脱，拒不赴任，清廷责其懦弱畏葸，饰词取巧，予以革职。而后巡抚张亮基、贾洪诏、林鸿年都逗留四川，徘徊观望，畏首畏尾，对于滇事艰危一筹莫展。据统计，在总督潘铎抵滇之前，云南无总督驻省会约两年，同治二年（1863）"灯宵之变"潘铎遇害之后，云南无总督驻省会达三年有余。而同治元年（1862）巡抚徐之铭撤任后，省会无巡抚进驻竟达六年之久。同治六年（1867）云贵总督劳崇光因病出缺，清廷调任广西巡抚张凯嵩入滇继之，"自潘铎被戕，滇事益纷。行至巴东，称病，三疏请罢"②，张凯嵩声称身患"偏枯之症"，请求开缺养疾，清廷认定他蓄意规避，下严旨申斥革职。封疆大吏普遍的规避任职现象，显示云南局势的复杂艰难，而文武大员受阻于迤东交通中断，以致畏葸不前，也是导致此种现象的直接原因。

潘铎被戕后，鉴于云南出省交通干道再遭起义军截断，有官员甚至提议在邻近四川的滇东北昭通府建省，以此为基地，接收外援，步步为营地向前推进，恢复失地："近渔帆观察有就昭通暂置行省一议，诚为识时务之大者。诚据昭通、东川，敷昭义问，渐推渐广，因以号召全滇，其势尚足自振。目今滇中州县之听命于花门者，非必人人帖服也，特以省城根本之地，既为花门所据，州县力难抗衡，且一有参差，不以为伸大义而以为坏抚局，谁复敢起而异议者？一经改置，则人人耳目一新，转环自易，不独临安之拒回者可以招徕驯服，使为我用，即各州县慕忠效义之俦，亦必有起而响应者，然后耀我兵威，徐规进取，得寸则寸，得尺则尺，宽之以

---

① 《张惠肃公年谱》卷 4，载北京图书馆编《北京图书馆藏珍本年谱丛刊》，第 153 册，北京图书馆出版社 1999 年影印本，第 646 页。

② 赵尔巽等纂修：《清史稿》卷 393《列传》180，中华书局 1977 年点校本。

日月，要之以诚信，全滇疆宇，可望次第肃清。"①

二 "先东后西"军事战略的提出与实施

滇西杜文秀起义爆发后，军事斗争上不断取得胜利，大理政权全盛时期占领了云南"半壁江山"。清军损兵折将，弃师丧地，就连省城也数度遭到起义军围攻，危若累卵，只能紧急向清廷告急、求援。换来的是清廷连续调整云南封疆大吏人选，从外省增派熟悉军务者入滇接任督抚。云南省复杂严峻的军事形势给接任者制造了巨大的心理震慑，多人不约而同地选择规避任职或驻留外地观望，云南局势没有根本改观。

分析清军初期军事失败原因，固然与绿营兵兵力不足，布防分散，纪律涣散，战斗意志薄弱，战斗力低下，内部矛盾重重，外援不继，粮饷匮乏等有关，然而最根本的问题是军事战略不当。咸丰六年（1856）杜文秀起义之初，清朝从中央政府到地方督抚，一度都抱着急于求胜的幻想，希望集中兵力发动猛攻，直捣首府大理，然后全省传檄而定。这种速战速决战略，毕其功于一役，过高估计了官军实力，轻视反清义军力量，事后证明是严重的军事冒险。军事失利迫使清政府吸取教训，重新思考对策，进而调整军事战略，寻找出路。

关于清政府镇压云南反清大起义的战略调整，必须提到马恩溥、岑毓英二人。治云南史的学者对前者比较陌生。马恩溥（？—1874），字芝楣、雨农，云南大理府太和县人，《清史稿》《清史列传》都无传记，笔者认为极有可能是回民。咸丰癸丑科（1853）中进士，选庶吉士，改翰林院编修，充顺天乡试同考官、会试同考官，官至安徽学政、江苏学政。马恩溥是云南籍人士，咸同年间长期担任侍读、侍讲学士、起居注官，接近皇帝，又在国史馆、右春坊、詹事府等机构任职，活跃在京师官场。他熟悉云南地理形势，积极对云南事务发表意见，提出军事攻守战略。主要有两种参政方式：其一，向朝廷上奏折言事，影响朝廷有关云南问题的决策；其二，与滇中大吏岑毓英、马如龙、刘岳昭等保持密切联络，相互频繁通信，为清王朝镇压杜文秀起义出谋划策，指授机宜。马恩溥的奏折受

---

① （清）刘蓉：《复张制军书》，葛士浚纂辑《皇朝经世文续编》卷72《兵政》11《地利》上，台湾文海出版社1966年影印本。

到朝廷高度重视，多次转发给云南封疆大吏讨论、参考，是该时期朝廷治理云南、制定云南战略的幕后智囊。

咸丰六年（1856），马恩溥上《大理形势说》，认真分析大理城地理形势，认为杜文秀固守大理，是凭借派兵扼守背面龙首关（上关）、南面龙尾关（下关）两道屏障，龙首关路通西藏，其东北方向通往鹤庆、永北，抵达四川宁远府盐源县界，路径迂险难走。龙尾关地跨山水之间，以山为壁，以水为濠，关内地势高而关外地势低，仰攻甚难。从龙尾关东南行，经过赵州到达定西岭，为通往省城大路，然而只有一路可通，奇峭险峻，杜文秀已经设兵驻守，"一夫当之，百万坐困"。马恩溥主张清军另辟蹊径，以洱海东部宾川州为军事支点，通过船只运送精锐之师强渡洱海，采用"围城打援"战术，分路截击援军，用主力攻城，可以杀杜军一个措手不及，直下大理："宾川州与大理府隔一水……两时许可达彼岸，而由宾川西北可通龙首关，拒以千余兵，彼不能出，且无外援，不必攻而自困。由宾川西南可达龙尾关，已在定西岭后，然其地四面受敌，必以一军挟攻其定西岭成匪，以通大路，再以一军扼关南之秧草塘，拒其蒙化援贼，再以一军扼关西之塘子铺，拒其顺宁援贼，则大理之南面亦可以困。乃潜募壮勇，由石门关寻路至苍山后多纵火，而密具舟楫，以锐师直捣，大理城可立破也。"[1] 在马恩溥看来，此时进攻大理的战略价值胜过于保护省城昆明，宜速战速决，将大理政权扼杀在襁褓中，否则贻误战机，云南将无宁日，他说："宜剿破大理，则回民有所畏，汉民亦不敢乱，其余可迎刃而解。若以省城为重，先清办然后及大理，则稽延时日……彼因从容设守，尚何大理之足复哉？"[2]

然而，云南军事形势瞬息万变，清军很快失守宾川，马恩溥的军事计划没能实现。咸丰十年（1860）左右，马恩溥再上《云南形势说》，势易时移，因势利导，提出新的军事战略构想——"先东后西"战略，放弃亟攻大理的旧思路，主张固守省城，料理完东路，再挥师西进图攻大理。他指出省城昆明在政治地位和交通地位上都十分重要，即便缺兵缺饷，统

---

[1] 马恩溥：《大理形势说》，《滇文丛录》卷9，《云南丛书》第41册，中华书局2009年版，第21535页。

[2] 同上。

治形势岌岌可危，也必须死守："云南省城稍偏东北，其东即曲靖府，与贵州、粤西通；其北为东川、昭通，与四川通。此外，各府州均在省城西南二面，不行经省城，路不能通。故省城虽危必守，以系全省之望。然全省汉回现均难使令，无从筹兵，赋税不能征，捐括无所有，无从筹饷，入其中必坐困，能令固守无失，足矣。"①

同时，马恩溥提出，从交通上考量，曲靖是入滇咽喉，应确保掌握在清军手中。打通滇东、北两面出省道路，控制昭通、东川二府，力保云南粮道和邮驿道路畅通。他说：

> 曲靖为入滇咽喉，素称要地，有三路：一由粤西南宁，经贵州、南盘江，至白石江，达曲靖。一由湖南辰沅，经贵州之普安州，达曲靖。……一由四川泸州，经永宁，历贵州之毕节、威宁入曲靖界，甚纡远。而曲靖瘠薄无生发，惟系冲要，幸未失，可守而不可用也。方是时，规平全滇，其可以进退在己，操纵惟心之地，惟省北之昭通、东川二府乎！东川在省北，昭通又北，与四川叙州府南连界，尚安静，宜亟镇而定之。惟东川属为回扰，然大兵至昭通，则东川易下也，亦亟攻之，以通滇省路。若东川定，则省城、曲靖亦定，壤相错也。昭通西北紧连武定州，亦与四川之会理州连界，可通省城，亦可通大理，今为贼扰，路梗。俟东川定，当亟图之。则云南东、北二面畅通，大理、临安可次第举矣。②

马恩溥"先东后西"的战略构想经过云南军事实践检验，被证明是正确可行的，岑毓英正是通过将该战略构想付诸实施，才取得军事围剿杜文秀起义军的最终胜利。在实施"先东后西"战略之前，清军受到东、西两路反清起义军的钳制，难以兼顾，以其实力，本不能做到双线作战，战略上陷于十分被动的局面。在省城安全形势不稳，滇东交通要道和附省地区被滇东南回军控制的情况下，清军采取贸然出师西征的战略，围剿大

---

① 马恩溥：《云南形势说》，《滇文丛录》卷9，《云南丛书》第41册，中华书局2009年版，第21535页。

② 同上。

理政权，结果四次西征无一例外都遭到惨败。

咸丰六年（1856），云南提督文祥调集川兵参加西征，克红岩，图宾居。滇东南回军当即围攻省城，进行牵制，给予大理政权军事支持。清军被迫退兵回援，弥渡、云县因此失守。咸丰十年（1860），署云南提督褚克昌率军第二次西征，攻克鹦鹉关、云南驿等军事要冲，正当乘胜进攻之际，马如龙率滇东南馆驿、澄江回军包抄清军后路，连下广通、楚雄、镇南，清军退路被截断，前功尽弃，全军覆没。同治二年（1863），署布政使岑毓英第三次出师西征，连下景东、镇沅、永北、楚雄、广通、定远，进逼镇南。滇东马连升、马荣率沾益、寻甸回军连续发动进攻，占领曲靖、马龙、平彝，与滇西杜文秀军遥相呼应，使清军面临后顾之忧，只能撤兵回顾，围剿大理政权无功而返。同治六年（1867），云南提督马如龙第四次出兵西征，刚到定远，前军失利。麾下合幅安、杨振鹏与杜军里应外合，杜军挥师反攻，大举东征，连克定远、楚雄等 20 多座城池。马如龙狼狈逃回昆明，军事围剿再次受挫。

岑毓英总结上述四次失败的教训是清军缺少稳固的后方：“由东南党援未除，则迤西寇氛愈炽。故先从各路征剿，克曲靖而东隅固，解省围而内患清，复澄江而近地宁，平临安而南徼定，由此内顾无忧，进图易举，臣等所以事东南而后专事迤西者，职是故也。”① 他决定改用“先东后西”军事战略，向总督劳崇光陈情，取得劳崇光的支持。岑毓英迎请劳崇光进驻省城坐镇指挥，渐收旁落之权，以维根本，“用兵则先东后西，以免牵掣而收全功，崇光深然之”②。

同治五年（1866），劳崇光奏准由岑毓英统兵出征滇东北，围剿猪拱箐、海马姑苗民武装，肃清东路反清力量。猪拱箐、海马姑苗寨位于川、滇、黔三省交界处，“猪拱箐者，隶贵州威宁，与海马姑相犄角，去滇镇雄界皆不百里，山溪阻深，地势险要”③。陶新春、陶三春领导的苗民起义军分别据守，人数最多时达到 10 多万人，“叠扰滇之镇雄、彝良、大

---

① （清）岑毓英：《岑襄勤公奏稿》卷 6《官军克复大理首逆伏诛全郡肃清折》（同治十一年十二月十九日），台湾成文出版社 1969 年影印本。

② 龙云、卢汉修，周钟岳纂：民国《新纂云南通志》卷 181《名宦传》4《清》2，民国三十七年（1948）刊本。

③ 同上。

关、昭通，黔之大定、黔西、威宁、毕节及四川边界，川、楚、黔军会剿，日久无功"①，贵州、四川、湖北三省清军合力围剿却屡遭失败，对于云南方面而言，苗民起义军凭借占据猪拱箐、海马姑等军事据点，就将滇东北地区纳入其势力范围，威胁滇省与内地的文报传递和粮饷运输安全，真是如鲠在喉。肃清滇黔交界地区和滇东北昭通府、东川府、滇东曲靖府反清武装，确保东路对外交通处于掌控之下，就可以源源不断地取得清中央政府和内地省份的军事援助及经济援助，重新夺取战争主动权。

岑毓英军经过血战，攻克猪拱箐、海马姑，然后回师曲靖，彻底消灭曲靖反清势力，"以曲靖为迤东大郡，且为省垣粮运所出，于是加意经营，兴学劝农，简练兵马，凡有兴作，无所牵制，得行己意，屹然为省东重镇"②，曲靖自此成为清军坚固不拔的基地。岑毓英军驻留曲靖，进行休整，在杜军大举围攻省城的艰危时刻，出师解围。清军恢复元气后，与杜军攻守易势，云南战局朝着有利于清军的方向发展。

概括总结岑毓英实施"先东后西"战略的步骤是，改变先前"四面救火"战术，先逐步绞杀滇东、滇东北和滇东南反清武装，保障东路安全，也剪除了对省城昆明的威胁。昆明集云南政治、经济、文化、军事中心于一体，号称首善之区，省会昆明转危为安后，封疆大吏军事指挥体系恢复正常运转。昆明所在的滇中地区是云南经济发达区，人口稠密，清军占领后，粮饷、兵员补给取得相应保障。岑毓英消除西征后患之后，集中兵力西向，兵分三路，步步为营，稳扎稳打，压缩杜军的地盘，最终将大理政权镇压下去。所以，"先东后西"是清方重大军事战略调整，对于咸同云南战争的结果起到决定性的作用。

岑毓英投效云南以来，在云南绿营兵基本丧失战斗力的情况下，依靠招募"乡勇"即团练武装征战，从宜良知县起家，通过不断取得军事围剿战争的胜利，积累政治资本，崛起为著名的云南封疆大吏。云南巡抚谭钧培总结说：

---

① 龙云、卢汉修，周钟岳纂：民国《新纂云南通志》卷181《名宦传》4《清》2，民国三十七年（1948）刊本。

② 同上。

岑毓英自投笔入滇，即统筹全局，坚持定见，谓非专意于剿，断不能归宿于抚，而欲扫荡迤西，必先戡定东南，时以陈于督抚而慨然引为己任。自权宜良令起家，皆任军事，入则决谋定策，出则披坚执锐，大小数百战，历时十八年，保省垣而反侧靖，克曲靖而粮运通，扫镇雄猪拱箐而川黔之道无梗，锄澄江、临安踞匪而东南之贼援以绝，根本既固，内患不生，督师西征，剿抚并用，元恶受首，全滇肃清，功业之伟，实由于识力之定也。①

《清史稿》评价说："毓英与滇事相终始，跋扈霸才，竟成戡定伟绩。"②

---

① （清）谭钧培：《谭中丞奏稿》卷 7《胪陈故督勋绩折》，清光绪二十八年（1902）湖北粮署刻本。
② 赵尔巽等纂修：《清史稿》卷 419《列传》206，中华书局 1977 年点校本。

第 五 章

光绪朝云南统治秩序的恢复与
边疆民族治理方式新变化

　　咸同云南反清大起义退潮后，云南进入社会经济恢复期。从光绪初年至 19 世纪末期，恢复过程旷日持久。光绪二年（1876），赴任云贵总督的刘长佑谈到对战后之初云南形势的认识和治理难题，说："云贵两省地处边隅，界连藩服，甫平寇乱，未起疮痍，凡察吏安民，筹边讲武，一切善后事宜，均关紧要。总督职司兼辖，责备綦严。现在滇边又有中外交涉事件，臣情形不熟，识虑尤疏，深惧弗克胜任。"① 光绪十六年（1890），王文韶到任云贵总督时，观察到云南仍没有走出战争后遗症，经济凋敝，民生艰难，说"滇黔两省被兵过久，受害过深，民间凋敝情形，非一时所能骤复"②，主张继续推行休养生息政策。

　　与此同时，英、法殖民势力侵入云南，封疆大吏治理云南面临全新的外部环境，如何捍卫主权、抵御侵略成为时代的严峻挑战："迤西界连缅甸，迤南壤接越南，大局变迁，势成逼处，交涉之事日益纠纷，地方文武尚未能谙习洋情，少见多怪，深恐措置失宜，此固圉珥衅之方所亟宜讲求者也。"③

---

① （清）刘长佑：《刘武慎公遗书》卷 18《云贵总督谢恩疏》（光绪元年十二月二十二日），台湾成文出版社 1968 年影印本。

② 中国第一历史档案馆编：《光绪朝朱批奏折》第 120 辑，中华书局 1995 年影印本，第 587 页。

③ 同上书，第 586 页。

第一节　社会经济复苏与边疆危机挑战

从地图上看，云南是东亚、东南亚和南亚的自然结合点，具有过渡地带的特征。作为中国西南通往南亚次大陆和中南半岛的重要通道，滇东南、滇南、滇西、滇西南分布大量通往境外的陆路通道，同时还拥有怒江—萨尔温江、澜沧江—湄公河、元江—红河 3 条重要国际性水道，成为沟通云南与国际联系的"动脉"。随着英法等西方国家侵略势力染指中南半岛，缅甸、越南相继成为英法两大帝国殖民地体系的"拼图"。英法两国分别以缅甸、越南为"跳板"，从西、南两面逼近云南，企图包抄中国大后方，达到攫取中国领土和各种利权的目标。云南势必成为西方侵略势力伸展中国的战略通道之一，地缘政治新格局影响下，云南在国家安全形势中的战略意义提升到前所未有的高度，是为光绪朝云南一系列重大事件发生的背景。光绪元年（1875）马嘉理案发生，云南笼罩在边疆危机的阴影之下。十年（1884）中法战争爆发，云贵总督岑毓英率军出师越南抗法，在刘永福黑旗军协同下，与法军大战宣光，后又取得临洮大捷。然而清政府不败而败，屈辱、妥协地与法国议和、签约，云南蒙自通商设领，西南门户洞开。内忧外患的时局，塑造云南封疆大吏内政外交政策的选择。笔者选择中法战争前后三任云南巡抚唐炯、张凯嵩、谭钧培治滇活动加以分析。

一　唐炯革除弊政及其对越政策

唐炯（1829—1909），字鄂生，贵州遵义（今贵州省遵义市）人。父唐树义官至湖北按察使。道光九年（1829）唐炯出生于湖北天门县，二十九年（1849）举人。咸丰六年（1856）赴京师捐纳知县，分发四川使用。历署南溪县知县、绵州知州、绥定府知府，带兵镇压李永和、蓝朝柱起义和围堵石达开残部。同治七年（1868）率川军入黔，镇压贵州苗民起义。光绪初年，获得四川总督丁宝桢的支持，整顿四川盐务，卓有成效，于光绪四年（1878）升建昌道。

光绪八年（1882），清廷认为唐炯娴于军事，"素称知兵"，特简云南布政使，令其带领亲兵小队赴中越边境察看法军情形，节制关外滇军。时值中法战争爆发前夕，越南前线战云密布。早在同治初年，法军通过发动多次侵略越南的战争，胁迫当时的越南政府签订《顺化条约》，趁机侵占越南南圻（南部6省）。从19世纪70年代起，进一步将侵略魔爪伸向越南北部即北圻，直接威胁中国云南、广西两省边防安全，法国旨在实现变越南全境为殖民地并从西南方向侵略中国的"法兰西东方帝国"计划。①1874年，法国通过第二次《西贡条约》（《越法和平条约》），攫取北圻通商权和红河通航权，以此为契机，积极加紧向北军事侵略活动的步伐。法国在越南北圻大肆扩张，对中国西南边疆领土和主权构成严重威胁。清廷不得不对此高度关注，上谕说："越南孱弱已甚，如果法人意在并吞，该国万难自全。论藩属之义，中国即应派兵救援，而在我既鞭长莫及，在彼又弱不能支，揆度情形，势难筹议及此。惟越南北圻各省多与滇粤毗连，若法尽占北圻，则藩篱全撤，后患将无穷期，强弱安危，关系綦重，何可坐失事机，致成不可收拾之局。"②并特别提醒云南封疆大吏说，法国侵略重点在云南："探闻法人添置兵船，欲图越南北圻地面，由保胜以通云南。请饬该督抚于红江一带，预为设法堵截，即彼以通商为词，亦不轻许等语。法人冀由越南以达滇省，觊觎通商之利，自在意中，该省防务较粤西为尤要，亟应加意绸缪，以期有备无患。"③下令云南地方增强军备，实力经营，妥善布置，严加防范。

云南封疆大吏中的有识之士对法国的侵华野心保持警惕，揭露法人图滇背后更宏大的战略意图，在于从中国西南边疆侵入内地，并掌控长江流域，云贵总督刘长佑奏报说："洋人向来但于沿边各省设埠通商，本属便益，今必于舟楫不通、山川深阻之云南开设码头，事极劳费，其用意殊不可测。将来由此北通川、陕，东出楚、粤，彼可任其纵横，我已失所依据。"④刘长佑认为法人谋滇，绝不仅仅觊觎通商之利："西夷通商，自沿海各口外，其长江一带口岸已至宜昌，距滇仅夔、涪、泸、叙之隔，若于云南再设口岸，则又据岷江上游，窟巴蜀南境，与江、汉各口声息相通，

---

① 何耀华总主编，蒋中礼、王文成主编：《云南通史》第5卷，中国社会科学出版社2011年版，第97页。

② 《清德宗实录》卷144，中华书局1985年影印本。

③ 同上。

④ （清）邓辅纶、王政慈编：《刘武慎公年谱续编》卷3，台湾文海出版社1970年影印本。

如仅营谋商贩，贪采铜矿，所夺不过一时之利，所蠹不过滇民之生，苟或规取形胜，扼楚蜀之背，而兴江海之戎，则长江三千里屏蔽已空，关系大局良非浅鲜。"① 从军事地理而论，云南边省是中国门户，越南是中国藩篱，云南与越南唇齿相依，唇亡齿寒，"边省者，中国之门户，外藩者，中国之藩篱，藩篱陷则门户危，门户危则堂室震矣……越南为滇粤之唇齿"，"法人此举志吞全越无疑，既得之后，必请立领事于蒙自等处，以攘山矿金锡之利，或取道川蜀，以通江汉，据列邦通商口岸之上游"②。法国由越南侵滇，牵一发而动全身，云南势已成为抗击法国侵略的前沿阵地之一，承担着重大国防任务。总督刘长佑的继任者岑毓英在中法战争前也有加强边防的思想，在滇越毗邻的临安、开化、广南府一带进行防御部署。③

法国殖民者侵占东京后，进逼越南北圻山西、北宁，一旦攻占上述地区，北圻陆路将无险可守，水路法国军舰自由进出各条水道，云南沿红河以下必须步步设防，军事上陷入全盘被动。依据中越边境地区地理环境，中国要取得国防主动权，必须从广西、云南出师越南，扼要部署，东西两路遥相呼应。在法国政界一意孤行，蓄意扩大侵略战争，云南边患已深的形势下，中国军队相继出境，进驻越南北部边境地区，其中布政使唐炯、迤南道沈寿榕率领滇军布防于越南兴化、山西一带，与刘永福黑旗军保持联络；广西布政使徐延旭率军驻防越南谅山、北宁等地。然而，清廷内外面临着既要保卫疆土又要避免"衅自我开"的战略纠结，在越南问题上处处陷于被动，上述思想混乱直接影响到地方督抚的作战决心，上谕指示说："总期预杜外人窥伺，亦不致启衅端，如能保护北圻，即以固吾疆域。"④ 光绪九年六月（1883 年 7 月），唐炯在前线被补授云南巡抚，清廷一再督促他带兵加强中越边境防务。在法国侵略者大举压境的危险局势之下，唐炯内心怯懦，不愿与法国开战，他对越南问题有一套系统看法，核心在于放弃越南，退守关内，说：

---

①　（清）邓辅纶、王政慈编：《刘武慎公年谱续编》卷 3，台湾文海出版社 1970 年影印本。

②　同上。

③　黎瑛：《审时度势未雨绸缪——论中法战争前岑毓英的边防思想》，《中国边疆史地研究》2008 年第 3 期。

④　（清）唐炯：《成山老人自撰年谱》卷 6，台湾广文书局 1971 年影印本。

　　越南自同治初元以来，南圻财赋皆为法人设官征收，官民半从天主教，其国王日在法人掌握。北圻诸省本属穷瘠，又为李扬才等蹂躏，虽经粤西屡次用兵歼除，而余孽未尽，两广犯事无业之民视为逋逃薮，所在盘踞，该国王命令久不能行，其势积弱，殆不能国。

　　朝廷命三省出兵压其境上，只以越南藩服用示字小之意，但今法人与越南虽和局未定，法人与我尚兵端未开，前督刘公（云贵总督刘长佑）议以滇粤之军分扎越南各省，渐次进步，似属稳固。然悬军深入，转运艰难，水土恶劣，瘴疬甚盛，在我已非立于不败之地。法人志在全据北圻，如见我分扎越南各省，举兵相向，退则示弱损威，战则兵连祸结。如谓法人占据河内，倘招纳我亡命，侵轶我边鄙，则我滇粤不得安枕，势当收复河内，然后我武维扬。不知滇粤相距数千里，文报动须两月始达，声气隔绝，进止不齐，迟速之间，事机已失，即使通力合作，幸而集事，又安能长为越南戍守乎？一旦旋师，仍为法人所有。①

　　研读上述文字，归纳唐炯的观点为：其一，越南落入法国侵略魔爪是大势所趋，"天之所废不可兴"，无力挽回情势；其二，清军出师越南遇到许多实际困难，中国因为越南问题与法国开战，有损无益，即唐炯所谓的中国耗费云南、广西、广东三省之军力、武力、财力为越南守土，对越南而言"无丝毫之益"，对于中国而言"有邱出之损"，而且对法战争缺乏胜算，"出境兴师，甚非长算"，从战略上综合考虑不应战，"统筹全局不宜用兵"，主张撤军，固守国内关隘，"敛兵保险，以固吾圉"，保存国体，又何必冒着劳师远征的风险，去打一场缺少准备、胜败难料的战争，"徒兵连祸结，掣动全局"②。唐炯提出的抗法方案是抛出刘永福率黑旗军独自与法军周旋，云南、广西方面撤回国内自守，"我军止宜分布边内要害，暗资刘永福以军饷器械，使之固守，以拒法人。永福兵力甚精，地利甚熟，主客之形便，劳逸之势殊。永福不为法并，越南势可苟延，是我不

----

① （清）唐炯：《成山老人自撰年谱》卷6，台湾广文书局1971年影印本。
② 同上。

过岁弃四五万金，而法人终为永福所困，以视劳师构衅，利害不侔"①。如此不合时宜的方案当然不可能被采纳。

唐炯将国防安全与内政相比较，认为治理云南宜抓住时机，急修内政，"开办厂务，以裕生计；整顿练军，以收实用；裁革夫马，以苏民困；归并厘卡，以通商贾"，如此卧薪尝胆，上下一心，才是固圉安边、杜绝外人窥伺的万全之策。滇军出关抗法，后果不堪设想，"师老财匮，民穷盗起，何以善后，是自困也"②。

当然，唐炯治滇期间，如其所言，对推动云南社会经济复苏做了一些工作，具体有：

第一，裁革夫马。杜文秀起义爆发后，云南地方政府军政、财用废弛，恢复向民间征发劳役（当时称为"派夫"），并复派马，二者合称"夫马"。地方官凡抬轿、敲锣、打旗、撑伞、把扇、看门看堂、看监守犯、扫地喂官马，以及上任、离职、出差，都派夫，少则数十名，多则一两百名。派马则有跟班马、听差马、送差马各种名目。除派实夫实马外，还重复收夫马银。到了承平时期，云南全省人民承担的赋役正供约合银20万两，而仅夫马一项每年即耗费达100万两左右，负担沉重，民不聊生。全省各地无论交通要道还是偏僻州县，遍设夫马局，各级官吏层层加征、压榨，从中分肥。夫马银的征收对象是平民百姓，文武绅士、衙门兵差一概不交银、不当差。战乱和苛派将云南摧残得田地荒芜，城乡萧条，人民不堪扰害者以夫马为第一。光绪七年（1881）善后局出台章程，规定一夫折钱300文，一马折钱600文，通过折价的形式免除征派实夫实马，然而由于地贫民瘠，根本推行不下去。次年，唐炯制定章程，自光绪九年（1883）正月初一日起，将通省实夫实马、夫马银、夫马局裁撤，与民休养生息，所有官府大小差使需用夫马之处，由善后局发给官费，照市价向民间公平雇募。章程规定："督抚出入境，由善后局拨银二千两，所过州县概不支应；主考、学使五百两，学使按临各郡每棚夫百数十名，马数十匹，由善后局委员随棚料理，此外一律裁禁。臬司衙门京控、上控要案，应委员往提，由善后局察照民间价值，按官阶大小量给银两，令其

---

① （清）唐炯：《成山老人自撰年谱》卷6，台湾广文书局1971年影印本。
② 同上。

自行（顾）［雇］备。此外上下衙门、一切例差，悉予停止。"①

此项改革收效迅速，对于减轻人民负担作用甚大，唐炯统计该年学政按临五棚，花费不到 4000 两，文武差使不到 2000 两，转运军火不到 2000 两，民间总共节省 300 万两之巨。

第二，整顿厘金，归并厘金局卡。杜文秀起义期间，云南开征厘金筹饷。抽厘项目分为板厘、活厘两种。板厘取之于坐商，按月征收；活厘取之于行商，设卡征收。开征之初，清地方政府对于抽收的货物种类、数量及抽收的金额，无法进行监督和稽查，完全是放任各级政权和军队对商贾进行随意性经济掠夺。同治十三年（1874），云南开办牙厘，同时设局征收盐厘，三迤各地更是"自行分界抽收，藉供兵饷，章程错出，款目难稽"②。光绪五年（1879），中央政府提出整顿云南各地的厘金分局，以除积弊，要求只在省会昆明及大镇保留厘金局，免除偏远州县抽收厘金。光绪九年（1883），唐炯制定全省统一的抽厘章程，规定征收种类、征收税率、征收办法等，并下令各局遵照办理。云南厘金经过整顿之后，计有百货厘、红糖厘、川烟厘、土烟厘、土酒厘、绸缎厘、鹿茸厘、麝香厘、大锡厘、省货厘和各项杂收（含随厘加色、开支扣获平余、核减各局开支、包收省城牲畜油酒厘、罚款）11 类，是为云南地方当局就厘金的征收和管理向清朝汇报的方便而大致做出的分类。

云南全省厘金总局起初设于省会昆明粮储道衙门，后移归司道会办，改设于云南布政司署。同治末年，云南地方政府进行清理，划一税率，统计出全省各地设有厘金局 23 局，分别是云南府所辖的府城局、新兴局（今玉溪市）、武禄局（武定、禄劝合称）；曲靖府所辖的宣威局、平彝局（今富源）、陆凉局、罗平局；广南府属剥隘局；昭通府管辖的副官村局、镇雄局、盐井渡局；楚雄府所辖的三姚局（即大姚、姚州、姚安合称）；大理府管辖的下关局、永北厅局；永昌府属的府城局、腾越局（今腾冲）和龙陵局；临安府属蒙自局；普洱府属思茅厅局；丽江府局；东川府局；顺宁府局（今凤庆）；开化府局（今文山市）。此后经过数次增设，增加

---

① （清）唐炯：《成山老人自撰年谱》卷 6，台湾广文书局 1971 年影印本。
② 龙云、卢汉修，周钟岳纂：民国《新纂云南通志》卷 153《财政考》4，民国三十七年（1948）刊本。

到 70 余局，所管辖的分卡、查卡超过 200 个。唐炯抚滇期间，全省厘金年征收 24 万两，而所设厘金局卡几乎无乡不有，密如蛛网，征厘委员、书役因缘为奸，商人不堪重负，严重阻碍商品流通。唐炯一方面大力裁并局卡，"乃留边要十余局，余悉罢除"，一方面奏参二三名最贪劣的委员，以震慑、警示其余，加之制定了统一的抽厘章程，"视货物之畅滞，资本之厚薄以为衡，大率百分而取一，入境、出境各只抽收一次，于是商贾畅行，穷民始欢然有生气"①。经此一番系统整顿，每年厘金收入剔除支销局用之外，达到 30 多万两。

第三，筹办铜务。咸同云南反清大起义给滇铜生产造成摧毁性打击，滇铜开采全面停顿。同治末年战争结束，云南巡抚岑毓英奏请试办厂务，滇铜运京路线改道广西，然而由于漫无章程，缺乏通盘筹划，加之委用其部下武将办理，利不外流，滇铜开采没有较大起色，岁运仅 50 万斤，亏欠公款复多，以至于难以为继。后来改归地方官办理，委令道员督办，弊端益多，亏欠更巨，岁运量跌落至 50 万斤以下。唐炯认为滇铜开采不仅是经国大计，而且关乎国家利权，"法人议由越南通商，只缘觊觎厂利，尤当早图"，积极加以筹划、整顿，奏请改归故道运京，并拟订章程，剔除诸弊，遴委官绅分赴迤东、迤西次第开办。又奏定京铜春秋两运，鼓励招商集股开采铜矿。该年运储四川泸州铜店及东川、宣威各店的滇铜总量超过 100 万斤，个旧锡厂、东川铅厂产量也畅旺起来。

客观地说，唐炯整顿云南内政是有较大魄力，取得相当成效的。然而越南形势急转直下，改变了唐炯的政治命运。光绪九年八月二十一日（1883 年 9 月 21 日），唐炯返回省城接受巡抚关防。后再次从越南前线返回省城筹措饷需并办理吏治、厂务。次年二月，法军对驻越清军发动攻势，军事重地北宁、太原相继失守，战局陷入崩溃。清廷震怒，派贵州巡抚张凯嵩至滇，当面向唐炯宣读严旨："前派唐炯督带滇军防守越南、山西等处，乃该抚并未奉有谕旨，率行回省，以致边防松懈，当经摘去顶戴，革职留任，以示薄惩。近日山西、北宁、太原相继失陷，皆由唐炯退缩不前，而致军心息玩，相率效尤，殊堪痛恨！着张凯嵩驰赴云南，传旨

---

① （清）唐炯：《成山老人自撰年谱》卷 6，台湾广文书局 1971 年影印本。

将唐炯革职拿问，派员解京，交刑部治罪。"①"边防松懈、临敌退缩"的罪名使唐炯从主政一方的封疆大吏"断崖式"沦落为一名阶下囚，他被解送到京师，经过会审，被定拟为"斩监候"。

光绪十三年（1887），唐炯被清廷开释，发回云南任用，以巡抚衔督办云南矿务。自此主导云南铜矿开采近20年，他招集商贾开采，聘请日本矿师，开办矿务公司，先后奏请提高铜价、豁免积欠，并通过增加商铜所占比例来鼓励开采，然而收效并不明显，滇铜产量仅能保证"京运无缺"。云贵总督王文韶为其开脱说："滇民生计向来视铜厂为盛衰，军兴以后，铜政废弛，民生日困。现特派前抚臣唐炯督办矿务，创设公司，招集商股，整理旧厂，开辟新场，惨淡经营，煞费心力，只以荒废日久，未能克期收效。"②《清史稿》评论道："仅岁解京铜百万斤，（唐炯）为时论所讥。"③ 时过境迁，滇铜生产无法恢复到乾隆年间的鼎盛局面了。

二　中法战争时期张凯嵩的治策

张凯嵩（1820—1886），字云卿，湖北江夏（今湖北省武汉市江夏区）人。少年时天性警敏，仪表俊伟。道光二十四年（1844）湖北乡试第二名。次年连捷成进士。以即用知县发往广西任用。在广西20余年，带兵四处征战，抵抗太平军，扑灭山泽绿林的反清力量，历署广西兴业、马平、苍梧、怀集和宣化知县，擢郁林直隶州知州、庆远府知府、左右江兵备道，再升迁为广西布政使。同治元年（1862）晋升广西巡抚。同治六年（1867）简任云贵总督。时前任总督潘铎被戕，继任总督劳崇光病亡，新授云南巡抚刘岳昭滞留贵州镇压苗民起义，回民起义军围攻云南省城，清政府统治局面岌岌可危。张凯嵩赴滇途中上三疏称病请罢，被清廷以蓄意规避褫职。光绪六年（1880），张凯嵩复出，以五品京堂起用，授通政司参议，后迁内阁侍读学士，再署顺天府尹，外放贵州巡抚。光绪十年（1884）三月，调任云南巡抚。在任三年，积劳成疾，光绪十二年

① 《清德宗实录》卷178，中华书局1985年影印本。
② 中国第一历史档案馆编：《光绪朝朱批奏折》第120辑，中华书局1995年影印本，第587页。
③ 赵尔巽等纂修：《清史稿》卷458《列传》245，中华书局1977年点校本。

（1886）十月病卒于省会昆明。

张凯嵩赴云南巡抚任，与云贵总督岑毓英共事，中法战争大敌当前，督抚两人的关系总体是融洽的。岑毓英对张氏治理云南的政绩亦赞赏有加，奏陈：

> （张凯嵩）于光绪十年奉命巡抚云南，禁暴诘奸，安民除弊，敷治厘然。维时用师越南，需饷正殷，外省协拨之款不能接济，经抚臣督同司道，昕夕筹维，开源节流，挹彼注兹，边军赖以支持，实能顾全大局。其于地方一切庶务，件件躬亲，历任三年，罔辞劳瘁，乃以旦夕获疾，遽至不起，悯惜殊深。①

《新纂云南通志》本传：

> 值缅防孔亟，武定、大理土匪乘间起，调军筹饷，饬吏安民，滇境以治。又以五金矿为外人所觊觎，奏准招商集资，给票开山，设局创办。十二年正月，又仿鄂抚胡林翼宝善堂办法创设储才馆，先罗致周文龙、卫家琇、牟炳南等数人讲习其间，研究时务，冀以养成有用人才。风声所树，济济者方注目以待。②

综合有关史料，可以归纳张凯嵩滇任三年的主要治绩：

第一，创设储才馆，培养、选拔有用之才。张凯嵩出身科举，对人才问题一贯用力，不仅一路延揽、提携可造之才，而且在云南创置储才馆作为人才培养机构。《碑铭》："又师所荆棘，子衿废业，别置储才馆，招致茂异其中，亲校阅其课，方将规久远而公遽殁。粮储道谭宗浚踵为之，嗣是而有经正书院之建。滇中造士，经正为最，公实权舆之。"储才馆由后任巡抚谭钧培接办，直至光绪十七年（1891）肇建经正书院，实为一脉

---

① （清）岑毓英：《岑襄勤公奏稿》卷27《抚臣因病出缺请旨简放折》，台湾成文出版社1969年影印本。

② 龙云、卢汉修，周钟岳纂：民国《新纂云南通志》卷181《名宦传》4《清》2，民国三十七年（1948）刊本。

相承，薪火相传。

张凯嵩选拔人才注重"有度"。他说："人贵有度。度者，器识之谓也。士不先此，则后者无所承。仅有聪明材力而无度，集事则有之，善事则未也。"① 在举荐的人才中，曲靖孙光庭（少元）就是典型的例子："尝于课试得光庭卷，喜曰：'是有度者！'翼日延见，色然曰：'人如其文。'召入署读，期许甚至。"② 孙光庭出身寒微，凯嵩丝毫不介意。不仅保荐孙参加内阁中书会试，而且将季女下嫁与他，可见器重的程度。

第二，全力为出师越南的清军筹备军实。张凯嵩抚滇之际，恰逢中法激战正酣，关外战事吃紧，大军需粮需饷，待支急迫。云南本为协饷省份，饷需不继是云南财政长期以来面临的第一大难题。这时要负担前线滇军全部和刘永福黑旗军部分粮饷。云南财政年收入 50 余万两白银，支出却高达 90 余万两，财政赤字常例是由各省解运协饷接济，但当时只有邻省四川按时解运，其余协济省份无论清廷如何降旨严催，或停旧解新变通办理，就是毫无动静。粮草不继，前线将士就得受冻挨饿，降低甚至丧失战斗力，张凯嵩为此寝食不安，绞尽脑汁，"昕夕筹维，开源节流，挹彼注兹"，拿出来的解决方案不外乎加重抽收厘金，大开捐纳之门，挪用铜本补充军饷，借用内外债，截留其他用途的经费，动用别款等，凡是能想到的手段、办法都用上了。即便这些做法不过是拆东墙补西墙或竭泽而渔的权宜之计。

滇南前线一带连年办理边防，于沿边地区就近采买粮米，民间积储的粮食被军队消耗一空，张凯嵩决定改在靠内的临安府城等地开办米捐，由捐纳者自备绳索、口袋，自行运送粮米到局交纳，不论路途远近，一律按照 1 石折合白银 0.38 两核定金额，再发交给边防各营支用。③ 种种迹象表明，云南财力已经到了山穷水尽的地步。可以说，张凯嵩的大部分时间

① 孙光庭：《东斋诗文抄》卷 2《诰授光禄大夫云南巡抚前云贵总督张府君神道碑铭》，曲石精庐民国十三年（1924）刻本。

② 孙光庭：《东斋诗文抄》卷 2《诰授光禄大夫云南巡抚前云贵总督张府君神道碑铭》，曲石精庐民国十三年（1924）刻本。又见云南省志编纂委员会办公室整理《续云南通志长编》（下），1985 年整理本，第 815 页。

③ （清）张凯嵩：《抚滇奏疏》卷 2《请定米捐章程折片》，台湾文海出版社 1967 年影印本。

和精力都耗在筹粮筹饷上，其艰困程度并不逊色于前线领兵作战的总督岑毓英。好在中法实际用兵的时间不长，否则后果殊难预料。

第三，整顿矿务和盐务。矿务整顿的重点在铜务，云南本系产铜大省，鼎盛时定额为 630 余万斤。咸同内乱令铜业生产一蹶不振，从同治十三年（1874）起，每年仅能运解 50 万斤，距离京运定额相差巨大。兵燹以后，清政府多次责令督抚振兴云南铜业开采，然而各矿厂承办者资微力薄，富商又招揽不来，铜业生产时常中断，办理起来困难重重。① 清政府接二连三地下令挽救铜务，考虑的是既可以供应鼓铸造钱，开辟利源；又可以借此阻止洋人攘夺云南省矿产开采权。经过反复思考，张凯嵩筹划招商集股与借助官本二者相辅而行，通过募集商股解决采矿资金严重匮乏的困境。那么收效如何呢？《复查矿务情形折》记载说：

商局方面，"臣夙夜所顾虑者，办矿之法必须厚集资本，多招健壮砂丁、熟练炉户，一面开采，一面煎炼，斯用力多而成功易，成功速而获利自丰。若挟有限之资以求速成之效，其势诚难。今计招集商本，仅据沪商解到银三万两，川局解到银五万两，为数无多，不敷分布。……开办东川、楚雄、禄劝等处铜厂以顾京铜，尚为得手。其新获牛泥塘一处得矿甚多，煎铜不易，费用繁重，尚不敢必其有成"。

绅民方面，先后上报开采铜、银等厂达 40 多处，然而都属力薄资微，有利可图时开工生产，不景气时歇业，开采时断时续，难有大的起色，可谓"涉其藩篱，未即窥其堂奥"，张凯嵩亲自调查账簿，得知民间探获铜矿已有 10 多处，然而产量很低，有的铜矿因为铜色不佳而停办，有的铜矿因为瘴发水淹而被迫停办，有的因为工本不济而被迫停办，总计缴铜量只有区区几万斤，他们都寄望于借领官本来筹集工本，然而希望终归落空，"奈司库铜本一项，叠因边饷紧迫，协饷不敷，报部动挪将罄，余数留备缴铜发价，已难久支，实不能兼营并顾"②。可见时局不靖，商人裹足，招商筹款收效甚微；而民办矿厂大多经营困难，铜本挪用于军需，扩充开采纯属纸上谈兵。

此后，设法变通商铜成数，仿照漕运章程给予奖励，以期局面有所改

① （清）张凯嵩：《抚滇奏疏》卷 1《复矿务折》，台湾文海出版社 1967 年影印本。
② （清）张凯嵩：《抚滇奏疏》卷 3《复查矿务情形折》，台湾文海出版社 1967 年影印本。

观,《请变通矿务章程折》:"查矿务惟以铜务为先,而招商特因京运起见,第矿稀炭远,食贵工艰,所领价值实不足偿资本。商人利重,若不稍示变通,未入股者早已不前,既入股者亦思抽出。似此商情涣散,欲求起色,不能不策勉兼资,宽与调剂。拟请自本年(引按:光绪十二年,1886)为始,如办铜一百万斤准以一成通商,一百万以上准加一成,二百万以上再加一成,四百万以上始准递加过五成。并请仿照漕运章程,按等量与奖励,庶商情歆动,可望本利日增,鼓利有资。承办亦可期黾勉等情。"①

盐务情况大同小异。《奏盐务煎销未畅请缓起征折》说:"各属盐井当逆回盘踞之时,毁坏大半,树木被伐殆尽,灶户煎盐所需柴薪,必须赴邻境采买。修井补树之费不赀,人皆观望不前。经前各盐道再三开导,始肯承充。然所招商灶均非昔日业卤务之人,于觅卤煎盐之法多未谙悉,是以所产之盐不能如昔之旺盛。盐系计口授食,自地方迭遭蹂躏以来,户减丁稀,以致盐无销路,课无来源。兼之军兴后抽收盐厘,亦系取之于盐,是今日之盐厘即昔日之杂款。且加厘并未加价,商本实已非轻,以现完课、厘两项,并计较承平时应完正杂课款,不相上下。"② 盐井设施遭到破坏,盐工星散,战争损耗大量人口,食盐销路不畅,熬制食盐所需的柴薪昂贵,抽收盐厘,都造成盐务整顿没有大的起色。加之滇南地区邻国海盐走私入境,云南盐井遭受水灾浸灌,内外部不利因素叠加导致食盐煎销不畅。

第四,处理日形棘手的勘界、通商、传教和筹边等洋务难题。光绪朝以来,中国西南边疆毗邻国家的安全局势迅速恶化。中法战争结束不久,英缅战争爆发,法、英两大西方殖民强国分别从越南和缅甸包抄中国后方,对云南虎视眈眈。张凯嵩对英法觊觎云南保持高度警惕,指出其侵略本质相同,他说英国并吞缅甸,与法国占据越南,用意相同,都志在打开中国西南门户。云南省西、南两面强敌凭陵,边防局势已恶化到寝不安席

---

① (清)张凯嵩:《抚滇奏疏》卷 4《请变通矿务章程折》,台湾文海出版社 1967 年影印本。

② (清)张凯嵩:《抚滇奏疏》卷 1《奏盐务煎销未畅请缓起征折》,台湾文海出版社 1967 年影印本。

的地步。① 又指出，虽然英法两国政府制定的殖民策略和具体实施层面有所不同，然而在侵略云南的战略意图上不谋而合，两国狼狈为奸，"多方以愚我，大言以恐我"②。值此西南边疆多事之秋，清政府上至皇帝下到地方，依然颟顸于世界大势，甚至对于利害攸关的周边地区地理、交通茫然无知。英缅战争进行期间，清廷向云南封疆大吏发出加急谕旨，询问的竟然是"八募在哪里"③，并向云南方面索要滇缅交通地图，了解云南省与缅甸交界的要隘、地名、里程等，责令云南封疆大吏将其绘图贴说，详细分析说明，上呈御览，以供边防决策参考。④ 然而出人意料的是，作为全省最高行政长官之一的张凯嵩竟然对重要的国防地理毫不知情，且查无所获："惟八募地方，上年奉旨再三饬查，边外实无其名，或英人改名，即系新街，抑或蛮暮音由译转，均未可知。"⑤ 后再经过向滇西边区腾越厅同知陈宗海查证，费了一番周折，才终于弄清楚八募其实就是新街的土名！

　　而勘界和通商问题，情况就更加模棱两可了。中法会商勘界、通商，涉及与越南接壤的云南和广西两省。滇越勘界工作，由内阁学士周德润领衔，岑毓英、张凯嵩等直接参与。在交涉策略上，清廷数次信誓旦旦地给予指示，称：

　　　　此次既与法国应勘定中越边界，中外之限，即自此而分。凡我旧疆，固应剖析详明，即约内所云，或见［现］在之界，稍有改正，亦不得略涉迁就。总之，分界一事有关大局，周德润等务当详度地势，设法辩难……多争一分，即多得一分之利益。切毋轻率从事。⑥

　　① （清）张凯嵩：《抚滇奏疏》卷3《复缅甸边防并矿务情形折》，台湾文海出版社1967年影印本。

　　② 同上。

　　③ 八募，即缅甸八莫（Bhamo），又称"新街"。

　　④ （清）张凯嵩：《抚滇奏疏》卷3《复查明缅甸边防并道路折》，台湾文海出版社1967年影印本。

　　⑤ 同上。

　　⑥ （清）王文韶、魏光焘修，唐炯等纂：光绪《续云南通志稿》卷85《洋务志》，光绪二十七年（1901）刻本。

显然，清廷对于保全疆土是相当用心的。但界务与商务（开辟通商口岸）是紧密相连的两个谈判筹码，清廷对于如何统筹二者之间的关系患得患失，前后谕旨相互矛盾抵牾，以致出现虎头蛇尾的糟糕局面：

> 会勘滇桂边界，必须统观全局，详细通筹。界务与商务相表里，彼族注意者，尤在商务得占便宜。曾纪泽、许景澄均曾陈奏及之。我于宽留瓯脱一说，必冀实在可行，于事有济。不宜仅博争地之名，致令彼于商务有所借口。①

当时，清政府判断法方的谈判重点在于打开中国西南商务，所谓"我所宜急彼所欲缓者，莫如界务，彼所素急我可稍缓者，莫如通商"②。由于胸中无术，为了不在通商问题上让步，又放弃了保全疆土的初衷，最终都没有达到目的。

不平等的中法《越南条款》（又称"中法新约"）明文约束："通商处所在中国边界者，应指定两处：一在保胜以上，一在谅山以北。法国商人均可在此居位，应得利益应遵章程，均与通商各口无异。"③ 即便周、岑等人如何费尽心机地"开导"法使，折冲争辩，既争界务又顾商务，有多大回旋余地呢？根据光绪十三年（1887）落墨的中法《续议商务专条》，云南被迫开放蒙自、蛮耗二处为陆路通商口岸。

在洋务自强浪潮面前，张凯嵩始终持怀疑态度，他的政治主张在于崇圣道、培人才、禁外债和核军实："中朝自海禁弛，欧风东渐，主富强者猥欲皮附，议论纷吠。公蘦然忧之，抗疏请崇圣道以息邪说，兴教养以培人才，禁外债以杜侵渔，核军实以节糜费。语甚切至，疏入留中。朝邑阎文介敬铭报书尤太息。"④

---

① （清）王文韶、魏光焘修，唐炯等纂：光绪《续云南通志稿》卷 85《洋务志》，光绪二十七年（1901）刻本。

② 方国瑜：《云南史料丛刊》第 10 卷，云南大学出版社 2001 年版，第 279 页。

③ 《越南条款》，载王铁崖编《中外旧约章汇编》第 1 册，生活·读书·新知三联书店 1982 年版，第 467—468 页。

④ 孙光庭：《东斋诗文抄》卷 2《诰授光禄大夫云南巡抚前云贵总督张府君神道碑铭》，曲石精庐民国十三年（1924）刻本。

　　他质疑洋务派出于自强之计买枪置舰，是虚糜资财，适取其弱，并不足取："中外言者，思患预防，汲汲为自强之计，购买洋枪，讲求机器，置办铁舰，冀与争胜。臣固心知其然而窃有疑。焉夫凡事取法乎人，必不能遽得其妙。我军心胆不壮，技艺不精，虽利器亦不能善事。且彼以其旧制者售人，而留新式以自用。闻滇军所持洋枪，力只能及数百步，敌人所用者辄及二三里之遥，此可概见。而彼又昂其价值，承办者复浮冒开销，运费尤巨，竭中国之资财以从事于采办制造。一旦有事，募军之资转形匮乏，则所谓自强者适自取弱耳。未可恃为万全之策也。"①

　　他明确指出，洋人入内地游历和传教，完全出于为列强侵略阴谋服务，即"以彼持照游历，到处私绘舆图，觇地势也。传教设堂以利句诱乡愚，结汉奸也"②。张凯嵩入滇赴任时，滇西北地区基督教势力发展很快，民、教之间矛盾突出，浪穹（今洱源）教案刚刚结案不久，即爆发永北教案，不幸的流血冲突事件使张凯嵩感到异常棘手。他视传教为离间民心、制造矛盾的心腹大患，主张预为防范："携贰导之有渐，祸变伏于无形，莫甚于民人从教一事。"③ 他认为外国传教士来华以劝善为名，引诱中国百姓改信天主教、基督教，"计狡而毒"，蓄谋已久，欺骗性很强，其实质是企图潜移默化地改造中国国民性，培养出对西方殖民者言听计从的"亡国奴"。百姓信教之后，不服从官长，不归保甲管理，恃教堂为护身符，有的在乡里横行霸道，欺压良善，官府对他们的不法行为无可奈何。张凯嵩忧心忡忡地说洋教堂俨然成为云南省内各地的"国中之国"，展望再经过十多年的大肆扩张，云南教民日多，形势将不堪设想，提出限制洋教的建议："臣意已从教者固碍难挽回，未入教者当密为钤制。譬如家有数子，其劣者被人招诱，游荡忘亲，则必严束其余，勿为渐染。"④

　　平心而论，张凯嵩反洋教思想中包含了反对外来文化侵略和反对借传教之名干涉中国内政的合理因素，也不排除具有与同时代许多文人士大夫一样的"华夷之辨"和中西文化信仰冲突的成分，需要加以具体分析。

---

　　① （清）张凯嵩：《抚滇奏疏》卷4《条陈筹边四策折（条陈附）》，台湾文海出版社1967年影印本。

　　② 同上。

　　③ 同上。

　　④ 同上。

他反复提醒清中央政府洋教违背儒家思想观念，包藏祸心，痛加斥责说："习教者非言孔孟，剽窃二氏之糟粕而饰以浮诞之说，几欲援儒为墨，稍知道义者无不非之。"① 他提出秘密钤制洋教的四项办法，分别是：其一，给教民单独编立保甲，破除教民只服从教堂不服从官府管辖的特权；其二，禁止教堂和教民私藏军火，以消除地方猜忌；其三，提议士子参加科举考试时必须预先开具"并未习教"的保结，通过曲折的方式阻止教民参加国家抢才大典，无法进入国家官员队伍；其四，区别婚姻，只允许同教之人互为婚配，阻止教民与士民之间跨界联姻，否则以嫁娶违制加以惩治。然而，除了第二条合法合情外，其余办法实际操作起来极其困难，禁止教民参加科举考试或者隔离婚姻虽言之凿凿，却窒碍难行。历史事实亦表明，对外来宗教和文化一味采取仇视和防堵的策略并非明智之举。

三 谭钧培重建云南治理体系

谭钧培（1829—1894），字宾寅，别字序初，贵州镇远人。咸丰九年（1859）顺天乡试举人，同治元年（1862）进士，改翰林院庶吉士。次年散馆授编修。两充顺天乡试同考官。同治十二年（1873），授江苏常州府知府。光绪三年（1877）六月，调补苏州府知府。光绪五年（1879），擢江苏布政使。次年，署理漕运总督。服官江苏12年，三度护理江苏巡抚，治绩斐然，被彭玉麟以"刚毅严明""肯任劳怨""办事勤敏"向清政府举荐。光绪十二年（1886）调云南巡抚，任职8年，是清后期云南巡抚任期最长的3人之一。光绪二十年（1894），积劳成疾，病逝于任上。

谭钧培抵任时，身负恢复云南元气的治理任务，奏报说："云南为边疆重地，兵燹后元气未复，近复加以缅、越边防，举凡练兵筹饷，察吏安民，在在均关紧要……惟有殚竭愚诚，随事与督臣和衷商办，实力图维。"② 谭钧培抚滇期间，先后与两任总督岑毓英、王文韶共事，始终能

---

① （清）张凯嵩：《抚滇奏疏》卷2《筹维滇省大局防闲教民折》，台湾文海出版社1967年影印本。

② 中国第一历史档案馆编：《光绪朝朱批奏折》第5辑，中华书局1995年影印本，第144页。

够做到开诚布公，督抚一心，团结合作，攻坚克难，在英、法两强环伺逼处的态势下，殚精竭虑地筹备云南边防，稳定边疆局势。谭钧培与岑毓英共事两年，我们知道，岑毓英历经咸同云南反清大起义、中法战争等重大军事活动，内征外战，攘外安内，建功累累，是凭借军功崛起的地方统治集团代表。暮年的岑毓英坐镇西南，位高权重，朝廷倚为心腹干城，赏加太子太保，宠荣极于一时。谭钧培与权势显赫的岑毓英相处关系颇为融洽，他赞扬岑毓英"诚恪忠勤，老而弥笃"，自述两人之间"共事有日，相知颇深，见闻亦确，不敢阿好溢美，亦不敢没其忠勤"①。岑毓英去世后，继任总督王文韶从政经验丰富，历经宦海起起落落而始终不倒。王文韶居滇日记透露，谭钧培与之往来密切，督抚之间不仅频频会商公事，而且不乏一共看戏、吃饭、促膝长谈、为谭钧培庆祝生日、为谭钧培夫人庆祝生日、庆贺谭钧培赘婿等颇富有联络情感意味的活动记载，反映二人公交私宜均属紧密。② 在督抚同城的省份，封疆大吏因性格不合或争权夺利发生龃龉，甚至爆发冲突、互相参劾的情况并非个案，光绪年间云南省也爆发过总督刘长佑（出身湘军将领）与巡抚潘鼎新（出身淮军将领）之间缠斗的先例。因此督抚大员搞好内部团结，不仅减少了权力内耗，有利于贯彻朝廷防边固圉的各项政令，抵御外敌的分化和蚕食，而且对维持西南边疆稳定，推动社会经济复苏，所产生的正面作用不容低估。

咸同起义和中法战争之后，清政府对西南边疆的管控能力走向衰弱，英法殖民国家进行蚕食和煽动，地方士绅和百姓发动抗官抗税斗争，秘密会社组织起事，裁撤的兵勇蜕变为游民，扰害滋事，边疆离心趋向与增强国家认同、维护统一之间的斗争日趋激烈。

面对边疆内忧外患的治理困局，谭钧培采取了一系列化解措施。政治上，大张旗鼓地整肃吏治，劾罢不称职官吏，选贤任能，注意提拔和举荐实干型官员，为云南经济社会复苏进程创造了一个较为清明的吏治环境。

---

① （清）谭钧培：《谭中丞奏稿》卷7《胪陈故督勋绩折》（光绪十五年六月），清光绪二十八年（1902）湖北粮署刻本。

② （清）王文韶撰，袁英光、胡逢祥整理：《王文韶日记》（下），中华书局1989年版，第783、794、811页。

谭钧培上任伊始，即发现云南财政几乎沦落为一副"空架子"，他指出财政无法实现收支平衡，是长期困扰云南国防建设的最大瓶颈："滇省自肃清以来，司库应征钱粮税课，均未照额征解，各省奉拨新旧、常协、边练各饷，亦不能源源解济。近年边防需费浩繁，因帑项不敷，借用铜本，及由商号挪垫接济。司库久无存款，粮库所收米折仅敷随时酌发兵练月粮，盐库收获课银随时批解司库添供兵饷，现均库无存储。至各属仓粮，兵燹后焚掠一空，亦尚无款买补。"① 要想治本，必须开源，大肆增加民众负担显然不现实，而严厉盘查仓库、惩治亏空等澄清吏治措施虽属治标，亦成为谭钧培施政的重心。他奏请查抄任职 8 年亏空 12 万多两白银的黑盐井提举萧培基家产，并追究其上司、已经离任的前云南盐法道钟念祖的责任，将钟念祖押解回滇清理积欠，以儆效尤。② 经过一番正风肃纪之后，继任黑盐井提举邹馨德业绩优异，③ 盐法道汤聘珍办事得力，④ 咸同年以来云南盐井课厘管理混乱的局面大有改观。

经济上，减轻苛繁的钱粮赋税，与民休养生息，恢复农业生产，发展经济，筹备开采铜、盐矿藏，开炉铸钱。田赋和盐课是云南财政收入重要来源，杜文秀起义后人口锐减，土地抛荒，条粮每年仅能征到六成左右，针对朝廷急于恢复战前田赋定额的做法，谭钧培为民请命，与户部据理力争，争取到延长田赋减免时限的优惠政策，减轻了滇民赋税负担。⑤ 安宁等八州县每年额征兵粮两万余担，历来由农户自行运输粮食至府仓交纳，人民苦累不堪，经常逾期。谭钧培决定一律改为缴纳折色，将银两拨发给军队就近采买兵粮，使农户和军队两得其利。⑥ 制定盐课征收比较章程，

---

① （清）谭钧培：《谭中丞奏稿》卷 6《展缓盘查司道各库暨各属仓粮折》（光绪十三年六月），清光绪二十八年（1902）湖北粮署刻本。

② （清）谭钧培：《谭中丞奏稿》卷 6《勒追提举亏欠正课银两折》、《参劾盐道片》（光绪十三年六月），清光绪二十八年（1902）湖北粮署刻本。

③ （清）谭钧培：《谭中丞奏稿》卷 12《提举长解课厘请予奖叙折》（光绪二十年九月），清光绪二十八年（1902）湖北粮署刻本。

④ （清）谭钧培：《谭中丞奏稿》卷 7《盐道督征得力恳恩议叙片》（光绪十五年六月），清光绪二十八年（1902）湖北粮署刻本。

⑤ （清）谭钧培：《谭中丞奏稿》卷 6《暂荒田亩未能升科恳再宽缓折》（光绪十四年四月），清光绪二十八年（1902）湖北粮署刻本。

⑥ （清）谭钧培：《谭中丞奏稿》卷 6《安宁等州县兵米改折匀征脚价》（光绪十四年八月），清光绪二十八年（1902）湖北粮署刻本。

清理引岸，培护卤脉，定井员考成之法，以税课盈缩作为官员奖惩进退标准。① 朝廷一度下令各省整顿钱法，云南筹划规复制钱，谭钧培制定新章，开炉铸钱，制钱质地优良，广泛流通，为地方开源兴利。②

　　文化教育上，倡导士子学习经古实学，开办经正书院。光绪十五年（1889），谭钧培鉴于省会五华、育材两所书院只课试诗文，未能讲求经史实学，风气落后于内地各省的状况，提议就两书院肄业士子添设经古月课，与原有之文课相辅而行，经解、史论、策问、辞赋诸题并出，同等考核，以达到培育实学人才、经正民兴的目的。③ 经古月课办理一年多，收效显著，滇中学术风气大有转入正轨之势，"三迤人士渐知崇尚实学，人数亦渐加多"，次年十二月，王文韶、谭钧培联衔奏请从盐库积存书院经费项下提拨银两，在省城贡院右侧报恩寺故址添造房舍，顺势创办经正书院，专门课试经古，制定书院条规，延聘品端学粹的硕儒为书院讲席，购置书籍，聘用监院及各项人役。由学政从云南各府州县考选文行兼优的士子入书院肄业，称"高才生"，内课定额 24 名，发给优厚廪饩，另设外课 80 名，将经正书院办成通经致用人才的训练基地。经朝廷批准，十七年二月二十三日（1891 年 4 月 1 日）经正书院正式开学，聘请贵州人黄诗聘为山长，大理府教授许印芳为监院。因书院房舍还未竣工，开院典礼改在三迤会馆举办。三月初五日（4 月 13 日），书院奉到光绪帝御书"滇池植秀"四字匾额。④

　　经正书院的创建是清后期云南教育史上的一件大事，标志着兴学育材的重心从培养文学之士转向注重研究国计民生、学以致用的经世之士。经正书院注意网罗全省高才生，造就人才良多，前来肄业的士子极一时之选，他们聚会讲学，相互砥砺。截至 20 世纪初年书院改制，先后涌现了

　　① （清）谭钧培：《谭中丞奏稿》卷 6《盐课比较多征分数片》（光绪十四年六月），清光绪二十八年（1902）湖北粮署刻本。

　　② （清）谭钧培：《谭中丞奏稿》卷 6《筹办滇省铸务折》（光绪十三年十一月），清光绪二十八年（1902）湖北粮署刻本。

　　③ （清）谭钧培：《谭中丞奏稿》卷 6《筹款生息添设书院片》（光绪十五年七月），卷 8《筹建经正书院恳恩颁赐匾额折》（光绪十六年十二月），清光绪二十八年（1902）湖北粮署刻本。

　　④ （清）王文韶撰，袁英光、胡逢祥整理：《王文韶日记》（下），中华书局 1989 年版，第 784—785 页。

张渠、吕志伊、席聘臣、吴良桐、李坤、蒋谷、陈古逸（陈度）、赵荃（赵藩之弟）、钱良骏、袁嘉谷、钱用中、熊廷权、施汝钦、王建中、萧瑞麟、秦光玉、张华澜等一大批活跃于清末民国政坛、文教界的地方精英。其中，袁嘉谷在光绪二十九年（1903）经济特科中抡元。

又，四川等省客民江振声等1239户的祖先移民至永北厅旧衙坪，世代典种当地高氏、章氏土司田地，居住达数十年以上，符合占籍落户的条件。然而，因子弟入学问题与永北土民产生尖锐矛盾，双方长年争执不休，势如水火，症结在于土民顾虑对方子弟入籍考试侵占学额。谭钧培决定保持永北厅文武学额各二十名不变，在此基础上，增设旧衙坪客籍文武学额各二名，准其子弟入籍考试，既解决了旷日持久的土客争端，又取得弘扬儒学的正面导向效应，可谓一举两得。①

社会方面，19世纪末期云南自然灾害频发，计有水、旱、虫、地震等灾害类型，谭钧培勤勉办理云南积谷备荒，仿照江苏成法，纳粮一升捐钱二文，就地买谷积储。主动、及时向中央政府报告云南地方灾情，积极赈济灾民，留下了大量报灾请赈文件，反映出高度重视、关心民生的民本情怀。移风易俗，打击"牛丛会"，取缔民间私刑，将边疆社会秩序纳入到统一王朝的法制体系下，加强中央王朝对边疆地区的管控力度，促进少数民族地区的文明开化进程。

军事上，他调整云南各地军事部署，推动实施清末军制变革。同时，武力镇压和怀柔政策兼而用之，不遗余力地镇压云南各民族反清活动，主观上为巩固清朝统治出谋出力，客观上维持了西南边疆的总体稳定。

谭钧培抚滇期间，云南第一个通商口岸蒙自开关设领。蒙自口岸是根据1887年6月26日中法两国在京签订的《续议商务专条》对外开放通商的。蒙自设关通商，在云南历史上是一件破天荒的大事，清政府为此增设临安开广道，驻蒙自县城，兼任蒙自海关监督，负责管理蒙自关务。由于事属创始，地方缺乏通晓洋务的人才，故紧急从上海调苏松道汤寿铭来滇担任首任临安开广道。汤寿铭从沪带领幕友、委员、翻译、关书、扦手一班人等数十名前来襄助办事。光绪十五年（1889）正月，汤寿铭亲赴滇

① （清）谭钧培：《谭中丞奏稿》卷6《添设客民学额折》（光绪十三年十二月），清光绪二十八年（1902）湖北粮署刻本。

东南各处勘查地势、商情，并委派属员分赴蛮耗、新街、河口、南溪河、马白一带实地勘查道路和关卡，为通商设关做准备。数月之间，跋山涉水，风餐露宿，所带的委员、翻译、扦手、亲兵相继染病死亡达 36 名之多。① 六月十八日（7 月 15 日），首任蒙自海关税务司美国籍哈巴安（A. P. Happer）抵达蒙自，二人经过会商，决定于七月二十八日（8 月 24 日）开关征税。开关时建盖海关官署的土地都还未购置，被迫在蒙自东门外、蛮耗街两地临时租赁民房，分别设立正关、分关，并相应在蒙自西门外及河口、新街二处设立分卡，派员办理征税、稽查等事务。②

谭钧培治滇，维持了云南社会秩序总体稳定。任期内推行善政颇多，官声好，受到云南人民仰戴，去世后，云南省城建立专祠祭祀。清政府称赞他"宣力边疆，克勤厥职"③。近人罗养儒赞扬他"清廉简洁"④。仕途同僚、总督王文韶曾将谭钧培治绩与前任封疆大吏岑毓英、刘长佑作比较，给予高度评价，说："论戡定之功，前督臣岑毓英实居其首。迨军务渐定，地方政事诸待修举，则刘长佑之老成坐镇，其功自不可没。而现任抚臣谭钧培勤恳坚凝，实事求是，二三年来改观尤速。"⑤

第二节　土司治理方式的新变化

咸同云南反清大起义前后历时 18 年，是清代后期云南历史的分水岭。咸同年间，滇东、滇西、滇南地区都先后陷入战火之中，地方社会秩序紊乱，清政府对云南腹里及沿边地区土司区的治理无力顾及。至光绪初年，全省各地的起义武装被镇压，全省战火基本熄灭，清政府的地方统治秩序原可重新走上正常轨道，恢复对腹里土司的治理，并重点加强对滇西、滇南沿边土司的治理力度。可是云南外部政治地理格局发生重大变化。光绪

①　（清）谭钧培：《谭中丞奏稿》卷 8《蒙自关经费碍难删减折》（光绪十六年十二月），清光绪二十八年（1902）湖北粮署刻本。

②　（清）谭钧培：《谭中丞奏稿》卷 7《开办蒙自关情形折》（光绪十五年八月），清光绪二十八年（1902）湖北粮署刻本。

③　《清国史·新办国史大臣传》，中华书局 1993 年影印本。

④　罗养儒：《云南掌故》，云南民族出版社 1996 年版，第 558 页。

⑤　中国第一历史档案馆编：《光绪朝朱批奏折》第 120 辑，中华书局 1995 年影印本，第 586 页。

元年（1875）英国以"马嘉理事件"作为借口大事讹诈，随之而来的是法国加快侵略越南北部地区（北圻）的步伐，光绪十年（1884）悍然挑起中法战争，停战后通过与清政府谈判，化败为胜，达到沦越南为"保护国"的殖民目标。时隔不久，英国扩大侵略缅甸战争，通过武力一举吞并全缅甸，刚从战争中脱身的云南迅速被边疆危机的新阴云所笼罩。云南由中国大后方变成抗击英法侵略的前沿阵地。在日益严峻的外部环境下，云南封疆大吏对土司的治理方式经历着全新考验，为了捍卫中国主权和领土完整，抵御外来侵略，应对沿边地区错综复杂的态势，就必须主动对土司治理政策进行调整。

梳理前人研究成果主要有，王文成注意到近代云南改土归流政策的重大调整。① 龙晓燕探讨晚清云南土司制度的弊端与变化。② 罗群对历史时期云南土司制度的演进作制度分析。③ 赖惠敏研究晚清民国滇西土司。④本节通过钩稽光绪朝十一宗云南土司承袭档案资料以及实施改土归流的具体案例，试图揭示封疆大吏对云南土司治理方式的新变化。

一 云南土司分布态势与袭职办理

通过翻检清朝道咸同光宣五朝云贵总督、云南巡抚奏议 11 种和《光绪朝朱批奏折》，我们发现道咸同时期督抚奏议缺乏对云南土司承袭和改流的记载。光绪朝督抚奏议则集中出现十一宗云南土司袭职事件，其中个别奏折回溯了咸同年间的土司本支世系和职位传袭情况。（参见表5—1）

---

① 王文成：《近代云南边疆民族地区改土归流述论》，《思想战线》1992 年第 6 期；《土流并治在近代云南边疆的全面确立》，《云南师范大学学报》（哲学社会科学版）1993 年第 4 期。作者通过爬梳近代云南改土归流的史实，认识到改土归流与近代边疆问题紧密相连，促使清政府改土归流政策出现从"废土置流"向"存土设流"转变，不再武力强制废土司，而是削夺土司的统治权，加紧设置流官，全面确立"土流并治"的特殊统治形式。

② 龙晓燕：《晚清边疆危机中云南土司制度的变化》，《思想战线》2009 年第 3 期。作者探讨晚清边疆危机中云南土司制度暴露出的各种弊端，以及清政府通过改土归流、派官员赴实地巡察、化导约束和兴学安边等办法加以调整。

③ 罗群：《云南土司制度发展与嬗变的制度分析》，《中国边疆史地研究》2013 年第 1 期。

④ 赖惠敏：《清末迄民国时期的滇西土司》，载张瑜、邹建达、李春荣主编《土司制度与边疆社会》，岳麓书社 2014 年版，第 444—454 页。作者搜集珍贵的档案史料，研究从清代至民国滇西土司建制情况、辖区经济物产以及与中央政府的关系等问题。

表 5—1　　　　　　　　　　光绪朝云南土司袭职一览表

时间	行政隶属	职衔	原任土司	承袭人	承袭类型	承袭人年龄	袭职情由
1886 年	永昌府腾越厅	盏达副宣抚司	刀思鸿祚	刀思克裕	子袭父职	10	土司革职。承袭人刀思克裕年未及岁，俟年满十五岁时再行照例办理承袭。令土族刀思必治护理印务
1900 年	大理府云龙州	老窝土千总	段恩铨	段振兴	孙袭祖职	16	土司亡故。嫡长孙业已成丁，明白夷情，众皆悦服，族无争袭之人，亦无过继、蒙混、冒袭违碍等弊，核与承袭之例相符
1901 年	永昌府龙陵厅	潞江安抚司	线永福	线庆祥	子袭父职	16	土司革职。正妻景氏无子，线庆祥是庶出长子，无搀越诈冒及乞养异姓等弊，夷情悦服
1903 年	永昌府	镇康土知州	刀闷绳祖	刀闷绳兴	胞弟接袭兄职	16	土司病故。例应接袭，年已及岁，夷众悦服
1903 年	云南府禄丰县	南平关土巡检	李世爵	李荣昌	嗣孙承袭祖职	17	土司病故。质性纯良，文理通顺，族无争袭，亦无乞养、诈冒等弊，夷情悦服

续表

时间	行政隶属	职衔	原任土司	承袭人	承袭类型	承袭人年龄	袭职情由
1904年	澄江府新兴州	土州判	王正本	王家宾	孙承祖职	13	土司革职。王家宾系原土司亲生嫡长子王中心正妻李氏亲生嫡长子，年未及岁，其叔王清心担任代办
1905年	永昌府	湾甸土知州	景玉金	景绍文	子承父职	21	土司病故。嫡妻景罕氏亲生长子，例应顶袭父职
1905年	永昌府龙陵厅	猛板土千总	蒋金龙	蒋广发	子承父职	18	土司精力衰弱。蒋金龙嫡妻杨氏亲生长子，夷众悦服，例合承袭土职，族无争袭之人，亦无挨越、诈冒、过继及乞养异姓违碍等弊
1906年	广南府	世袭土同知	侬鼎勋	侬鼎铭	胞弟承袭兄职	29	土司病故。例应承袭，夷众悦服
1906年	大理府	十二关长官司	李增禄	不详	子承父职	年未及岁	土司革职。循例暂委李增禄妻李丁氏抚孤代办，人甚明白，夷众悦服
1908年	永昌府腾越厅	南甸宣抚司	刀定国	刀樾椿	子承父职	18	土司革职，刀定国正妻罕氏亲生长子，例应承袭，无违例争袭之人，亦无挨越、诈冒、过继及乞养异姓等弊

资料来源：《岑襄勤公奏稿》卷27、《光绪朝朱批奏折》第116辑、《锡良遗稿·奏稿》第2册。

从地理分布看，清咸同朝以后云南土司集中分布在滇西北丽江府，滇西大理府、永昌府、顺宁府、镇边直隶厅，滇南普洱府，滇东南临安府等沿边府厅。其中迤西边区土司众多，且集中连片分布，以永昌府为例，有府属孟定土府，镇康、湾甸二土州，腾越厅属陇川、干崖、南甸三宣抚司，盏达副宣抚司，猛卯安抚司，户撒、腊撒二长官司；龙陵厅属潞江、芒市二安抚司和遮放副宣抚司。[①]（参见图5—1）。

图5—1　永昌府土司分布示意图

底图来源：《中国历史地图集》第 8 册《清时期》。

---

① （清）伯麟修纂，揣振宇主编：《滇省舆地图说·滇省夷人图说》永昌府图说，中国社会科学出版社 2009 年影印本，第 64—66 页。

　　云南府、澄江府等靠内地区残存少数未经改土归流的土司，或辖区已经改设流官但保留世袭职衔的土司，呈零星点状分布。十一宗袭职事件所涉 11 员土司中，沿边土司有永昌府腾越厅属南甸宣抚司、盏达副宣抚司，永昌府龙陵厅属潞江安抚司、猛板土千总，永昌府属镇康土知州、湾甸土知州，广南府世袭土同知，大理府云龙州属老窝土千总，共 8 员，靠内土司有云南府禄丰县南平关土巡检、澄江府新兴州土州判、大理府十二关长官司，共 3 员。清朝沿袭明朝制度，将土司分别划归吏部、兵部管理。吏部管辖的土司分土府六等、土州四等、土县四等，其中土同知正五品（土府序列），土知州从五品（土州序列），土州判从七品（土州序列），土巡检从九品（土县序列）。兵部所辖的土司分指挥使司七等、宣慰使司四等、宣抚使司四等、安抚使司四等、招讨使司二等、长官司二等、土弁八等。其中，宣抚使从四品、宣抚副使从五品（宣抚使司序列），安抚使从五品（安抚使司序列），长官司长官正六品（长官司序列），土千总正六品（土弁序列）。① 吏部管辖占 7 员，兵部管辖占 5 员，品级从从四品至从九品。沿边土司职衔品级高，职权重，数量多，而靠内土司职衔品级低，数量少，管辖土地、人口均不及同级沿边土司。

　　咸同云南反清大起义期间，在杜文秀大理政权全面控制的滇西地区，清政府对为数众多的土司完全失去管理控制能力，永昌、顺宁两府土司"有毁家纾难剿贼阵亡者，有被贼胁从供其役使者，有族人谋害正支而自称代办者，印信号纸亦多遗失，移民漫无钤束"②。土司地区陷入各自为政的状态。云南巡抚岑毓英率军攻占大理时，发现仅有孟定土知府、镇康土知州、代办潞江安抚使 3 人奉命前来听候差遣，干崖、陇川、南甸、孟连、遮放、盏达、芒市土司对清政府土司承袭制度置之不理，均不按照规定办理袭职手续，而孟连、猛卯二土司更是"杳无音问"，失去联系。光绪初年，英国正在逐步加紧蚕食缅甸国土，并欲借马嘉理事件大做文章。英国驻华公使威妥玛大肆恫吓清政府，要求派英国官员赴滇监督马嘉理案

----

　　① 光绪《清会典》卷 7《吏部》、卷 12《吏部》、卷 46《兵部》、卷 48《兵部》，中华书局 1991 年影印本。又参见龚荫《清代土司制度五题》，《贵州民族学院学报》1991 年第 4 期。
　　② （清）岑毓英：《岑襄勤公奏稿》卷 12《抚绥土司以固藩篱片》（光绪元年四月二十日），台湾成文出版社 1969 年影印本。

的审理，并密谋派军队从缅甸入侵云南，通过武力打开中国西南边疆的大门。上谕说"英国注意云南等处，已非一日，现欲借此开衅，以为要挟之计"①，在边疆危机阴云的笼罩下，滇西边区的国防形势日趋紧张，这片中央王朝传统的统治边缘区成为清王朝抵御西方殖民强国入侵的前沿阵地。岑毓英一方面忧虑滇西沿边土司被英国殖民者威逼利诱，主权立场发生动摇，另一方面担心土司辖区"夷民及附近野人复拦路劫夺，致滋口实"，再次发生马嘉理一类案件，故责成署云南提督杨玉科、迤西道陈席珍注意妥善笼络滇西边区土司，"饬催照例承袭，如印信号纸遗失，查明奏请颁给，倘有不法情事，仍从严惩治"，催促办理承袭，恩威并施，达到团结边区各方力量、巩固国防的目的。十一宗袭职事件中，滇西沿边地区占八宗，是比重最大的地区，以永昌府最为集中，正反映清政府重视滇西边区的战略地位、力图加强治理的倾向。

　　十一宗袭职事件中有两宗是陈年积案。其一，禄丰县南平关土巡检李世爵于同治六年（1867）病故。时值战争期间，滇西大理政权起义军大举东征省会昆明，清王朝在云南的统治岌岌可危。根据清代土司承袭制度的规定，"土官故，或年老有疾请代，准以嫡子嫡孙承袭，无嫡子嫡孙，则以庶子庶孙承袭，无子孙，则以弟或其族人承袭。其土官之妻及婿，有为土民所服者，亦准承袭"②。可是，李世爵既无子嗣，又无同胞兄弟，上述条文圈定的袭职人选均空缺，袭职遇到困难。其嫡堂弟李世有被公举为代办，办理备案时声明说，李世有生子后，将过继给李世爵为嗣，继承宗祧，承袭南平关土巡检世职。后李世有生子李超英，不过"适值地方未靖，迭奉催袭，未能举办"③，袭职之事一直拖延达30年，未能办理。光绪二十三年（1897），李世有病故，李超英身患笃疾，不能理事，"自应于近支中择立承继"④，择定李超英正妻许氏亲生长子李荣昌作为承袭人。

---

　　①　（清）岑毓英：《岑襄勤公奏稿》卷12《遵旨筹办边务折》（光绪元年三月二十三日），台湾成文出版社1969年影印本。

　　②　光绪《清会典》卷12《吏部》，中华书局1991年影印本。

　　③　中国第一历史档案馆编：《光绪朝朱批奏折》第116辑，中华书局1995年影印本，第43页。

　　④　同上。

　　其二，广南府世袭土同知侬鼎勋于光绪二十五年（1899）病故，绝嗣。本支中有胞弟侬鼎铭符合承袭条件，但是滇东南一带游民、苗人武装反抗清政府统治，形势不允许正常择人承袭，于是暂时委任族人侬继先代办护印。拖延七年之后，地方政府才为时年 29 岁的侬鼎铭办理正式承袭手续。

　　清政府规定办理土司袭职的时限是六个月。雍正三年（1725）出台相关规定："土官病故，该督抚于题报时，即核明应袭之人，取具宗图邻封甘结，并原领号纸，定限六月内具题承袭。"① 乾隆七年（1742）补充规定："如有事故稽延，不能请袭者，于半年限内咨部存案，日久亦准承袭。"② 南平关原土巡检李世爵、代办李世有病故日期均未按照规定专案呈报，所在县、府也未照例及时拣选承袭人，云贵总督丁振铎给出的解释是军务倥偬。广南府土同知承袭事件办理时丁总督声明办理迟延是由于"地方不靖"。以上两宗袭职事件显然都援引了乾隆七年的补充规定，其余九宗均遵守时限规定，说明土司袭职时限在实际执行过程中一方面得以遵守，另一方面存在变通，地方督抚以战争、治安等客观原因为说词免除稽延责任绝非个案。

　　清政府对土司承袭人资格和承袭次序有严格规定，强调区分土司家族本支宗庶，依次承袭，严禁嫡庶长次越序。顺治初年规定："凡承袭之土官，嫡庶不得越序，无子许弟承袭，族无可袭者，或妻或婿，为夷众信服者，亦许承袭。"③ 康熙十九年（1680）题准："土官病故，其子病废不能承袭者，准与孙袭。""土官年老有疾，请以子代者亦准。"④ 乾隆三十三年（1768）重申区分嫡次长庶，按顺位挨次承袭的制度规定，特别强调"不得以亲爱过继为词"⑤，如果承袭人有挨越、冒混、过继及乞养异姓等

① 　光绪《钦定大清会典事例》卷 589《兵部》，《续修四库全书》，上海古籍出版社 1996 年影印本，史部，第 807 册。
② 　同上。
③ 　光绪《钦定大清会典事例》卷 145《吏部》，《续修四库全书》，上海古籍出版社 1996 年影印本，史部，第 800 册。
④ 　光绪《钦定大清会典事例》卷 589《兵部》，《续修四库全书》，上海古籍出版社 1996 年影印本，史部，第 807 册。
⑤ 　光绪《钦定大清会典事例》卷 145《吏部》，《续修四库全书》，上海古籍出版社 1996 年影印本，史部，第 800 册。

违规行为，一经查出将被参究。经过不断补充完善，光绪朝《会典》规定的承袭顺序是嫡子嫡孙→庶子庶孙→弟、族人→土官之妻、婿。十一宗袭职事件均遵守了承袭人资格和承袭次序的规定，其中子袭父职 6 宗，孙袭祖职 3 宗，弟袭兄职 2 宗，若细分嫡庶长幼，则为嫡长子袭职 4 宗，嫡长孙袭职 2 宗，庶长子袭职 1 宗，嗣孙接袭 1 宗，胞弟顶袭 2 宗，情况不明 1 宗。袭替原因方面，土司革职占 5 宗，土司亡故占 5 宗，另有猛板土千总蒋金龙以"年逾六旬，精力衰弱，边防重要"[①]，请求将土职传袭给嫡长子蒋广发。

关于承袭人的年龄要求，康熙十一年（1672）题准："土官子弟，年至十五，方准承袭，未满十五岁者，督抚报部，将土官印信事务，令本族土舍护理。俟承袭之人，年满十五，督抚题请承袭。"十一宗袭职事件中 3 人是 16 岁，2 人 18 岁，17 岁、21 岁、29 岁各 1 人，上述 8 人均符合承袭年龄要求，说明年满 15 岁是袭职的最低年龄要求，而对袭职人的年龄上限没有具体规定。另外有 3 位承袭人未达到袭职年龄，或由母亲抚孤代办，或由族人护印。[②] 潞江安抚司承袭人线庆祥因为年幼，从光绪十九年（1893）以来由其父正妻线景氏护印理事，镇康土知州承袭人刀闷绳兴光绪十七年（1891）胞兄病故时年龄未满，由嫡母刀闷线氏抚孤护印，管理地方。湾甸土知州承袭人景绍文于光绪二十一年（1895）父亲病故时年幼，由亲生母亲景罕氏护印抚孤。广南世袭土同知侬鼎勋病故后，土族侬继先代办护印长达 7 年之久。综合以上例子，可以知道咸同以来云南土司袭职时年未及岁、委任代办、护印的现象是极为普遍的。

办理土司袭职有一套法定手续。清政府规定："其应袭职者，由督抚察实，先令视事，令司、府、州、县、邻封土司具结，及本族宗图，原领

<hr />

① 中国第一历史档案馆编：《光绪朝朱批奏折》第 116 辑，中华书局 1995 年影印本，第 49 页。

② 江应樑先生《滇西僰夷的土司政治》（1938）一文认为"代办"是土司的亲属，在土司出缺或年幼不能理事时代为总揽政权，"护印"是土司同胞弟兄中年纪最长的，协助土司办理政事（参见氏著《江应樑民族研究文集》，民族出版社 1992 年版，第 56 页）。上述袭职资料反映，"代办"者有土司袭职人的母亲、叔叔，"护印"者有袭职人的母亲、族人，应袭人年幼时或择人"代办土务"，或择人"抚孤护印"，袭职人选确定前择人"代办护印"。

号纸，咨部具题请袭。"① 顺治初年曾规定承袭人应亲身赴都，由部核明后，才准承袭。康熙朝对亲身赴都承袭的规定进行修改，停止亲身赴都，改由各省布政司起文，取具地方、邻封土官印、甘各结，以及土官亲供、户族宗图、原领号纸，由督抚在半年期限内题奏承袭，相关承袭材料呈送吏部或兵部核查，经过皇帝批准、材料核查无异常即准承袭。中央政府给新任土司颁发钤印和号纸，号纸书写职衔、世系及承袭年月，即中央政府颁发给土司的任命状。号纸填满换给，"如遇有水火盗贼损失者，于所在官司告给执照，赴部查明补给。如有犯罪革职故绝等事，都司、布政使司开具所由，将号纸缴部注销"②。十一宗袭职事件均按照相关规定，办理袭职手续。例如潞江安抚司线庆祥办理袭职的程序是，线庆祥本人出具亲供、图结，呈交上司署龙陵厅同知龙文查核属实，造具清册，加盖印结，再转呈属永昌府知府奎华和署迤西道李必昌分别审核，加盖印结，转行云南布政使李经羲，经过兼署云贵总督、云南巡抚丁振铎复核后，即由丁振铎缮折题奏，请将供、图、册结送交兵部查核，奏报皇帝，由皇帝颁令礼部发给号纸到滇，转给承袭人承领任事。

二 云南土司的存废纠结

清末预备立宪时期，民政部为筹备立宪，扩大民治基础，奏请各省改土归流，统一行政制度，从根本上解决地方治理问题，条陈说："川滇等省僻处边陲，自非一律更张，不足以巩固疆圉。"③ 不过，考虑到云南土司"多接外服"的特殊情况，可以采取"审慎办理""徐就范围"的策略，对当下实在难以改流的边区，"或从事教育，或收回法权，并将地理夷险、道路交通，详加稽核，绘制图表"④，为改流做铺垫工作，"似于边务不无裨益"。时论高度评价民政部此举"深扼治本"，并回溯历史，批

① 光绪《钦定大清会典事例》卷 145《吏部》，《续修四库全书》，上海古籍出版社 1996 年影印本，史部，第 800 册。

② 光绪《钦定大清会典事例》卷 589《兵部》，《续修四库全书》，上海古籍出版社 1996 年影印本，史部，第 807 册。

③ 刘锦藻：《清朝续文献通考》卷 136，《续修四库全书》，上海古籍出版社 1996 年影印本，史部，第 817 册。

④ 同上。

评雍正年间鄂尔泰未能一鼓作气，将境内土司彻底革除，使沿边残存数十土司，"为沿边患"①。土司雄踞一方，世袭其职，世守其土，世管其民，与君主立宪政体所要求的改革行政管理体制、扩大民权、鼓吹法治的目标显然是不相容的。光绪三十四年（1908），都察院代递云南耆民控告滇西永昌府龙陵、腾越沿边十土司统治暴虐，称其"承袭既久，专横益甚，苛敛无度，滥杀自由，名为土司，实则土王"，呈请政府改土归流。南甸土司尤其穷奢极欲，草菅人命，"其地接壤缅甸，小民之纷纷迁隶英籍"，百姓不堪土司苛虐，大批逃亡英属缅甸，而英国人居心叵测，对逃亡之滇民笼络利用，"以为异日向导之资"，南甸土司也心怀异志，有附英以求庇护的企图。云南耆民呼吁说："朝廷纵不为南甸之民计，独不为滇边大局计乎？"② 反映民间废除土司制度、改土归流的强烈愿望。时任云贵总督锡良承认关于沿边土司专横跋扈的控告属实，"滇省西南沿边土司以数十计，历来边吏，其贤者徒以羁縻为计，不肖者竟以贪婪取侮，驯至各土司日益骄恣，驭驭坐大，几于为所欲为，形同化外"③。锡良从国家战略高度认识到改土归流的重要性，他说："欲期边境长治久安，自非将土司改土归流不可。"④ 其实，在锡良之前，光绪十六年（1890），云南巡抚谭钧培就指出过云南边区土司扰害地方的情形，他说土司"平日役属土民，自为雄长，抑勒苛派，什佰正供，遇有争袭互斗之案，抢掳烧杀，无所不为，土民苦累情形，有不堪言状者"⑤。谭钧培、锡良的看法说明云南地方政府也有改土归流的迫切愿望。在官、民、社会舆论达成共识的情况下，改土归流的条件理应比鄂尔泰时代要成熟得多，可是为什么云南没有进行全面改土归流，反而继续办理土司袭职？

其实，清政府在云南土司治理问题上的取舍考量，难以一概而论，归纳起来，存在下列几种情况：

---

① （清）鲠庵：《书民政部奏请各省土司改设流官折后》，《汇报》1910年第33卷第22期。

② （清）张英麟：《奏为代奏云南耆民余文珍等以土司暴虐请改土归流由附件》（光绪三十四年七月），台北故宫博物院藏《军机处档折件》，资料号：164875。

③ （清）锡良：《锡良遗稿·奏稿》第2册《筹复滇省土司改土归流情形折》（光绪三十四年九月初二日），中华书局1959年标点本，第828页。

④ 同上。

⑤ （清）谭钧培：《谭中丞奏稿》卷8《声明嗣后土司滋扰即改土归流片》（光绪十六年五月），清光绪二十八年（1902）湖北粮署刻本。

第一，正常办理土司世职的承袭，但对土司自为的行为绝不姑息，换句话说，清政府对新封土司非常谨慎。咸同云南反清大起义期间，地方各路豪强趁机蜂拥而起。云南武定州古黑寨鲁占高邀集同党，在混乱局势中崛起，杀死州属环州土舍李寿坤，作奸犯科，权倾一方。后清军重新控制了云南局势，鲁占高见风使舵，率领队伍投降清军。战事结束后，鲁占高企图通过投效清军的功劳，邀功请赏，请封土司。时任云贵总督刘岳昭认为"夷性反复"①，拒绝了鲁占高的申请。鲁占高并不善罢甘休，竟私建衙署、监卡、营碉和炮台，自封土司。光绪三年（1877）以来，鲁占高先后与人斗殴，数十人丧命，率领属下劫夺官府缉拿的盗犯，武装抗拒清军官兵。云贵总督岑毓英认定鲁占高叛乱造反，于光绪十三年（1887）接报后立即从省城调派军队2000人赶往武定州，会同当地文武官员进行镇压，将鲁占高活捉，押解至省城处斩。鲁占高谋当土司不成，索性土司自为，企图迫使地方政府承认既成事实，但清政府绝不就范。清政府严控土司的授予权，实际上就控制住了云南土司的总量，随着部分土司绝嗣，自然消亡，以及改土归流后政府剥夺世袭土司掌土治民的权力，土司数量在逐渐减少，对地方行政权的干扰逐步减弱。

第二，在改土归流条件不成熟的边区，实行分袭制，众建土司，析分治下的土地和人口，削弱土司势力。雍正三年（1725），清政府出台土司分袭制度："土官支庶子弟中，有驯谨能办事者，许本土官详报督抚具题请旨，酌量给予职衔，令其分管地方事务，其所授职衔，视本土官降二等，如本土官系知府，则所分者给予通判衔，系通判，则所分者给予县丞衔，照土官承袭之例，一例颁给敕印号纸，其所分管地方，视本土官多不过三分之一，少则五分之一。"② 土司经过分袭后，职衔品级降低，土地、人口都大为缩减，而且互相牵制，对地方政府的服从程度和依赖性相应增加，客观上造成土司势力被削弱。

临安府纳楼茶甸长官司副长官正七品，管辖崇道、复盛、钦从、乐

---

① （清）谭钧培：《谭中丞奏稿》卷6《剿办古黑夷匪折》（光绪十三年十二月），清光绪二十八年（1902）湖北粮署刻本。

② 光绪《钦定大清会典事例》卷32《吏部》，《续修四库全书》，上海古籍出版社1996年影印本，史部，第798册。

善、永顺、安正、敦厚、太和八里和藤条江外上、中、下三猛地方，幅员辽阔，东界毗连越南，"山林险恶，土匪出没其间，最为边患"①。咸丰十一年（1861），土司普永年病故，其子普卫邦未达到袭职年龄，未办理承袭。不久普卫邦病故，无子。土司族人普保极等图谋争袭，彼此纠集党羽互相仇杀长达二十多年，以致具有承袭资格的承袭人均被杀害绝嗣。光绪八年（1882），云南布政使唐炯赴临安查看边务，查明争袭事件原委后，感到办理棘手。他分析历来处置办法不外乎是"内地则改土归流，边远则众建而分其势"②。纳楼茶甸土司如今覆宗绝嗣，改土归流没有制度障碍，但是改流之后，一则需要"设官安营，建城修署"，行政管理、派兵驻防、保卫边境都要开支经费，云南此时的军力和财力正在用于筹备越南边防，全力准备近在咫尺的法国侵略，根本无暇顾及；一则纳楼茶甸土司位于极边烟瘴之地，委派流官进驻有困难，办理改土归流存在诸多窒碍，经过左右权衡，认为改土归流行不通。可是如果改为挑选别支来承袭土司，仓促之间既难以找到合适服众的人选，又会给族人留下继续争袭仇杀的隐患，贻害无穷。最终，唐炯决定采取众建土司的办法，将纳楼茶甸长官司副长官一职一分为四，分授无品级的土舍，传集族舍、土目，公举前土司亲支四房，每房选定一人充当土舍，将辖区均匀分拨，各管二里地方，"俾势分力弱，各有分地，庶息争端"③。

第三，实行改土归流。边境要地发生土司争袭事件，仇杀互斗，边疆安宁受到严重威胁，或者内地土司发动叛乱，聚众抗拒官府，云南地方政府会立即调派军队予以平息，严惩首要，将原土司辖区改土归流。

临安府猛丁土外委本支争袭，仇杀长达四十多年，以致本支覆宗绝嗣。同治年间，族人张国林、张应禄觊觎土司职位，各自纠集党羽，互不相让，反复攻杀，当地村寨遭到烧掳，生灵涂炭。地方混乱局面旷日持久，原土司本支宗庶关系无法再缕析清楚。光绪十五年（1889）底，云南巡抚谭钧培调派军队，将肇事分子张国林、张应禄擒获，就地正法。谭

---

① （清）谭钧培：《谭中丞奏稿》卷7《边地土匪滋事登时扑灭出力员弁请奖折》（光绪十五年七月），清光绪二十八年（1902）湖北粮署刻本。

② （清）岑毓英：《岑襄勤公奏稿》卷18《纳楼土官绝嗣拟择亲支分改土舍折》（光绪九年三月十二日），台湾成文出版社1969年影印本。

③ 同上。

钧培认为肇事二人均非土司本宗，"恃强争袭，酿乱扰民，杀掠焚烧，无时休息"，之前由于忙于应付缅、越边防，无力兼顾，果断处置，如果再听之任之，一方面"贻害边氓，无所底止"，地方永无宁日；另一方面猛丁"地连越南边界，恐其潜投异域，枝节横生"①，担心他们倒向法属越南，不仅无法顺利缉拿法办，反而会引发边境纠纷。鉴于猛丁土司家族已经绝嗣，承袭无人，谭钧培决定顺势改土归流，改设流官临安府分防猛丁经历进行管理。改流后，招抚土民归业，革除从前土司课役，与内地汉民一体缴税纳粮，边区形势很快稳定下来，"民皆乐从，地方尚称安谧"②。可是，光绪十八年（1892）四五月间，张国林余党田大、罗应昌、李兵头等煽惑土民暴动，打出"迎立土司、抗拒流官"的旗号，挑战清政府的改土归流。谭钧培的改流决心没有动摇，他调集地方文武官员迅速将暴动镇压，稳住了边区局势。

在战略位置重要的靠内地区，时机成熟即予以改土归流。云南永北直隶厅"孤悬江外，界连吐番（蕃）……南连宾、邓，北拒卫藏，东界盐源，西通鹤、丽，作大理之藩篱，为武、姚之屏蔽。地交滇蜀，人杂汉夷，引控诸土司，为边陲重地"③。厅属北胜州土州同一职历传至章龄高、章天锡两代，并不照例向清政府办理请袭手续，私相袭替，地方官屡次查问、催促，土司均置之不理。章天锡袭职之后，骄横肆行，私建衙门、监卡，竖碉掘濠，召集亡命，与土千总李凤文互相争雄，将李凤文杀害，扰害地方，控案累累。官府调兵前往擒拿，章天锡率领党羽武力抗拒，使清军无功而返。光绪十六年（1890）初，巡抚谭钧培调集重兵，攻占章天锡土司衙门。章天锡身受重伤，逃跑途中被擒，在军前被处死。谭钧培认为北胜州土州同辖境辽阔，人口繁庶，土民饱受土司虐政，而章天锡擅自袭职，目无法纪，抗拒清军，与叛逆无异，是自取灭亡，决定将土州同全

---

① （清）谭钧培：《谭中丞奏稿》卷8《剿办猛丁土职改土归流折》（光绪十六年闰二月），清光绪二十八年（1902）湖北粮署刻本。

② （清）谭钧培：《谭中丞奏稿》卷10《剿办猛丁匪党片》（光绪十八年十一月），清光绪二十八年（1902）湖北粮署刻本。

③ （清）叶如桐修，刘必苏、朱庭珍纂：光绪《永北直隶厅志》卷1，光绪三十年（1904）刻本。

境改土归流。①

　　光绪三十四年（1908）初，云贵总督锡良奏请将永北直隶厅北胜土知州改设流官。锡良认为北胜土知州辖区地理位置属于冲要之区，又属内地，土知州管理 48 村，户口虽然稀少，但幅员辽阔，界连四川土司地区，"山径崎岖，民俗犷悍"，治安形势复杂严峻，即使"得良有司镇抚其间，尚恐难于措置；而以卑微之佐贰、暗劣之土司当之，又安克胜任者?"②土司制度已不能适应地方行政管理的要求，"仍以土司之法制治之，声教不同，言语各异，近复勾引外匪，剽掠时有所闻，若不亟早图维，后更难以整饬"。土知州高长钦萎靡因循，仍旧苛虐汉夷人民，毫无改弦更张的迹象，改土归流已是成为当务之急，故决定改设流官知县，"联合土夷，振兴实业，廓清贼匪，保固边防"，加强行政管理力度，实现地方长治久安。改流之后，原土知州保留职衔，准予世袭，但不再管理民事，土司世职变成了虚衔。为了照顾土司生活，锡良决定从原有官庄租折等项内，按年拨给生活费。锡良相应将原北胜土知州辖区与华荣庄经历分防之地改设县治，与永北直隶厅析疆分理，筹划添设典吏员役、清划地界、征收钱粮、建城置署等添设政区事宜。锡良强调设官分职，出于掌土治民的行政需要，改土归流，"似此一变易间，庶几政事可望起色，汉夷得以乂安，实于绥靖边民、考察吏治，尤为裨益"③。锡良的改流方案为中央政府接受，成功地付诸实施。不久，失去行政权力的土知州高长钦不能振作，仍旧苛虐不职，被清政府革职。④

　　永昌府镇康土知州刀闷绳兴顶袭兄职，时隔不久刀闷绳兴夭亡，曾经护印抚孤的嫡母刀闷线氏也亡故。承袭人刀闷绳位避居缅甸，很长时间内不归国袭职，引起族人刀上达和外来赘婿罕荣邦垂涎世职，图谋争袭。双

---

　　① （清）谭钧培：《谭中丞奏稿》卷 8《剿办北胜土司改土归流折》（光绪十六年三月），清光绪二十八年（1902）湖北粮署刻本。

　　② （清）锡良：《锡良遗稿·奏稿》第 2 册《拟升镇雄州为直隶州暨增设知县并将土州改设流官以资治理折》（光绪三十三年十二月初七日），中华书局 1959 年标点本，第 745 页。

　　③ 同上书，第 746 页。

　　④ （清）锡良：《锡良遗稿·奏稿》第 2 册《北胜土知州高长钦苛虐不职奏请斥革片》（光绪三十四年正月二十二日），中华书局 1959 年标点本，第 762 页。

方各自聚众树党，造谣煽惑，"边境骚然"①。锡良认为争袭双方包藏祸心，互谋吞并，导致边境局势失去控制，土司袭职已久拖不决，勉强支持任何一方都难以平息争端："该土族等互谋吞噬，构乱有年，微特此时无应袭之人，即勉强迁就，为之抚立，而亲离众叛，亦决难一日相安，势非改土归流，认真整顿，不足以杜反侧。该处土目、土民，困于土司苛虐，亦以承袭久虚，深愿径隶汉官治理，共表同情。"② 他决定采取治本之策，将镇康土知州辖区试办改土归流，厉行整顿，扭转边区政治局面，先设置弹压委员，委任汉官管理。土知州只保留虚衔，不再理民事。

三　边区全面改土归流的障碍

自 19 世纪 80 年代中法战争以来，云南毗邻的越南、缅甸相继沦入法、英两大西方殖民国家的控制之下，促使清政府从领土主权和国防安全的角度出发展开与法、英的勘界工作。云南西部、南部边界线漫长，边境内外分布着大大小小的土司，"缅防始于腾越，历龙陵、保山、顺宁、云州、缅宁、威远至普洱之九龙江止，由西而南，迤逦二千余里。腾越中隔野人山三站，龙陵以下则环拱皆属土司，边民互市，处处可通"③，坐落在该弧形地带的土司存在归属摇摆的危险，清政府对沿边土司的治理首先考虑的是如何保有沿边土司分布区的国土和人民，保障边疆安全，所以针对沿边土司的政策较之内地就显得慎之又慎了。

光绪十六年（1890），云南巡抚谭钧培注意到沿边形势发生重大变化，他说向来地方官对土司采取"羁縻"政策，"苟不至出巢肆扰，亦不概以内地之教令绳之，诚以土属僻居荒徼，西缅、南越皆我藩封，一时蛮触之争，不足遂为边患也"④。土司问题本质上是内部问题。可是勘分边界之后，沿边土司区变成了国防前沿，"土属相安，在我俨若藩篱之卫，

---

① （清）锡良：《锡良遗稿·奏稿》第 2 册《土司员缺久悬异族图袭拟请改流以弭边衅折》（光绪三十四年三月十二日），中华书局 1959 年标点本，第 784 页。

② 同上。

③ （清）张凯嵩：《抚滇奏疏》卷 3《复查明缅甸边防道路折》，台湾文海出版社 1967 年影印本。

④ （清）谭钧培：《谭中丞奏稿》卷 8《声明嗣后土司滋扰即改土归流片》（光绪十六年五月），清光绪二十八年（1902）湖北粮署刻本。

万一出此入彼，则祸变即在肘腋之间"，如果政策得当，土司将会是保卫疆土、巩固国防的先锋，如果处置失当，就会反转为丢失国土、引发外交争端的"祸源"。在近代国际关系体系下，沿边土司是认同中国抑或离心外向，沿边土司区是稳定抑或混乱，已经上升为关系领土主权和国防安全的重大问题。所以，谭钧培提出沿边土司政策需要做出相应调整，以稳定边疆为第一要务。如果沿边土司能有效管理和约束治下人民，按照法定程序办理承袭，就仍旧保留土司，"俾实边陲"；如果沿边土司不遵守国家法律，恃强凌弱，为非作歹，或者本宗支庶谋袭互争，致使地方不得安宁，则一律改土归流。谭钧培认为上述措施做到了恩威并用，教养兼施，既可以笼络土司，又无形之中给予钳制，预防边患，有利于筹边御侮。

光绪三十四年（1908），云贵总督锡良奉命处理云南耆民关于滇西南沿边土司改土归流的吁请，他对沿边土司尾大不掉和存在的问题心知肚明，对社会舆论全面改土归流的呼吁也表示同情理解，他说："近时官绅颇有建议，宜将腾越等处沿边土司，一举而尽改，其议非不甚韪。"尽管如此，却基于与谭钧培大体相同的认识，将保留土司作为保边安民的现实选择，而将改土归流视为实现边疆长治久安的未来目标，故而对全面改土归流持反对态度。他表示，腾越、永昌等边区土司地盘犬牙交错，世代联姻，利益关系盘根错节，遇事能共商进退，"改流利在土民，雅非各土司所愿，若枝枝节节以图，转恐徒以趣其向外之谋，甚或速其发难之举"①，如果谋事不周，操之过急，贸然实施改土归流，会加剧边区土司离心趋向，使其倒向英缅，或者爆发大规模叛乱，局面势必变得不可收拾，改土归流的初衷本来是实现边区长治久安，结果却会适得其反。

锡良向中央政府提出推行全面改土归流需要三项基本条件，一是改流后派驻重兵驻守边界，并震慑失去行政权力的土司；二是储备巨大财力，用于建造官署，委派职官，发展文化教育等事业；三是立即选拔和任命一批合格的边吏。三项条件云南无一具备，立即全面改流，何以善后？所以锡良对改流的看法是"其难其慎"，只能采取缓和办法，稳妥推进。他认为当务之急是革除地方政府对土司的经济压榨，遴选优秀人才补署边缺，

① （清）锡良：《锡良遗稿·奏稿》第 2 册《筹复滇省土司改土归流情形折》（光绪三十四年九月初二日），中华书局 1959 年标点本，第 828 页。

正本清源地整顿边疆吏治，尤其要抓紧时间、积极主动地给未办理承袭的土司办理袭职手续。前两项任务都容易理解，而后一项政策岂不与边区改土归流的最终目标背道而驰？其实并不矛盾，按照锡良的说法办理袭职可以"安其心而涣其势"，即增强边区土司对国家的认同感和向心力，阻止离心倾向和摇摆性。按照清朝制度为土司办理正常袭职，就是通过履行相关行政手续，将土司纳入国家行政体制之内管理。土司接受中央政府颁发的印信号纸，就意味着接受了政府的行政管辖，变成了朝廷命官，土司辖区就属于国家领土，土司治下的人民就是国家人口。办理土司承袭的政治含义就超出了"假我爵禄，宠之名号，乃易为统摄，故奔走惟命"①的传统羁縻政策，也不仅仅具有锡良所说的"安心涣势"的作用，而是对外宣示国家领土主权和对边疆行使行政管辖权。从这个意义上思考清政府严禁土司袭替私相授受、果断处置土司争袭案件以及忧虑边区土司承袭久悬不决等问题就迎刃而解了。

综上所论，咸同年间云南全省陷入长期兵燹战火，清政府对云南土司的管理基本瘫痪，云南土司承袭和改流陷于停顿状态。光绪年间随着清政府统治秩序恢复，开始补办和正常办理土司承袭。袭职办理时限、袭职人的年龄规定、承袭人资格、承袭次序规定和袭职手续等大体得到遵守执行。云南土司职官系统仍然比较完整，能够正常袭替，从表面上看，云南土司制度运行基本正常。

咸同以来云南改土归流并非彻底革废土司，而是使土司"虚衔化"，剥夺土司原有的行政管理权。早在乾隆朝就出台过规定，不管理实土的土司丧失职衔只保留品级，只发给号纸，不给印信。光绪朝关于改土归流后土司的处理办法是："土司辞职，改土归流，给千总、把总职衔，均颁给敕书，准其世袭。"②锡良办理北胜土知州、镇康土知州改流两案，改流后的土司不再管辖土地、村寨，不理民事，出于减轻改流阻力和安抚照顾等考虑，予以保留土知州职衔，准许世袭，经济上给予优待，每年拨给一定数额的生活津贴。光绪《清会典》在记载这类"虚衔"土司时做了明确的区分，说他们不掌土治民，丧失了行政职能，所以不计入土司总数：

---

① 赵尔巽等纂修：《清史稿》卷 512《列传》299《土司》1，中华书局 1977 年点校本。

② 光绪《清会典》卷 48《兵部》，中华书局 1991 年影印本。

"土官则府厅州县辖之，以治其土民……土通判二人：四川石砫厅辖土通判一人，贵州镇远府辖土通判一人，其云南丽江府辖土通判一人，鹤庆州辖土通判一人，不管理苗番村寨，不与其数。"

"土县丞六人：云南平彝县辖土县丞一人，云南县辖土县丞一人，新平县辖土县丞一人……其云南楚雄县辖土县丞一人，不管理苗番村寨，不与其数。"

"其云南正六品土官二人，从六品土官一人，正八品土官一人，正九品土官一人，从九品土官五人，未入流土官二人……不管理苗番村寨，不与其数。"①

"虚衔"土司的职衔名称较改流之前没有变化，清政府仍旧视其为土司，予以记载，但内在性质、职能已经截然不同。研究者如果单纯从土司世袭传承、土司名称及数量出发，不能照顾到上述重大制度变化，就难以认清云南土司在清后期走向衰弱的事实。

土司承袭与改土归流表面上看似乎是对立的矛盾体，但在特殊历史情境下二者可以统一。咸同以来，清政府面临严重的边疆危机，英、法两强环伺云南西部和南部边境，清政府的国力和军力均不足以抵御外来侵略，为了应付边疆复杂局面，保卫疆土，就不得不采取务实方针，因地制宜，对土司采取有所区别的政策。云南靠内地区经过雍正朝以来大规模改土归流，基本实现与内地一体化的府厅州县政区体制，残存的土司势力走向没落，改土归流是顺应政治发展潮流，实现长治久安的必然选择。而在滇西、滇南边区，土司制度发达，土司集中连片分布，甚至跨国界而居，土司之间世代交往。对沿边土司改土归流不得不采取稳健步骤，成熟一家改流一家，决不采取激进政策，以免激化矛盾，导致土司离心，倒向域外，或造成土司串通叛乱，使边区兵连祸结，局势复杂化。对改流条件不成熟的沿边土司，采取维持土司制度的治策。光绪元年（1875）岑毓英催促滇西沿边土司赶紧"照例承袭"，补发遗失的印信号纸，力图在较短时间内使边区摆脱战争状态，恢复正常秩序，从保卫疆土和国防安全的高度，对沿边土司加意笼络，树立其守疆护土的民族主义意识。锡良提出积极主动办理土司承袭的方案，是一种明智选择，既能有效整合边区政治力量，

---

① 光绪《清会典》卷6《吏部》，中华书局1991年影印本。

增强国家认同感，又有利于加强对土司的治理，阻止外向和摇摆性，对外宣示国家领土主权和行政管理权。

保留土司，同时加强对土司的治理，两手并重，对争袭酿乱、威胁边疆安全的土司坚决武力平息，改土归流，防患于未然。岑毓英主张对残暴不称职的土司予以撤换，光绪十二年（1886），岑毓英认为滇西边区盏达土司刀思鸿祚"居官贪暴，致夷民不服，啧有烦言"，在"缅英构衅，边防紧要"的时期，"该土司既不能弹压夷民，难以姑容"①，奏请中央政府将刀思鸿祚撤换另选。光绪朝十一宗袭职事件中土司因案革职的达到五宗，比重相当大，而承袭人办理袭职需要满足的一项重要条件是"夷情悦服"。综观咸同以来云南土司的治理，出发点是恢复和重建西南边疆统治秩序，加强对西南边疆治理力度，应对外来侵略。无论是保留土司、众建土司还是改土归流，一切都是服务于筹边御侮、保固疆圉的战略总方针。

---

① （清）岑毓英：《岑襄勤公奏稿》卷27《盏达土司贪暴请革职另派护理片》（光绪十二年七月二十二日），台湾成文出版社1969年影印本。

第 六 章

云南治理模式的近代转型

20 世纪头十年,清王朝统治走向穷途末路,在全国推行以挽救政权为宗旨的"清末新政"。这一时期对云南而言是一个重要的发展机遇期。云南蒙自、河口、思茅、腾越、昆明五个通商口岸相继开放,对外贸易以通商口岸为据点,辐射从云南边区到腹里的广大地区,形成经济发展新格局。滇越铁路建成,对外交通运输打开新局面,启动了滇东南红河地区交通、矿业近代化进程,使边疆地区亦被纳入近代化前沿地带。社会风气嬗变的步伐加快。魏光焘、林绍年、锡良等云南封疆大吏顺应潮流,积极推动云南治理模式近代化转型,启动云南近代化进程。

第一节　清末云南新政

中华人民共和国成立以来学术界最初将清末十年纳入辛亥革命史研究范畴,建立资产阶级革命史研究框架,形成一套话语体系,研究重心放在中国资产阶级革命派如何宣传民主革命思想、整合国内外各方面革命力量以及策动各地武装起义等相关问题上。自 20 世纪 90 年代以来,学人拓宽研究视野,开始注意讨论清末政局演进与辛亥革命的内在关系,陆续发表了一系列讨论清末新政与辛亥革命关系的论文,[1] 并召开过以相关专题的

①　郭世佑:《清末新政与辛亥革命》,《湘潭师范学院学报》1993 年第 5 期;朱英:《清末新政与清朝统治的灭亡》,《近代史研究》1995 年第 2 期。郭世佑先生认为在民族危机的逼迫下,清末新政是有诚意的,但新政引发出一系列意想不到的后果,加速了反清革命高潮的到来。朱英先生认为清末各项新政"种瓜得豆",导致清王朝迅速瓦解,揭示出清末新政的推行、失败与辛亥革命的酝酿发展同步的特征。

国际学术研讨会。① 有学者指出，近年来我国史学界在辛亥革命史研究上取得的新成果主要得益于清末新政研究所带来的突破。② 有学者从革命史视角出发分析清末新政，却突破窠臼，找到近代化这一落脚点。③ 还有学者将研究对象对准清朝中央与地方政府关系，从王朝政治体制演进的内在理路发现了封疆大吏对中央政府的心理疏离过程。④

综合以上学术史梳理，我们可以看出，对清末新政的研究能校正单纯从革命史视角研究清末十年史不够完整、全面，也无法揭示历史复杂性、区域差异性等缺点。本章尝试采用近代化理论范式，以清末云南封疆大吏举办的地方新政为解析对象，从帝制中国内部知识、结构、制度演进理路去探寻边省近代化启动的动力、机制、特征，呈现国家视角下边省治理模式近代化转型的历程以及诸面相，并讨论清末云南新政与辛亥革命之间难分难解的关系。

一　官制改革和举办实业

光绪二十七年（1901），清廷下诏变法，在统治危机期推动一场自上而下的全面革新改良运动，史称"清末新政"，是为引发云南治理模式近代转型的国家层面驱动力。十二月初十（1 月 29 日），清廷公布变法上谕，这道上谕成为施行新政的纲领性文件，其主要内容是从兴学育才、充实财政饷源、整军经武以及破除弊政开始，随着国内外形势发展，逐渐推进到以建立宪政为标志的政治体制改革阶段。作为新政在省级层面的贯彻落实者，从光绪二十七年至宣统三年（1901—1911）清朝垮台，历任云南封疆大吏出台了一系列革新措施，推动云南治理模式从传统的掌土治民向以积极建设、实行宪政为主题的近代模式转型。

---

① 费志杰：《清末新政与辛亥革命国际学术研讨会综述》，《学术论坛》2007 年第 9 期。

② 郭世佑：《辛亥革命与清末"新政"的内在联系及其他》，《学术研究》2002 年第 9 期。

③ 郭绪印：《评清末新政和辛亥革命的关系》，陈绛主编《近代中国》第 18 辑，上海社会科学院出版社 2007 年版。郭绪印先生认为清末新政与辛亥革命之间既相互对立，又相辅相成，新政和革命从不同的角度都推进了中国的近代化。

④ 刘伟：《清末地方官制改革与辛亥革命》，《华中师范大学学报》（人文社会科学版）2001 年第 5 期。刘伟先生通过对新政时期地方官制改革的研究，认为清末新政激化了中央集权与地方分权的矛盾，地方督抚与士绅在心理上背离清政府。

（一）地方官制改革

光绪三十三年五月（1907 年 7 月），清廷颁布《各省官制通则》，是清末地方行政制度改革的总纲，对各省行政官员设置、架构以及各级官员的职能作出规定，其中有关督抚职权的规定是："一省或数省设总督一员，总理该管地方外交、军政，统辖该管地方文武官吏，并兼管所驻省份巡抚事，总理该省地方行政事宜。每省设巡抚一员，总理地方行政，统辖文武官吏。唯于该省外交、军政事宜，应商承本管总督办理，其并无总督兼辖者，即由该省巡抚自行核办。总督所驻省份，不另置巡抚，即以总督兼管该省巡抚事……总督、巡抚衙门各设幕职，佐理文牍，分科治事。"①《通则》同时要求改革督抚行政体制，设立相应的职能机构，各省督抚衙门下设会议厅，定期召集司道以下官员会商处理紧要事件，决定后予以施行。除东三省之外，各省统一设置布政司、提学司、提法司三司和劝业道、巡警道两道（以下简称三司两道），由督抚节制。总结其改革要点为：其一，各省单设总督或巡抚，使其成为最高行政长官。其二，督抚衙门分科治事。其三，为因应推行新政和预备立宪需要调整司道设置，减少守巡道一级行政层级。

清廷颁行《通则》的上谕说："各直省官制，前经谕令总核王大臣接续编订，妥核具奏。兹据庆亲王奕劻等奏称，各省按察使拟改为提法使，并增设巡警、劝业道缺，裁撤分守、分巡各道，酌留兵备道，及分设审判厅，增易佐治员各节，应即次第施行。着由东三省先行试办，如实有与各省情形不同者，准由该督抚酌量变通，奏明请旨。此外直隶、江苏两省风气渐开，亦应择地先为试办。俟著有成效，逐渐推广。其余各省均由该督抚体察情形，分年分地，请旨办理。统限十五年一律通行。……当此改章伊始，举凡用人行政，在在均关紧要，一有不慎，百弊丛滋。该督抚等务当督饬所属，振刷精神，力求实际，毋尚虚文。总期上合政体，俯顺舆情，朝野联为一气，君民得以相安，以为实行宪政之预备。"② 各省官制改革是以上述《通则》为依据的，唯实施细则上有变通，进度上有快慢

① 故宫博物院明清档案部编：《清末筹备立宪档案史料》，中华书局 1979 年版，第 506 页。
② 中国第一历史档案馆编：《光绪朝上谕档》第 33 册，广西师范大学出版社 1996 年影印本，第 91 页。

之别。①

云南地方官制改革内容包括厘定旧官制、设置新职官、成立谘议局筹办处和创办地方自治 4 个方面。

厘定旧官制。光绪二十四年（1898）维新变法期间，朝廷下令裁去云南巡抚，变法失败后复设。光绪三十年（1904），云南巡抚林绍年响应清廷裁汰归并内外各项差缺的诏令，呈请裁减云南巡抚一缺，建议由云贵总督兼管巡抚事，"责成愈专，事权归一"②，被清廷接纳，于是原来云贵总督、云南巡抚同为封疆大吏的双首长体制演变成云贵总督一元化领导体制。光绪三十一年（1905），清政府废除科举，次年下令裁撤与科举制度相维表里的各省学政，改为提学使，负责举办和管理各省新式学堂事务。③ 提学使品秩为正三品，归各省督抚节制，云南学政于是改为云南提学使。宣统二年（1910），云南按察使改为提法使，掌管全省司法行政，监督新设立的各级审判厅，以及调度检察事务。创立新式司法体制，分别设立云南高等审判厅丞 1 名，云南高等检察厅长 1 名，省内各府厅州县相应增设审判厅和监察厅，④ 实行考选法官制度，以上标志着地方政府层面司法权与行政权相分离。

设置新职官。光绪三十四年（1908）之后，云南省先后增设劝业、巡警两道。劝业道负责管理全省农工商业和交通事务，原按察使所管理的驿传事务，改由该道兼管。巡警道负责办理全省巡警事务，兼管消防、户

---

① 有关地方官制改革，关晓红教授发表一系列重要研究成果。她对简单套用中央、地方官制概念提出异议，沿用清人内外官制提法，将各省官制改革称为"外官改制"，参见《从幕府到职官：清季外官制改革中的幕职分科治事》，《历史研究》2006 年第 5 期；《独断与合议：清末直省会议厅的设置及运作》，《历史研究》2007 年第 6 期；《种瓜得豆：清季外官改制的舆论及方案选择》，《近代史研究》2007 年第 6 期；《清季外官改制的"地方"困扰》，《近代史研究》2010 年第 5 期；《晚清局所与清末政体变革》，《近代史研究》2011 年第 5 期；《清季府厅州县改制》，《学术研究》2011 年第 9 期；《清季三司两道改制》，《中华文史论丛》2011 年总第 103 期；《清季外官改制的试办与成效》，《史学月刊》2011 年第 11 期。

② （清）林绍年：《林文直公奏稿》卷 2《请裁云南巡抚折》，台湾成文出版社 1968 年影印本。

③ 《清德宗实录》卷 558，中华书局 1985 年影印本。

④ 龙云、卢汉修，周钟岳纂：民国《新纂云南通志》卷 122《庶政考》2，民国三十七年（1948）刊本。

籍、营缮、卫生等事务。① 同年，云南新成立宪政调查局，附设于学务公所，任命提学使叶尔恺为总办，下设科、股等办事机构。② 宣统二年（1910），云南交涉使设立，负责地方政府各类对外交涉事务。原有之洋务局改称交涉公所，归并至交涉使署。

成立谘议局筹办处。光绪三十四年（1908），清廷下令各省在一年之内举办谘议局。在谘议局正式建立之前，由各省督抚选派官绅成立筹办处，作为办事机构。云贵总督锡良在省城昆明设立谘议局筹办处，遴选出综理、协理、参议、书记、庶务等人选。谘议局的性质是"议会之基础"③，广泛征求社会舆论的机关，即民意咨询机构，其职能为"指陈通省利弊，筹计地方治安，并为资政院储材之阶"④，遴选公正明达的官绅参与其事。谘议局议员的参选条件是资望、学识、财产三者并重，议员选举使相当一批地方士绅进入国家政治权力机关，扩大王朝的执行基础。

创办地方自治。举办地方自治在中国是一件破天荒的事，它是实行君主立宪的前提和基础。时人评论地方自治的意义说："今日欲求真实立宪之制，渐次成立，在势诚不得不汲汲于地方自治矣。质而言之，即因统治之旧制，不能周遍。若犹不行分治之地方自治制度，则一国之内，堕废至多，难以成为完全之国。"⑤ 光绪三十四年（1908），清中央政府下令各省封疆大吏按照新颁定的《城、镇、乡自治章程》，督率各级地方官选择正绅，迅速筹办地方自治。⑥ 云南省遂响应成立云南全省自治总局，分别设有官、绅局长各1人，总局下设考订、编查、文书、庶务4科，自治研究所和实地调查所附设于内。不久，总局改名为云南全省自治筹办处，与之

---

① （清）锡良：《锡良遗稿·奏稿》第2册《增设巡警道以杨道福璋试署折》，中华书局1959年标点本，第807页。

② （清）锡良：《锡良遗稿·奏稿》第2册《遵设云南宪政调查局大概情形折》，中华书局1959年标点本，第781页。

③ （清）锡良：《锡良遗稿·奏稿》第2册《设立谘议局遴委员以资襄助片》，中华书局1959年标点本，第835页。

④ 故宫博物院明清档案部编：《清末筹备立宪档案史料》下册，中华书局1979年版，第667页。

⑤ 马鸿谟编：《民呼、民吁、民立报选辑》（1909.5—1910.12）（1），河南人民出版社1982年版，第89页。

⑥ 故宫博物院明清档案部编：《清末筹备立宪档案史料》下册，中华书局1979年版，第743页。

相应的调整是官、绅局长改称官、绅总办。自治筹办处在省内各府设立自治传习所，于各厅、州、县则设立自治宣讲所。随后封疆大吏印发、公布《城镇乡地方自治章程》和《厅州县地方自治章程》，决定在全省范围推行两级自治。至云南辛亥革命爆发前，全省上、下两级自治形式上均已宣告完成。①

（二）兴办实业

鼓励创办实业是清末新政的一项重要举措。新政时期，云南省共成立官办、官商合办以及商办类工业企业计有 20 多家。官办企业方面：光绪三十一年（1905）筹建云南造币分厂，雇用员工 200 多人，厂址设在省城宝云钱局（今昆明钱局街）内，从德国购进造币机器，铸造银币和铜币。3 年之后，官办云南陆军制革厂成立，聘请日本籍经理和技师，招有工人 200 多名，产品主要供军用。同年创立官办"宝华锑矿公司"，宣统三年（1911）改为官商合办，资本总额达到 355000 元，来源为滇蜀铁路公司贷款（后转为入股）12 万元，官股出资 175000 元，筹集商股 6 万元。该公司从德商禅臣洋行订购生产机器和设备，在蒙自芷村附近设冶炼厂，出产量较大。宣统二年（1910），云南省财政厅发行彩票筹款创办云南官印局，从德商谦信洋行、英商信记洋行和上海明精厂购买机器设备。②

官商合办企业方面：光绪三十年（1904）蒙自官商公司成立，采炼大锡以供出口，启动资本金为 50 万两，其中官方参股 30 万两，民间商股 20 万两，借款给炉商，通过收回大锡作抵，经营颇有赢利。光绪三十一年（1905），由陈荣昌担任总办的滇蜀铁路公司成立。光绪三十二年（1906），云南方面收回英国人测勘当中的腾越铁路修筑权，交由公司修筑，于是公司改名为滇蜀腾越铁路公司。滇蜀铁路行经路线北起四川宜宾，南达滇省昆明，腾越铁路段从腾越起至中缅边境中方一侧的古里卡。③ 宣统元年（1909），云南改组成立个旧锡务公司，官商共集股 250

① 云南省志编纂委员会办公室：《续云南通志长编》第 1 册卷 28《议会一·序》，1985 年整理本，第 1036 页。
② 董孟雄：《辛亥革命时的云南社会经济》，《思想战线》1981 年第 6 期。
③ 云南近代史编写组：《云南近代史》，云南人民出版社 1993 年版，第 120 页。

万元，设有采、炼两部门，从德商礼和洋行购置机器、设备。①

　　商办企业方面：宣统二年（1910），昆明耀龙电灯公司成立，聘请左曰礼担任总经理，公司聘用的水机工程师和电机工程师都来自德国。从德国西门子公司购进发电机器，在距省城约 85 里的滇池之畔石龙坝建立水力发电站，这是中国近代第一个水力发电站。电站安装的水力机共 2550 匹马力，发电机总容量达到 1200 千瓦。公司雇用技工、半技工共 88 人，学徒、杂役若干人。该公司属于股份有限组织，资本总额为 256960 元，其中官股 76580 元，约占三成，商股 180410 元，占七成，商股股东有 251 家。② 从 1912 年起向昆明供电。

二　创办新式教育

　　光绪二十七年（1901）清廷明发上谕，通令全国各地举办新式学堂，构建新式教育体系："除京师大学堂应行切实整顿外，着将各省所有书院，于省城者均改设大学堂，各府、厅、直隶州均设中学堂，各州县均设小学堂，并多设蒙养学堂。"③ 云南在教育领域的革新举措体现在组建新式学务机构，创办各类新式学堂，派遣学生到国外、省外游学。

　　组建新式学务机构。光绪二十九年（1903），云南高等学堂在省会昆明成立，兼管全省学务。三十二年（1906）高等学堂改为学务处，总理全省教育行政事务，云南从此诞生专门的省级教育行政机构。三十三年（1907）学务处被裁撤，改为学务公所，隶属于提学使司。学务公所下设议长 1 人，议绅 4 人。提学使司主官提学使统筹管理全省教育，拥有督促地方官办理学务以及奖勤惩惰的考核权。④ 提学使司内设有省视学 6 人，秉承提学使意志巡视各州、县学务。同年，清中央政府学部颁布章程，决定在厅、州、县建立劝学所，是为县级教育行政机构。截至宣统二年（1910），云南省各厅、州、县均成立了劝学所。新式教育体制基本奠定。

　　创办各类新式学堂。光绪二十八年（1902），清廷颁布《钦定学堂章

---

　　① 云南近代史编写组：《云南近代史》，云南人民出版社 1993 年版，第 159 页。

　　② 董孟雄：《辛亥革命时的云南社会经济（续）》，《思想战线》1981 年第 6 期。

　　③ 《清德宗实录》卷 486，中华书局 1985 年影印本。

　　④ 龙云、卢汉修，周钟岳纂：民国《新纂云南通志》卷 137《学制考》7，民国三十七年（1948）刊本。

程》（又称"壬寅学制"），当时云南新式教育非常落后，边省风气未开，新式教育起步慢，所谓举办新式学堂，做法不外乎是将传统的书院、义塾改头换面而已，"新瓶装旧酒"，教学设施简陋，教学内容陈旧，尤其是通晓近代科学文化的师资奇缺，只能就地取材，以旧式科举人才勉强充数，距离新式学堂教育的宗旨差距很大。光绪二十八年至三十四年（1902—1908），经过连续几任封疆大吏魏光焘、丁振铎、林绍年、锡良的大力筹办，云南新建或改建许多新式学堂。

普通教育方面。光绪二十九年（1903），著名的五华书院改制为云南高等学堂，设总理、副办、监督、总教习各 1 名，分教习 6 名，收支 1 名。云南高等学堂定于当年春季开学，是为近代云南高等教育的发轫。然而由于云南新式基础教育尚处于草创阶段，无法立即为高等学堂提供生源，于是变通章程，改为录取省内文理清通、年力富强的举贡生童，同时接收地方官推荐的保送生。① 光绪三十二年（1906），云南高等学堂聘请 3 名日籍教员担任教职，不久之后，由于高等学堂体制不健全，程度太浅，名不副实，决定改为两级师范学堂，办学目标相应调整为培养新式中小学堂教师。

光绪三十一年（1905），云南各府、厅、州分别建立 1 所中学堂。然而中学堂管理不善，流于形式，除省会昆明外，于次年全部改为师范传习所。光绪末年，省会中学堂与师范传习所合并之后改称两级师范学堂附属中学。小学教育方面，光绪二十九年（1903），省会小学堂创办，各府、州、县小学堂于次年创办。其中省会小学堂最初设有 11 所，称为省会小学堂，每所学校招收 3 个班。所用教材仍然是旧式四书五经，与办理新式学堂的初衷南辕北辙。时隔两年之后，省会小学堂才开始按照学生知识程度分为初级、高级两等，改称两等小学堂。②

专门教育。在翰林院编修陈荣昌和庶吉士罗瑞图的建议下，光绪三十年（1904），云南拨官款创办了一所中学——"东文学堂"。从上海东亚同文书院的日本毕业生中选用师资，聘请了高岛、迫田二人。校址在三迤

---

① 龙云、卢汉修，周钟岳纂：民国《新纂云南通志》卷 137《学制考》7，民国三十七年（1948）刊本。

② 同上。

会馆。招生 60 名，颁布了学堂章程，学制 3 年，毕业后由督抚、学政一同考核，成绩分最优等、优等、中等、下等、最下等五类；"最优等作为拔贡，优等作为选贡，中等作为岁贡，分别升入所升学堂肄业，填给执照；下等作为优廪生，最下等遣回原籍。"① 后东文学堂被并入方言学堂。

同年（1904），云南开办蚕桑学堂。从浙江聘请教习，让他们携带相关书籍、器具来滇授艺，聘请了"精东洋法"的陈之蕃、骆瓒郊、邱仲刚 3 人，招生分高等、寻常（即普通）两个班。其中高等班开设蚕的制种、饲养两门专业课，并教授算学、声光化电（物理、化学）等公共课程，学制 2 年，期满考试合格者，发给毕业证书，并分派到全省各地充当教习，或作为公费留学候选人，学习更高级技术。寻常班只开设养蚕、缫丝、种桑等技术课程，学制半年，生源来自云南全省各地。高等班招生名额为 80 名，分为正取、备选两类，还有来自产桑州县的学生；普通班招生名额不详，只言明于 11 月 18 日开学，来年要"宽为招选"，办学经费从云南省教育经费内支领。至光绪三十三年（1907），蚕桑学堂与体操专修科两所学校合并，改为中等农业学堂，开设农业、林业、蚕桑三科。光绪三十二年（1906），警察学堂开办，原计划招收文武学生各 20 人，附招团练学生 60 人，学制 3 个月，毕业后派充教习。三十三年（1907），警察学堂停办，改巡警营为警士学堂。同年，高等巡警学堂开办，初定招生名额为 50 人，学制 1 年。宣统二年（1910），高等工矿学堂开办，开学之初招收高等生 1 个班、中等生 4 个班。高等生招收云南本省及贵州优级师范科理化、博物两类优等毕业生。②

光绪三十二年（1906），云南课吏馆改制为法政学堂，开设速成科，分为员、绅两部。其中员部接收候补官吏，绅部接收举贡生员，入学后教授初级法政知识。次年，学堂修改章程，改设讲习科、别科和正科，对应的学制分别是 1 年半、3 年和 5 年。讲习科保留之前的员、绅二部，新增刑幕一部，选调刑幕人员入堂学习。别科于宣统元年（1909）开班。而

---

① （清）林绍年：《林文直公奏稿》卷 2《设立东文学堂片》，台湾成文出版社 1968 年影印本。

② 龙云、卢汉修，周钟岳纂：民国《新纂云南通志》卷 137《学制考》7，民国三十七年（1948）刊本。

正科则因为无合格学生，未能如愿开班。①

军事教育方面。云南省新式军事人才急缺，有鉴于此，光绪二十五年（1899）成立武备学堂。三十二年（1906），陆军小学堂和陆军速成学堂开办。陆军小学堂办学之初障碍重重，锡良督滇期间大力整顿，经过撤换总办、监督、提调等旧式管理人员，选派熟悉军事的日本士官学校毕业生胡景伊出任学堂总办，素来纪律散漫，教学松弛的陆军小学堂面貌焕然一新，变得重视精神教育，纪律严肃，教学严格，学生奋发向上。三十三年（1907），云南陆军讲武堂开办，由胡景伊兼任总办，他将讲武堂办成一所云南新军及巡防营在职军官的轮训学校，同时面向省内外公开招考学生学习军事，储备新式军事人才，云南陆军讲武堂崛起为近代中国著名新式军事学校，培养了大量中外优秀军事人才。同年，测绘学堂开办，其课程设置仿照南洋测绘学堂，并参用陆军小学堂章程，学制最初定为 2 年，次年调整为 3 年。②

派遣游学方面。20 世纪初期，云南分批次派遣优秀士子入京师大学堂肄习。据《新纂云南通志·学制考》记载，光绪二十七年至三十二年（1901—1906），云南省共选派 25 名学生进入京师大学堂学习。出国留学方面，光绪二十八年至三十年（1902—1904）间，云南巡抚林绍年组织、派遣多批留学生，人数共计 130 多人。光绪二十八年（1902）秋，选派了第一批留日学生，其中官（公）费生 10 名，除钱良骏 1 名外，其他人员存疑待考，另有自费生举人王志恕 1 名。二十九年（1903）夏，续派第二批留日生，先在全省举、贡、生、监及武备、方言、机器各学堂肄业诸生内考试遴选，选拔出 10 名，内有郭有濬、袁丕铺、殷承瓛、杨振鸿、许范模、董思禄、朱学曾、郝嘉增、熊朝鼎等。后因"滇省需次人员固多，通晓诸务者实罕，又以地居边瘠，莫能远致，所以每有要务，异常棘手。现虽开设课吏馆，而章程既未大备，讲习尤觉乏人"③，又增选了李

① 龙云、卢汉修，周钟岳纂：民国《新纂云南通志》卷 137《学制考》7，民国三十七年（1948）刊本。

② （清）锡良：《锡良遗稿·奏稿》第 2 册《滇省测绘学堂照章变通办理折》，中华书局1959 年标点本，第 831 页。

③ （清）林绍年：《林文直公奏稿》卷 2《续遣二批学生并选员出洋游学折》，台湾成文出版社 1968 年影印本。

辉沅等 5 人。三十年（1904）夏，选派的第三批人数较上两批为多，从全省品学兼优的绅衿生监和举人中选拔公费生刘盛堂等 41 名，自费生张景栻 1 名，普洱等府州县筹款选送李彝伦等 24 名和省城高等学堂学生颜兴贤等 20 名，另有自费出洋学习的蔡正纬、赵舒衡、杨嘉绅、王咏霓、陆兴基 5 人，共计 91 人，均派往日本学习。同年林绍年考虑到"滇、越毗邻，需用法文居多，法国政府现在越南河内设立学堂，一切课程悉臻美备，亟宜选派学生，筹给学费，前往肄习，即可广开风气，尤足裨益学业"①，又考选了文宝奎等 10 名学生赴越留学，主要学习法语。

林绍年体察到"滇处边瘠，民智未开，延聘教习尤极不易"②，于是，在光绪三十年（1904）选派了第一批留日速成师范生，同年十一月又派了第二批，但此次人数甚少，公费生只有张肇兴 1 人，自费生有陈文起、谭光煊等 3 人。这两批学生留学日本主要是学习教育，回来充当教习。

林绍年在奏折中谈到了留学生的管理办法，归纳起来有以下几点：

第一，云南官府提供留学生的差旅费、学费和生活费，资助金额根据实际用需进行动态调整。云南官府对第一批留日学生的资助力度是，一次性发给行装、川资银各 200 两，留学期间每生每年再发放旅费、学费各洋银 300 元。后留日学生监督汪大燮报告巡抚林绍年，滇省留学生所得款项不敷开销，经过核实，情况属实，决定每年再追加洋银 100 元。第二批按每人银两 200 两、洋银每年 400 元的标准拨给。第三批每年的洋银数不变，银两减少到 150 两，这可能是因为云南财政困难所致。第四批是派往越南，路程较近，云南官府给留学生每年的费用是 50 两银子、360 元龙圆。云南官府拨给速成师范生的费用要多些，第一批两种拨给标准，一种是"由滇起程者，计刘盛堂等二十三名，应需学费、路费每名各给银六百两"；另一种是"由汉口起程者，计周钟岳等十八名，路费较省，每名各给路费、学费银五百五十两"③。第二批都给银 550 两。

第二，选派一名留学生监督、管理留日学生的学习和生活，随时向云

---

① （清）林绍年：《林文直公奏稿》卷 2《选派学生出洋片》，台湾成文出版社 1968 年影印本。

② （清）林绍年：《林文直公奏稿》卷 2《选派速成师范学生并续遣三批学生出洋游学片》，台湾成文出版社 1968 年影印本。

③ 同上。

南官府汇报，并会同驻日大使保护留学生的合法权益。从选派第一批留日学生开始，汪大燮、陈荣昌等先后被选为留学生监督。他们要"俟其（按：留学生）到日，查看各生资质，所近分拨学堂肄习，随时严加管束，按期卒业给照回滇，分别办理。并俟查看，三月后如有不堪造就，即行送回，以昭慎重"①。

第三，选派一名留学生中学教习，负责教授汉文，还可"藉资游历，考究外政"②。选出第二批留日学生后，林绍年考虑到"先后所派员生已至二十六员名之多……且中学、西学互相表里，日本各校虽有伦理一科，究无经史专门，若不专派中学教习，责令兼教经史，窃恐本殖荒落、习染徒深，转无以植其基而泽其气"③，选派了博学、明干的朱勋，充任留学生中学教习。光绪三十年（1904），朱勋因病辞职，林绍年改派了品行端正、通达时务的袁嘉谷，继任留日学生中学教习。

三　军事变革

裁撤绿营。光绪二十八年（1902），云南省启动裁撤绿营行动，但遭到绿营军将领的消极抵抗："各镇将意存观望，多未议复。"④ 时隔两年之后的光绪三十年（1904），巡抚林绍年筹划将全省绿营战、守兵按照现有人数，分摊 10 年裁尽，计划每年裁减总人数的 10%，并率先裁撤额设之千总、把总、外委以及额外各弁缺。绿营兵经过多次裁并后，到锡良督滇时期，全省余留军官 125 人，步兵 2890 人，兵力单薄，营制落后，于战于守均不足恃，官兵疲沓成习，徒糜军饷，真是积重难返，名存实亡。光绪三十四年（1908），总督锡良决定除保留提督、总兵等数位大员及其亲兵外，将剩余绿营官兵全部加以裁撤，从而宣告云南绿营兵制退出历史舞台。⑤

---

① （清）林绍年：《林文直公奏稿》卷 2《续遣二批学生并选员出洋游学折》，台湾成文出版社 1968 年影印本。

② 同上。

③ 同上。

④ （清）林绍年：《林文直公奏稿》卷 3《裁减绿营折》，台湾成文出版社 1968 年影印本。

⑤ （清）锡良：《锡良遗稿·奏稿》第 2 册《滇省绿营官兵分别酌拟裁留折》，中华书局1959 年标点本，第 747—748 页。

整编防营。光绪三十年（1904），云贵总督丁振铎下令削去防军、土勇名目，将地方军队统一整编成巡防队，分别编立南防、江防、普防、西防、开广防、铁路六种。南防、西防各有 10 营，其余 4 种各有 5 营，规定每营兵额 350 人，40 营共计 14000 人。① 宣统元年（1909），护理云贵总督沈秉堃奏请增加铁路巡防队 5 营。将原有 5 营铁路巡防队移防到阿迷州至河口一段，称为"铁路下段巡防队"；将新增的 5 营部署分防省城至阿迷州路段，称为"铁路上段巡防队"②。整编之后的巡防队名义上具有边防军性质，然而其营制、饷章都继承绿营兵制，由于脱胎于旧兵制，武器、装备、训练上"换汤不换药"，都比较落后，战斗力相对低下。云南新军由此后来居上，实现对巡防队的超越，成为清王朝重点倚赖的新式国防力量。

编练新军。光绪二十八年（1902），魏光焘督滇时，启动建设新军。继任总督丁振铎成立督练处，是为云南新军编练机构。他将旧军改造为新军，共编成新军 6 营，设协统 1 名，并相继成立教练处、参谋处和执法处。编练初期，云南新军不仅人数很少，而且不能进行新式操练，官兵素质低下，习气很重。光绪三十三年（1907），新任云贵总督锡良对编练新军非常重视，多次向中央政府请款，多渠道筹措经费，对新军进行扩充，先后添设步队、辎重队各 1 营。成军时共拥有步队 6 营，炮队 1 营，辎重 1 营，其编制改为陆军混成协。次年，云南陆军列为 1 镇，编为新式陆军第十九镇。

云南新军在编制、装备、教育、训练等方面一律移植德、日新法。③ 新军士兵选拔标准严格，其中对入选者的年龄、体格和识字程度均作出相关规定，如年龄规定在 16 岁—22 岁，最大不能突破 26 岁，拒收体弱者、吸食鸦片者和犯案人员。新军士兵大多是热血青年，多数出身于农民、手

---

① 《清末云南兵制概略》，《云南文史资料选辑》第 17 辑，云南人民出版社 1982 年版，第 356 页。按：辛亥革命前云南巡防队 69 营 18807 人、保卫队 12 营和其他名目队伍，共计 24442 人 ［龙云、卢汉修，周钟岳纂：民国《新纂云南通志》卷 129《军制考》3，民国三十七年（1948）刊本］。

② 《清末云南兵制概略》，《云南文史资料选辑》第 17 辑，云南人民出版社 1982 年版，第 357 页。

③ 李树东：《云南陆军小学堂概况》，《云南文史资料选辑》第 20 辑，云南人民出版社 1983 年版，第 1 页。

工业者或旧知识分子家庭，单纯朴素，具有革命热情。新军各级军官选派军事学堂出身的人才充任，要求其受过新式军事教育，具备现代军事知识。于是，许多日本士官学校毕业生涌入云南新军担任教官，粗略统计，新军18名管带中留日学生达到9人，8名标统中有3人是留日学生，此外2名协统领中有1人出自留日学生。可以说，有过留日经历的军官占新军军官的半数。

清末新政时期，中国西南边疆的形势愈加严峻。中英关于滇缅界务谈判发生争执，英军入侵片马事件，外敌入侵云南腹内的危险近在咫尺，清政府从中央到地方大吏都认识到建设军队、巩固国防的迫切需要，通过编练新军加快军事近代化进程，具有时不我待的紧迫性，国人对此凝聚起共识，云南因此被作为清末新军编练的第一梯队，计划编练新军两镇。云南封疆大吏虽然面临人力、物力、财力都十分匮乏的窘境，却在建设新军方面超乎寻常的积极、主动，执行力度空前，一改瞻前顾后、拖沓疲软的旧官场习气。他们放手使用年轻留学生担当新军军官和新式军事学堂教官，实施强军方案，力图训练出一支采用西方操练方法、使用新式枪炮的近代化军队，将其布防于省会昆明、滇西军事重镇大理府、滇南边防重镇临安府和滇西极边腾越厅。可以看出加强边防是云南建设新军的出发点，其重要性不亚于巩固清政府岌岌可危的统治。担当国防中流砥柱角色的新军建设在新政中取得优先发展的地位，是云南区别于中原内地的一种特殊现象。

四　云南新政的影响

传统云南治理模式为掌土治民型，偏于守成，封疆大吏举办的新政，启动经济、政治、军事、文化教育、社会领域的全面建设和主动开拓，为云南近代化进程破冰起航。云南新政一身二任，推动云南朝着以积极建设、实行宪政为主题的近代治理模式转型。

封疆大吏举办的地方新政耗资巨大，必须以雄厚财力作为基础。然而整个有清一代，云南财政入不敷出，根据中央王朝财政体制的总体设计，云南主要通过接收外省解拨的协饷来达到收支平衡。咸丰初年太平天国起义爆发后，清廷允许封疆大吏就地筹饷，自此以后户部对地方财政的控制能力大大削弱，传统以收定支的财政体制趋于瓦解，地方协饷制度运转难以为继，各省缓拨、拖欠云南协饷成为新常态。举办新政之前，云南财政业已严重困难，新政期间，封疆大吏推动行政、军事、实业、教育等领域建设全面铺开，需款巨大，然而全省财政收入有定，开源渠道有限，新政建设使地方财政陷于破产境地。例如，筹建滇蜀腾越铁路，经初步估算，需要投资 2000 万—4000 万两白银，这笔钱相当于云南省 8 年财政总收入，折合 40 年田赋总额。① 光绪三十四年（1908），全省教育经费支出超过 36 万两，收支不能相抵，亏空额达 2 万多两。宣统元年（1909），全省预算教育经费仍达 28 万多两。② 新政时期，云南封疆大吏所上的请款奏折特别密集，向中央政府请款催饷成为常态。

　　即使财政入不敷出，云南省仍要承担清中央政府各项摊派款项。中央政府给云南每年摊派"庚子赔款"一项 30 万两。从光绪三十一年（1905）起，每年摊派云南练兵费 12 万两。连地方统治集团成员自身都意识到这种竭泽而渔的做法潜藏巨大的社会风险，巡抚林绍年提醒皇帝说，云南"民心未靖，民力拮据"，呼吁停止给云南增加摊派，"以重岩疆而苏民困，纾朝廷南顾之忧"③。地方各级政府为了筹款，对治下百姓更是变本加厉，巧取豪夺，办法包括增加税种，提高税率，盐斤加价，开办各种捐输，大幅提高田赋、厘金，各种苛捐杂税更是层出不穷。据《新纂云南通志》和《续修昆明县志》记载，清末云南通省正、杂田赋名目以及各项苛杂、附加合计达 30 多种，真是多如牛毛，"既征钱粮，复课所谓额外摊丁；已收杂支、杂款，再课所谓杂课、杂费；课毕所谓耗款，又课米耗、公耗……如此等等，不一而足"④。云南盐斤一再加价，总督锡良披露说："盐价则近已一加再加，成本过重，商力不支。"⑤ 地方政府为了大力筹措滇蜀腾越铁路修筑经费，推出随粮认股方案，方案最初规定纳粮 1 升收钱 2 文，锡良督滇时代增加到 5 文，根据全省每年纳粮 20

　　① 云南近代史编写组：《云南近代史》，云南人民出版社 1993 年版，第 120 页。
　　② （清）锡良：《锡良遗稿·奏稿》第 2 册《云南省会学务经费统计比较均摊大概情形折》，中华书局 1959 年标点本，第 870 页。
　　③ （清）林绍年：《林文直公奏稿》卷 2《敬陈滇省情形恳免再派解款折》，台湾成文出版社 1968 年影印本。
　　④ 转引自董孟雄《辛亥革命时的云南社会经济》，《思想战线》1981 年第 5 期。
　　⑤ （清）锡良：《锡良遗稿·奏稿》第 2 册《沥陈滇省困难亟宜通筹补救折》，中华书局 1959 年标点本，第 678 页。

万石计算，每年能筹款 100 万两，原计划推行 10 年。① 然而 3 年之后民力难支，实在推行不下去了。继任总督李经羲向中央政府建议将滇蜀铁路收归国有，企图甩掉这个财政"大包袱"。

云南新政期间，省内自然灾害频发，其中光绪三十二年至三十三年（1906—1907），全省发生大旱，总督锡良向朝廷汇报灾情之广之重说："亢旱成灾，赤地千里，同时迫切呼吁者至数十州县之多，遍地哀鸿，几于朝不保暮。"② 旱灾持续肆虐到次年。光绪三十四年（1908）夏降雨过迟，农作物仍然歉收，"元气未能骤复，灾民无以自存"③。同年，滇东地区遭受水灾。这场历时两年多的自然灾害，造成粮价腾贵，全省饥民人数达百万以上。当时江浙一带米价在每石（160—170 斤）7 元左右，云南每石米 120 斤而价格超过 11 元，"滇中粮仓"之一通海更甚，1 斤米卖银 1 钱 2 分，若以江浙 1 石折算，价格在 30 元左右，④ 是其 4 倍多。米价昂贵，民不聊生，引起社会动荡。云南地方政府在省城设立赈粜总局，派员绅前往灾区察看灾情。封疆大吏奏请朝廷拨付赈灾款，向东南各省士绅募集救灾善款，并紧急从四川、贵州和越南采购粮食。天灾造成农民破产，暴露了清政府的腐败无能，云南籍留日学生借此攻击清政府统治、宣传民主革命，当时《云南》杂志连续报道云南灾害，产生了较大的社会影响。

新政各种筹款、摊派最终转嫁到底层人民身上，加重了人民负担，引发社会普遍不满，云南各地民变四起，反抗浪潮一波接一波。规模和影响较大的有：光绪二十九年（1903），临安府爆发周云祥暴动，参加者以矿工为主，他们提出"拒修洋路，阻占洋厂"的口号，得到百姓广泛响应，甚至还有清朝军官、士绅加入，高峰时动员了上万人，声势浩大，以至于清朝统治者惊呼道："揭竿一呼，所在响应。自个旧拒捕起事，未及旬日，连陷临安、石屏，贼党不下万余人。及进窥通海，四出勾结，如阿

---

① （清）锡良：《锡良遗稿·奏稿》第 2 册《滇蜀腾越铁路工巨费艰公议酌改随粮认股章程折》，中华书局 1959 年标点本，第 797 页。

② （清）锡良：《锡良遗稿·奏稿》第 2 册《滇省办赈事竣请奖出力员绅折》，中华书局 1959 年标点本，第 825 页。

③ 同上。

④ 《赈灾民乎抑赈饿虎也》，中国科学院历史研究所第三所编《云南杂志选辑》，科学出版社 1958 年版，第 303 页。

迷、嵩峨、河西、江川、宁州、弥勒、广西、元江各处土匪蜂起，警报纷传，势等燎原，几难收拾。"① 宣统二年（1910），昭通乡民因反对调查户口、编立门牌、抽收果捐，聚众数千人，将涉事士绅李世清和罗履中两家房屋捣毁。② 楚雄府大姚县李竹九发起抗粮暴动，邀集数千人攻打县城，城内民众响应，里应外合。大姚县郑知县借口赴东乡招集团勇守城，仓皇出逃。③ 我们认为，举办新政是近代化潮流所向，新政在民间遭到抵触和信任危机，其根源不在于新政本身，关键在于人民不堪忍受各级政府借新政名义派捐加征，他们起来反抗敲骨吸髓式的经济掠夺。

新政为地方培养了一批新式人才，他们目睹国力孱弱、危机深重的祖国以及腐朽落后的清政府，知耻而后勇，发奋学习近代科学文化知识，积极投身救亡运动。许多云南籍留日学生加入同盟会，为革命活动积极奔走，在日本东京创办《云南》杂志，进行革命宣传，如杨振鸿、吕志伊、李根源、殷承瓛等，终于成为清王朝的"掘墓人"以及中华民国的缔造者；另有一批人成为云南新军的中下级军官或陆军讲武堂的骨干教员，如唐继尧、罗佩金、刘祖武、方声涛、张开儒、李鸿祥等。④ 他们在新军士兵中秘密传阅《民报》《云南》杂志、《革命军》《警世钟》等鼓吹"革命排满"类书刊，传播民主革命思想，秘密发展同盟会员，在课堂上宣传孙中山革命事迹，激发学生的革命意识，为组织、发动云南革命创造条件。

综上所述，在国内外矛盾交织和边疆危机的宏观背景下，清末云南新政在封疆大吏的主持下，在创办实业、改革教育、社会管理、建设新军等方面确实取得了成效，官制改革按部就班地推行。新政强行筹款加重了底层人民负担，激化了社会矛盾。新政推行过程磕磕绊绊，得到的民意支持不足，总体上成效有限。清政府从中央到地方试图通过推行新政挽救政

---

① 《云贵总督丁振铎等奏收复临安城歼除首要折》，载中国第一历史档案馆、北京师范大学历史系编《辛亥革命前十年间民变档案史料》（下册），中华书局1985年版，第663页。

② 《云南昭通府乱事续记》，《东方杂志》1910年第7卷第5期。

③ 《云南大姚县土匪滋事》，载中国史学会编《辛亥革命》第3册，上海人民出版社1957年版，第486页。

④ 《云南承华圃陆军讲武堂同人录》，载李根源、李希泌编《新编曲石文录》，云南人民出版社1988年版，第156页。

权，令他们始料不及的是，反而培养出一批具有新思想的人才，成为新生社会力量，他们站到了清政府的对立面。

近代宪政体制是一种分权型政治体制，是帝国君主专制体制的对立物。清政府通过"预备立宪"来笼络人心，消弭社会矛盾，扩大统治基础，挽救行将就木的政权，同时缓解国内外舆论压力，迎合世界近代化潮流，思路并不错。然而预备立宪期间，清政府以维护满族亲贵统治核心地位及其既得利益为最大目标，在彻底实行宪政这一根本政治体制改革问题上始终疑虑重重、患得患失，反而不断出台收回矿产开采权，实行铁路国有化，统一财政权、司法权等政策，以新政之名行中央集权之实，触动了咸丰朝以来奠定的督抚坐大的权力格局，不仅失信于士绅，也失信于实权派——封疆大吏。各省宪政调查局、谘议局等民意机构的设立以及举办地方自治，促使地方士绅的政治参与热情得以释放。督抚与士绅合作，对维护各省利益发出疾呼，对清中央政府发布的损害地方权益的政令进行抵制，地方主义初露端倪。宪政改革举步维艰，原有国家治理体系瓦解，新治理体系迟迟不能确立，过渡期内清政府国家治理能力下降，统治权威被严重稀释、消解。中央与地方的矛盾，社会各阶层与清朝皇族的矛盾格外尖锐，离心效应发生，执政力量涣散，统治基础动摇，政局陷入震荡。封疆大吏效忠清王朝的决心减退，减轻了革命阻力，与革命的发生和发展相反相成。重九起义爆发后，清朝云南地方政府无心抵抗，迅速走向分崩离析。清云南地方政府表面上是亡于革命党人策划、发动的武装起义，实质上是治理模式近代转型不成功的结果。云南治理模式近代转型的道路不是凭空设计出来的，必须充分照顾到国内外总体形势和省情民意基础，其过程顺利与否是多种社会力量博弈的结果。在革命倒逼改良的大背景下，云南封疆大吏举办的地方新政没能挽救统治，反而激化了社会矛盾，催化了革命浪潮的到来。

第二节　地方统治集团与云南辛亥革命

武昌首义爆发后，地处中国西南边疆的云南是国内较早响应革命、宣布光复的省份之一。宣统三年九月初六（1911 年 10 月 27 日），张文光领导的腾越起义打响了云南辛亥革命第一枪。九月初九（10 月 30 日），革命党人五次秘密会议策划的昆明重九起义发动，一举占领了清朝地方最高行政机关——总督署，推翻了清政府在云南政治中心的统治。九月十二日（11月2日），滇南重镇临安宣布起义。随着省会、滇西、滇南革命相继取得胜利，其余府厅州县迅速反正，倒向革命阵营，全省大局底定。

关于云南辛亥革命的研究，前人有的从人物史的视角出发，探讨同盟会员、革命党人对云南辛亥革命做出的贡献；① 有的从革命的思想基础入手，分析《云南》杂志；② 有的从革命的组织基础和阶级基础入手，研究云南陆军讲武堂、云南留学生群体与云南辛亥革命的关系。③ 综观前人研究，没有解决以封疆大吏为代表的清末云南地方统治集团与云南辛亥革命之间的关系问题。作为资产阶级革命的直接"革命"对象、云南辛亥革命的重要一极，缺乏专题研究既是一个缺陷，也就解释不了清朝边疆地方政权是在何种社会背景下迅速垮台的。因此我们有必要拓宽研究视野，转换研究思路，从云南地方统治集团的剖面出发，选取典型个案，揭示清末云南地方统治集团如何与其他因素综合作用，酝酿云南辛亥革命的过程。

一　封疆大吏推动新政

清朝大体建立了一套省—府（直隶厅、直隶州）—州县三级的行政区划体系。与之相应地配套建设了三级地方行政组织，配备了由中央政府选拔、在各级地方政府中任用的官员，他们组成一个地方官僚集团，形成紧凑的"金字塔形"权力结构，我们使用术语"地方统治集团"来概称这个群体，使用"督抚—州县体制"来概称这套地方行政体制。地方统

---

① 李永顺：《孙中山与云南辛亥革命》，《云南师范大学学报》（哲学社会科学版）1992 第2 期；殷英、杨建虹：《殷承瓛与云南重九起义》，《云南民族学院学报》（哲学社会科学版）1998 年第 3 期；黄永金、李光溪：《李鸿祥与云南辛亥革命》，《玉溪师专学报》1993 第 1 期；等等。

② 马兴东：《辛亥革命前的〈云南〉杂志》，《云南民族学院学报》1991 第 4 期；吴达德：《辛亥革命时期〈云南〉杂志研究》，《历史教学》（高校版）2009 年第 18 期等。

③ 茅海建：《云南陆军讲武堂与辛亥云南起义》，《华东师范大学学报》1982 年第 3 期；邵雍：《云南讲武堂与"重九起义"》，载《百年军校将帅摇篮》，云南人民出版社 2009 年版，第129—135 页；周立英：《从〈云南〉〈滇话〉看晚清云南留日学生的近代思想》，《云南民族大学学报》（哲学社会科学版）2007 年第 4 期；周立英：《1904 年云南留日学生浅析》，《云南民族大学学报》（哲学社会科学版）2008 年第 5 期；等等。

治集团代表清朝皇帝统治地方，是中央政令在地方的贯彻者，封建统治秩序的维护者，各级政区的实际控制者、管理者，也是封建君主专制体制利益的分肥对象。地方统治集团作为清朝统治阶级的重要组成部分，与中央政府权利高度重合，故具有巩固和维护中央集权体制的天然愿望，对镇压国内各民族任何形式的反清斗争立场与中央高度一致。地方统治集团出于客观需要，又要根据辖区的实际情况调整统治策略，因地而治，因俗而治，及时处理辖区内事务，具有一定的事权，表现出一定的地方性特征。督抚—州县体制达到既收归大权于中央，又保留部分权力给地方统治集团的行政目标，是清朝君主专制政体高度发达和成熟的产物。①

进入清代后期，随着清政府在两次鸦片战争、中日甲午战争、八国联军侵华战争等一系列对外战争中失利，主权遭到侵蚀和破坏，国内相继爆发太平天国起义、捻军起义、陕甘和云南回民起义、会党起义，此起彼伏的各民族反抗运动沉重地打击了清政府的统治，严重动摇了其统治基础，削弱了中央集权体制。通过镇压起义而崛起的地方督抚扩张事权，逐步取得了一定的军权、财权和人事权，造成权力结构重心下移。当然，地方统治集团的权力扩张并没有突破中央集权体制的边界，根据刘广京先生的研究，晚清时代中央政府仍然牢固掌握督抚任免权和监督权，有效控制着督抚手中的军权、财权和人事权。②

清末中央政府推行一场自上而下、打着"新政"和施行君主立宪旗号的改革运动。云南地方统治集团是地方新政的贯彻者、举办者。光绪三十年（1904），云南巡抚林绍年响应清廷裁汰归并内外各项差缺的诏令，自请裁去云南巡抚一缺，建议由云贵总督兼管巡抚事，被中央政府采纳，于是改变了云贵总督、云南巡抚同城而治的定制。自此到宣统三年（1911）昆明重九起义，云南省级大吏演变为云贵总督、云南布政使、云南按察使、云南学政③、云南提督和六镇总兵的格局。其中前四员驻守省

---

① 关于督抚体制的研究，参见刘伟《晚清督抚政治：中央与地方关系研究》，湖北教育出版社 2003 年版。

② 刘广京：《晚清督抚权力问题商榷》，载《中国近代现代史论集》第 6 编，台湾商务印书馆 1985 年版，第 365 页。

③ 光绪三十二年（1906），云南学政改称云南提学使。宣统二年（1910）云南按察使改为云南提法使。

会，提督驻大理府城，总兵六员分驻省内军事重地临安府城（临元镇）、开化府城（开化镇）、腾越厅城（腾越镇）、鹤庆州城（鹤丽镇）、昭通府城（昭通镇）、普洱府城（普洱镇）。清朝官制历来重文轻武，清末时期绿营兵制走向解体，兵额缩减，营制屡经改变，清政府下令各省仿照欧美、日本军制编练新式陆军，有逐步取代包括绿营在内的旧军的趋势，所以建置在绿营兵制基础上的提督、总兵在地方统治集团中的地位大为下降。

光绪三十三年（1907）调任云贵总督的锡良（1852—1917），字清弼，蒙古镶蓝旗人，是清末政坛上一位颇有影响和识见的能臣干吏。《清史稿》称他"强直负重，安内攘外，颇有建树"①。锡良上任后，大刀阔斧地在云南推行新政。主要举措有：其一，编练新军，开办新式军事学校。锡良督滇的两年前，其前任丁振铎在云南编练新军。② 锡良接办后，竭尽全力加以扩充，分别添设炮队、辎重队各一营，云南新军被编列为陆军第十九镇。锡良从省外和留日士官毕业生中选调大批新军军官。鉴于云南边防形势严峻，而新式军事人才紧缺，锡良开办云南陆军讲武堂，委派日本士官学校毕业生胡景伊兼任总办，将陆军讲武堂办成驰名全国的新式军事学校。③ 同时锡良还大刀阔斧地整顿处在办学起步阶段的云南陆军小学堂，撤换一帮旧式管理人员，委派胡景伊担任总办，学堂面貌发生根本改观。④ 经过一番整顿和革新，锡良改变了云南长期以来军备废弛、缺乏新式枪炮的局面，使云南新式军队建设和军事教育均走在全国前列。其二，彻底裁汰云南绿营兵。云南腹内地区驻扎新军，靠边地区部署巡防队司职防边，开办巡警维持地方治安，完全取代了绿营的职能。原有的绿营兵几经裁并之后，全省共剩余绿营旧军官百余名，步兵不到 3000 人，⑤

---

① 赵尔巽等纂修：《清史稿》卷 449《列传》236，中华书局 1977 年点校本。

② 佚名：《清末云南兵制概略》，载《云南文史资料选辑》第 17 辑，云南人民出版社 1982 年版，第 356 页。

③ （清）锡良：《锡良遗稿·奏稿》第 2 册《滇省改编陆军筹办大概暨饷需不敷情形折》，中华书局 1959 年标点本，第 705 页。

④ 李树东：《云南陆军小学堂概况》，载《云南文史资料选辑》第 20 辑，云南人民出版社 1983 年版，第 2—3 页。

⑤ （清）锡良：《锡良遗稿·奏稿》第 2 册《滇省绿营官兵分别酌拟裁留折》，中华书局 1959 年标点本，第 747 页。

无足轻重。锡良奏请朝廷将其一律裁撤，从而宣告云南绿营兵制消亡。其三,在全省范围厉行查禁鸦片。锡良上任伊始，在省城成立禁烟总局，调查鸦片吸食人数，勒令公职人员六个月内戒绝鸦片烟，封闭烟馆，禁造烟具，并下令府厅州县设立禁烟分局，照章办理，列入考绩。锡良建议中央政府缩短为期 10 年的禁烟期限，忧虑时限宽缓，"展转迁延，互相牵制"，则"勇者退而勤者怠"，"终无禁绝之时矣"①，主张激发人心，一鼓作气，力破积习，采取严厉、激进的查禁鸦片办法，于该年年底(1908) 彻底查禁鸦片。他采取禁种、禁吸和禁售多管齐下的方针，申令吸食之人限年底前戒断，种植户铲除罂粟苗，改种豆麦，膏商、土栈的鸦片存货销售至年底停止，改营他业。②"各省烟禁之严，唯滇为最。"③ 5个月后，他再次奏陈查禁鸦片事宜，对各省禁烟步伐迟缓表示不满，敦促中央政府顺应国际舆论，坚定查禁决心，饬令各省统一加快查禁步伐，一律缩短 10 年期限为一二年内禁绝。④

锡良在 3 年任期中，教育方面，还设立学务公所，编印《教育官报》，改革新式学堂，改建新式校舍；司法方面，在省城创建新式模范监狱；军事方面，办理改编防营为巡防队，厘定营制饷章，筹办新军营房；交通建设方面，从光绪三十四年（1908）起，将随粮认股章程推广全省，筹集滇蜀腾越铁路路款；办理地方自治方面，在省城设立谘议局筹办处，作为地方议会之基础；等等。

锡良对清王朝竭力效忠，力图振衰起弊，挽救正在动摇的统治。尽管如此，他对清末新政走向持有相当的保留态度，甚至对中央政府的施政错误进行激烈而坦率的批评。宪政改革的一项重要内容是在宪法基础上调整中央与地方的关系，划分事权，办理地方自治，与地方统治集团有限分权。但中央政府逆历史潮流而动，试图强化中央集权体制。客观上造成地方统治集团面临权力被架空的局面。锡良敦请清廷进行宪政改革，反对中

---

① （清）锡良:《锡良遗稿·奏稿》第 2 册《为实行禁烟拟请改缩期限力图进步折》，中华书局 1959 年标点本，第 769 页。

② 同上。

③ 赵尔巽等纂修:《清史稿》卷 449《列传》236，中华书局 1977 年点校本。

④ （清）锡良:《锡良遗稿·奏稿》第 2 册《速请一律改缩禁烟期限折》，中华书局 1959年标点本，第 815 页。

央政府借立宪之名行中央集权之实，他警告说："朝廷分寄事权于督抚，犹督抚分寄事权于州县，无州县即督抚不能治一省。如必欲以数部臣之心思才力，统治二十二行省，则疆吏咸为赘旒，风气所趋，军民解体。设有缓急，中央既耳目不及，外省则呼应不灵，为患极大。"① 准确预见到朝廷政治改革上倒行逆施必将造成督抚—州县体制解体，统治体系分崩离析，地方统治集团与朝廷离心，革命形势高涨，二者综合作用，清政权即面临覆亡的命运。但是他的意见未被朝廷采纳。辛亥年在孙中山领导的资产阶级革命面前，清朝各级地方政权土崩瓦解。

二 末任总督李经羲的治理困境

宣统元年（1909）初，锡良调往东三省，其接任者李经羲是最后一任云贵总督。李经羲（1860—1923），字仲仙，安徽合肥人。长得其貌不扬，身材瘦小，但是"瘦不露骨""眼神极足"，待人言语尖刻。在清廷看来，他从政经验丰富、办事妥帖认真，是一位合适的边省封疆大吏人选。②

李经羲总督任内，云南面临的内外交困局面更加严重，归纳其施政难题及处置办法有：其一，云南财政陷于枯竭境地。新军经费、边防用款是云南财政支出的大宗，缺额巨大。云南向来依靠接受外省协饷来弥补财政亏空，协饷中断，财政无法自立，就只能不断奏请中央政府拨款。宣统二年（1910）3 月至 9 月，李经羲几乎每月都电奏朝廷催饷，并计划向大清银行借款以应急。③ 其二，各地兵变和民变此起彼伏。宣统元年（1909）底，滇南马使克边防第三营中、右、后三哨集体兵变，暴露出"滇南军务腐败，把持涌惑，积弊已深"④ 的边疆军务弊病丛生的内幕。随着川滇边务问题的严重，次年，四川省溃兵骚扰滇西北，挟持中甸厅同知，哄抢军械、银两，杀伤多条人命。会党分子活跃，威宁州会党首领李老幺率众

---

① 赵尔巽等纂修：《清史稿》卷 449《列传》236，中华书局 1977 年点校本。
② 《李经羲语多尖刻》："李颇有才，尤娴于吏治，核核属吏，恒具深心，如参革一官吏，所加考语，真惟妙惟肖，且口角犀利，语言尖刻，有失大员身份。"载罗养儒《云南掌故》，云南民族出版社 1996 年版，第 561 页。
③ 《清实录有关云南史料汇编》卷 2，云南人民出版社 1984 年版，第 33 页。
④ 《清实录有关云南史料汇编》卷 1，云南人民出版社 1984 年版，第 690 页。

攻打昭通府城，陈可培、邓良臣聚众起事，攻陷大姚县城。①　边地不靖，思茅厅猛遮叭目召康亮连年扰害边地，据险而守，清军受制于烟瘴，进兵迟缓。腾越、陇川边地少数民族暴动②，等等。其三，举办新政方面，议修滇蜀、腾越铁路，法国控制的滇越铁路通车后，李经羲提议先修滇桂铁路，以谋牵制。司法改革方面，开办检验学堂，培养"忤书"（即法医），考试法官，在云南省城成立各级审判、监察厅。由于人才匮乏，李经羲先后从省外奏调一班文武职来云南任用，如王广龄、张一鹏、耿葆煐、靳云鹏、夏文炳、王振畿、蔡锷等。其四，滇西边区爆发片马危机。宣统三年（1911）初，英军悍然侵占片马，国内舆论闻讯一片哗然，云南地方统治集团感到压力很大。李经羲多次电奏清廷汇报情况，请示办法，一度提议将片马问题提交海牙保和会谋求国际公断。③　但清政府对外立场软弱，对英军武装侵略按兵不动，告诫李经羲"审时度势，究未便轻启兵端。应由该督饬地方文武妥慎防维，毋任鲁莽偾事"④。

李经羲深切体会到边疆事务办理棘手，局势发展难以预料。就职第二年即萌生去意，他奏称自己"才力不继（济），病体难支"，请求罢斥，清廷回应说"该督世受国恩，年力尚强"，予以拒绝，并勉励他"滇边重要，朝廷正资倚任，该督尤当力任其难"⑤。

李经羲对朝局相当关切，但是朝廷在宪政改革和召开国会等问题上罔顾社情民意，顽固维护统治集团上层即满族亲贵的核心统治地位，与地方督抚的既有权力格局发生矛盾，在摆脱危局的方案上也因朝堂内外的立场分异不可避免地存在分歧，清朝统治集团内部产生了裂痕。清末长期寓居省会昆明、熟谙地方统治集团成员的学者邓之诚（1887—1960）说，李经羲由于请开国会失败而悲观失望，政治态度转趋消极，李"愤于中央集权，亲贵用事，议开国会，屡请不允，益复放废，日唯嗟叹，辛亥变

①　《清实录有关云南史料汇编》卷 2，云南人民出版社 1984 年版，第 190 页。
②　同上书，第 189—190 页。
③　《清实录有关云南史料汇编》卷 4，云南人民出版社 1984 年版，第 825 页。
④　《清实录有关云南史料汇编》卷 3，云南人民出版社 1984 年版，第 209 页。
⑤　同上。

作，一无所备"①。其实在昆明重九起义前夜，李经羲还是意识到了局势的危险，加强省城戒备，构筑工事，做了一系列防范，所谓"设法并营退伍，暗收操弹"②，他把李烈钧、罗佩金调离云南，裁并李鸿祥所领之七十三标第三营，调防昭通，将谢汝翼撤职，收缴部分新军武器，并准备搜捕革命党人。③ 重九起义发生后，李经羲命令兵备处总办王振畿率领卫队防守总督署，镇统钟麟同、参议靳云鹏抢占五华山，总办唐尔锟防守军械局。在起义官兵的英勇战斗下，至次日午后，地方统治集团的抵抗宣告失败。李经羲说是自杀未遂，躲入民间。九月十二日（11 月 2 日），局势平稳出来露面。起义军要求他出任军政府都督，被他一口回绝。他写信给蔡锷、李根源，提出来三项条件：其一士可杀不可辱；其二保护家眷回籍；其三愿意与起义军合作。蔡、李二人对他以礼相待，答应全部条件。④ 李经羲提出离滇赴上海养病，九月二十日（11 月 10 日），被护送出境，抵达香港后，选择逗留下来观望事态发展。

　　李经羲向清政府报告重九起义时，他"力尽援绝，不能挽救""众寡不敌"⑤，强调客观原因，开脱责任。但清政府显然不能认同，称他"罪有应得"，下令革职查办。⑥ 李经羲督滇三年，号称"贤能"，具有讽刺意味的是，其下场不仅清政府不能谅解，连革命党人也有相似的看法，撰文揭露他任内做官捞钱，大肆受贿，卧室内藏有鸦片烟油数十缸，黄金四条，乃接受下属贿赂所得，在同庆丰票号存银 4 万余两，都是搜刮的民脂民膏，奏章文稿请他人捉刀代笔，是一位"滑官吏，伪名士"⑦。在重九起义中的表现尤其令正人君子不齿，认为他出身世族，官至封疆，遭遇革

　　① 《滇语》卷 3，见邓之诚著、邓瑞整理《邓之诚日记》（外五种）第 8 册，北京图书馆出版社 2007 年版，第 508 页。

　　② 《宣统三年十月十六日云贵总督李经羲致内阁请代奏电》，载中国史学会编《辛亥革命》第 6 册，上海人民出版社 1957 年版，第 263 页。

　　③ 云南近代史编写组：《云南近代史》，云南人民出版社 1993 年版，213 页。

　　④ 孙种因：《重九战记》，载中国史学会编《辛亥革命》第 6 册，上海人民出版社 1957 年版，第 246 页。

　　⑤ 《宣统三年十月十六日云贵总督李经羲致内阁请代奏电》，载中国史学会编《辛亥革命》第 6 册，上海人民出版社 1957 年版，第 264 页。

　　⑥ 《清实录有关云南史料汇编》卷 1，云南人民出版社 1984 年版，第 693 页。

　　⑦ 孙种因：《重九战记》，载中国史学会编《辛亥革命》第 6 册，上海人民出版社 1957 年版，第 246 页。

命，应毅然引决，以死报效清政府，存气节；或者率先宣布反正，响应革命。李经羲确是先逃后降，猥琐怯懦，垮台后还贪恋金钱，人格卑鄙到了极点。

李经羲是云南地方统治集团的另一种类型，他与起义的新军军官和讲武堂教官熟悉，甚至建立过公情私谊。但新政改革陷入困境，内忧外患愈加深重，个人情谊挡不住对国家前途命运的关切，无法泯灭反清革命浪潮。地方统治集团中的这类成员抱现实主义立场，阵脚不稳，连思想偏保守的《清史稿》撰述者都认识到，辛亥革命一发生，"各省督抚遂先后皆不顾，走者走，变者变，大势乃不可问矣"[1]。但撰述者没有意识到其中的因果关系可以倒置，地方统治集团的主要成员其实是清楚看到大势不可问，才做出或逃或降的选择。云南是边疆省份，统治肌体的末梢，中央王朝控制力本来相对薄弱，武昌起义发生后，声讯不通，道路梗阻，各省自顾不暇，无兵可调，李经羲感到大势已去，不做反扑的努力，也是顺理成章的。云南辛亥革命在他的任上爆发和取得成功，不能不说是清朝专制主义政体走向总体崩溃的逻辑结果。

三　布政使世增与提学使叶尔恺的政治选择

总督李经羲的末班同僚为布政使世增（？—1911）、提学使叶尔恺（1864—?）、提法使龚心湛。其中世增调任甘肃布政使的诏令已下，但新简布政使、原外务部左丞高而谦未及抵任，故还没有办理交卸手续，留滇等候。龚心湛由临安开广道兼蒙自关道升任云南提法使，重九起义时还未来省接任。

武昌起义爆发的消息传到云南，省城风声鹤唳，气氛趋于紧张。革命党人摩拳擦掌，加快了策划起义的步伐。世增向总督李经羲进言防备办法，没有得到重视。幕宾建议世增速办交接脱离险地，被世增以"藩司有守土之责，义不当苟免"一口回绝，并拒绝入法国领事馆避难。重九之夜，世增怀抱藩司大印赴总督署，被拒之门外，欲开枪自杀，又被随从阻拦。起义军发现后将他软禁在陆军讲武堂，强迫他出任都督，不从，遭排枪射杀。《辛亥殉难记》称赞他"遇事多持正，性俭约"，为官以诚信

---

[1]　赵尔巽等纂修：《清史稿》卷471《列传》258，中华书局1977年点校本。

待人，遭遇革命，完全可以置身度外，"智巧者处之，何至死？百折不回，甘死如饴，其积诚使然哉！"① 却主动选择死亡，道德勇气令人钦佩！

光绪三十二年（1906），叶尔恺署理云南提学使，后实授。锡良评价他"阅通朴茂，教育热心，规则务取其谨严，趋向必程以正大"②。叶上任以来，即查办停课抗议的学生，开除十多人。他思想保守，极端仇视革命，想方设法搞破坏活动，行事简单粗暴，因而树敌多，官声很坏。有的说他"媚上欺下，摧残学界，与地方结怨最深"③，李根源说他对云南学界"迭兴大狱"，办理教育并不称职，还怂恿李经羲从贵州募兵钳制革命党人。重九之夜，叶尔恺闻讯即躲藏起来，被讲武堂学生搜出，群情激愤，将他痛打一顿，当场打掉三颗牙齿，场景十分狼狈。李根源知悉后，不念旧恶，出手相救，后递送出境，保全了叶的性命。④

世增和叶尔恺虽然个性、官声截然不同，却可以归纳为云南地方统治集团的一种类型。他们有科举入仕的经历，受儒学正统思想的熏染久且深，忠实效忠清政府，坚决反对革命，其结局或者成为清朝君主专制政体的殉葬品，或者苟全性命，逃离政治舞台。

四　云南新军的地域派系

辛亥前夕，云南正规军系统主体由新建陆军和巡防队构成。巡防队负责保卫边防，兼保护滇越铁路，前节已作相关论述。而云南新编陆军作为新式国防力量，逐渐后来居上，成为清政府维持统治的倚赖。新军军官成为云南地方统治集团的重要成员。

云南陆军第十九镇兵员共计10900余人。⑤ 云南督练公所督办由云贵总督李经羲兼任，内设总参议1人，靳云鹏；第十九镇统制钟麟同，卫海

---

① 吴庆坻修，金梁补：《辛亥殉难记》卷1《文职传》1，台湾文海出版社1981年版，第47页。

② （清）锡良：《锡良遗稿·奏稿》第2册《筹办滇省学务大概情形折》，中华书局1959年标点本，第724页。

③ 孙种因：《重九战记》，载中国史学会编《辛亥革命》第6册，上海人民出版社1957年版，第245页。

④ 李根源：《记云南起义》，载中国史学会编《辛亥革命》第6册，上海人民出版社1957年版，第228页。

⑤ 云南近代史编写组：《云南近代史》，云南人民出版社1993年版，第204页。

武备学堂毕业；第三十七协协统王振畿，天津武备学堂毕业。李经羲是文官，军队实权掌握在靳、钟、王等人手中，新军军官内部裂分成三大派系：第一，"北派"，以靳云鹏、钟麟同、王振畿三人为代表的上层军官，三人均是山东籍，出身北洋系，不遗余力地反对革命，是清政府的忠实"拥趸"，在重九起义战斗中，钟麟同、王振畿被杀，靳云鹏负伤；第二，"南派"，即湖南、四川等南方外省籍军官，如蔡锷、刘存厚，团体涣散，势力薄弱，他们有的是同盟会员，有的虽然没有加入同盟会，但同情革命；第三，本土"滇派"，云南籍留学生组成，势力居南北两派之间，其中同盟会员占相当大的比例，革命思想活跃。罗佩金、李鸿祥、谢汝翼、唐继尧、庾恩旸、韩建铎等新军军官兼任云南讲武堂教官，罗佩金担任陆军小学堂总办。① 三派之间泾渭分明，互不相让。"靳、钟、王三人同操重柄，一味徇私，不持大体。钟又粗暴寡识，屡杖辱军官，专横无理，以致军纪废弛，人心解体，滇中革命之起实若辈促之。"② 新军派系斗争，军官关系不睦，严重削弱了清政府对新军的控制力。

新军军官兼任教官，便利进行革命宣传，传播民主革命思想，秘密发展同盟会员，壮大革命力量，进行起义策划活动。辛亥云南起义能够一举成功，全省秩序总体平稳，政权顺利过渡，与中下级新军军官和新式军事学校教官的主体部分支持、参加革命有最密切关系。李经羲事后说："自鄂、湘、赣、晋变起，粤桂谣言，云南军学界合，党力始大。"③ 云南辛亥革命形势酝酿成熟了。

云南辛亥革命之所以爆发并取得胜利，革命少有反复，既有区位因素和革命党人周密策划、指挥得当、英勇战斗的主观努力因素，也是清末政局演进水到渠成的逻辑结果。清末宪政改革的一项重要内容是与地方统治集团分权，但中央政府逆历史潮流而动，以改革之名行收权之实，试图强化中央集权体制，客观上造成地方统治集团权力被架空的危险，遭到各种

---

① 祝鸿基：《陆军第十九镇及云南讲武堂对云南辛亥革命的关系》，载《云南文史资料选辑》第 1 辑，1962 年。

② 刘存厚：《云南光复阵中日志》，载谢本书等编《云南辛亥革命资料》，云南人民出版社 1981 年版，第 11—12 页。

③ 《宣统三年李经羲致内阁请代奏电》，载中国史学会编《辛亥革命》第 6 册，上海人民出版社 1957 年版，第 263 页。

抵制，督抚—州县体制趋于瓦解。在资产阶级革命面前，清朝各级地方政权无还手之力，迅速走向崩溃。

锡良编练新军，开办新式军事学校，试图挽救摇摇欲坠的统治，却为清朝地方统治集团培养了"掘墓人"，主观动机与客观效果完全背离，李经羲弥缝补苴，应对乏术，内外交困局面愈演愈烈，只能归咎为清朝君主专制政体积重难返的结果。云南辛亥革命前夜，云南地方统治集团不再是"铁板一块"，出现了明显的分化。虽然大多数成员受到道统和法统的束缚，要他们公开反对清政府、倒向革命阵营很困难，但顽固维护封建君主专制政体的人越来越少，观望分子增多，士气低落，前途悲观；与之相反的是，资产阶级民主革命思想日益高涨，深得军心、民心。云南辛亥革命发动后，地方统治集团基本上未作垂死抵抗，而是意识到大势已去，以逃跑和投降为主，不愿成为清政府的"殉葬品"，所以云南辛亥革命没有出现地方统治集团拼死相争、大面积流血的惨烈局面。从某种意义上讲，云南辛亥革命是清政府统治在边疆地区崩溃的典型案例。

结　语

　　清朝统治云南的后期，从嘉庆元年（1796）起至宣统三年（1911）云南辛亥革命推翻清朝地方统治止，历时 116 年，变革是其最大特征，变革力度、广度和深度均前所未有，过程波澜起伏，云南封疆大吏群体作为国家治理主体发挥着至关重要的能动作用。对封疆大吏认知云南省情及国家治理问题做系统研究，具有重要学术价值，既可以发掘出历史变革时期国家治理体系建设与近代转型的"边疆模式"，追寻云南近代化进程的启动路径，弥补现有研究分散零碎，在认识高度、思考深度、视野广度和解析力度上不相称的缺陷，基于中国历史发展总体框架之大视野，观照云南边省百年时空变迁，又可以分析、总结中央集权体制下封疆大吏治理边疆省份的经验教训和成败得失，为我国推进国家治理体系和治理能力现代化提供历史资源、智力支持、有益借鉴。

　　嘉庆末年云贵总督伯麟组织编纂的《滇省舆地图说》，是清前期中央王朝对云南省情认知的阶段性总结，在掌握省情特点的基础上全面、完整地揭示所构建的云南治理体系。《滇省舆地图说》强调云南的"边疆"属性，重点阐释云南行政区划体系、军事防御体系，比较云南各府级政区的区域差异，基于各地区在自然环境、经济开发、民族社会和国防形势上的分异，对其治理难易程度作出综合评价，提示需要治理的重点问题，内容高度概括，认识精准到位，代表清王朝对云南治理水平达到新高度。清后期云南封疆大吏正是从上述认知基础和制度体系架构出发，针对内外部环境的变化，以及各种新矛盾、新问题乃至于危机，调整国家治理方式、手段和目标，探索边省国家治理模式的发展、完善。

　　清代地方督抚设置定制化，督抚由朝廷简派到各直省，是王朝行政管辖权的代表，负责镇守一方和实施治理的封疆大吏。清后期 116 年间，云贵总督共计任命 49 次 43 人，实任 35 人；云南巡抚任命 60 次 51 人，实任 42 人。云南督抚群体旗、汉籍比例方面，嘉庆朝旗籍总督呈现"一边倒"之势。进入道光朝以后，清廷不断选调具有丰富治理经验或熟悉西南边情夷情的实干型政治人才来滇省任职，汉籍总督一改弱势成为压倒性多数。同治年间，云南陷入全面战争状态，总督、巡抚均未出现旗人，背后既有清政府对云南统治陷入崩溃境地，又有清政府将镇压反清武装的军事力量重点部署在华北、长江中下游地区，对西南边省无暇旁顾等深刻背景。云南巡抚一职，汉人占据绝对优势。咸同时期，云南督抚配备上注重熟悉省情、能指挥打仗的汉员，或就近从邻近省份四川、贵州、广西调任，以便迅速入滇接任。湖南籍督抚在道、咸、同、光四朝特多，反映湘军军政集团对云南政治格局发挥着举足轻重的影响，出自江浙两省的督抚比重也居于前列，是由于江南地区经济文化发达，贡献政治精英较多。清后期云南督抚人员任期较短，调整过频，不利于政局稳定。

　　道光中期，清王朝面临内忧外困的政治局势，云南迤西边区社会矛盾复杂、尖锐，发生以汉回流血冲突为表征的国家治理危机，历经"民与民仇"到"民与官仇"，爆发"永昌事件"以及一系列汉回群体性抗官事件。清廷连续调派贺长龄、李星沅、林则徐三位干吏治疆，希望能够破解云南治理困局。贺长龄两度赴滇西镇压回民武装反抗斗争，对如火如荼的人民抗争活动和错综复杂的社会矛盾有深入了解。他意识到滇省汉回冲突出自积怨，治理起来不能一蹴而就。云南回民人数众多，一味高压严打，会将其赶到统治集团的对立面，甚至促使其与边区民族合流，形成难了之局。贺长龄对穷兵黩武的片面镇压方针有所调整，改为主张汉回一视同仁，秉公执法，缓和矛盾，除暴安良，试图通过怀柔政策达到边疆长治久安。贺长龄提出治理云南民族关系的方针是禁革牛丛，力行保甲，严打"游匪"，要求地方官处理汉回交涉事件时尤当秉公持平，一视同仁，恩威并施，化解猜嫌。在治理能力不足的状态下，清朝地方政府与牛丛会、香把会等地方豪强组织之间关系微妙，二者存在相互利用的一面，官府存在操纵、利用汉人牛丛会、香把会以制衡回族的动机，官府、香把会、回民清真寺三方势力相互博弈，试图制造一种力量均势。然而，这是一种危险的平衡，作为地方豪强武装组织，牛丛会、香把会有自我膨胀的趋势，势力坐大之后，势必脱离官府控制，反过来挟制官府，迫其就范，侵蚀国家行政、财政、司法统一，变成尾大不掉的地方割据势力。牛丛会、香把会肆虐的地方，大多变成"法外之地"，成为国家治理的重大威胁。贺长龄治滇失误实乃民治无力无心，军治未敢轻议，矛盾日积月累，渐成尾大不掉之势的治理困局所致。

李星沅评价云贵两省是西南奥区，可耕地面积小，民生穷困，交通不便，治安不良，盗贼易滋。为了达到善治目标，大吏必须从澄清吏治和整顿军队两方面入手：慎选州县官以改善民生；军事上勤加训练以巩固边防。李星沅剖析云南汉回冲突历史渊源，认为"外来游匪"在历次事件中为虎作伥，推波助澜，是解决云南问题的重中之重，提出"治回必先治匪，安回即以安民"的治理方略。他将回民按照居住地划分为内回（本地世居）、外回（自外地流入），提出有区别的治理措施，以分化反清队伍，将打击重点指向外来游民。李星沅提出治滇方略要点，其一，在边区施行王朝法制，对汉回民众持平执法，除暴安良，按照法制标准论是非功罪，反对以民族画线、站队；其二，推行保甲清除地方反抗分子，举办团练防范外来"游匪"；其三，加强对交通道路、矿厂等重点区域的治安管控；其四，绿营重兵重饷，提高军事控防能力和镇压民众反抗活动的军事作战能力。李星沅治理云南强调"择吏"，选任地方官注重"人地相需"。在武力镇压缅宁事件和云州事件后，他着手从事以调解滇西汉回关系为主旨的善后工作，主张持平处理云南汉回矛盾，决不能大开杀戒。李星沅任期短促，许多治理措施未及实施。

林则徐上任后认为的施政挑战主要有：其一，云南省是边疆重地，存在治理盲区；其二，民族矛盾突出，尤以汉回冲突愈演愈烈；其三，云南军队战斗力不足，财政难以为继。林则徐设计的治理思路是"猛宽互济，公正无偏"，治理目标是根绝汉回互斗，使汉回民众做到和谐共处，维护云南腹里，沿边地区社会稳定。林则徐于任职次月提出"但分良匪，不问汉回"政策。查办"永昌事件"及处理善后是林则徐治理云南面临的重大挑战，也是林则徐治滇思想付之于实践。出于巩固迤西地区统治目的，他调整军事部署，加强镇守、管控能力。他意识到司法陈规是地方治理的重要阻碍，提出变通固有章程，施行"就地正法"政策。林则徐治理云南暂时缓和了迤西地区社会矛盾，但不能从根源上解决矛盾，更无法扭转国家治理能力下降的大趋势。他查办"永昌事件"和处理回民善后等军政活动，坚决果断有力，体现干吏治边特征，在军事高压严打态势下，迤西边区暂时从战乱边缘拉回暂时稳定的轨道，但即便他本人也意识到云南隐患仍多。

咸同朝云南各族人民反清大起义是清朝统治者推行民族歧视和民族压迫政策的恶果，也与嘉庆朝以降云南社会经济走向不景气，民众生计问题日益突出，社会矛盾激化有直接关系。云南省内省外人群以及汉回民众围绕争尖霸厂或争夺商业贩运利益而发生纠纷、摩擦，背后有相当复杂的政治、经济、社会原因。从事发地官员到封疆大吏治理不力，办案不公，产生连锁效应，助长此类事件层出不穷，影响的地域范围不断扩大，矛盾不断升级。云南绿营兵多次调往外省，导致全省兵力空虚，军事治理能力下降。从咸丰帝到云南督抚对民众抗官斗争处置方针失当，促使云南局势急剧恶化，清廷在采用围剿政策还是招降政策上动摇不定。民族关系的恶化，反清起义全面爆发，并非单纯的督抚偏袒所能解释清楚，应该上升到清政府治理云南失败，导致对地方管控能力下降，统治秩序崩溃的认识高度。

咸同年间，云南各族人民发动一系列反清起义，占领城市、乡村，驱赶清朝官吏，建立政权，滇东南回民武装三次围攻省城，杜文秀大理政权军队"东征"，包围省城，使清王朝对云南的统治一度陷入绝境。云南陷入长达18年的战争状态，战事激烈胶着，封疆大吏频繁被动式易人，畏葸规避、互相倾轧的现象屡见不鲜，省会昆明长年没有督抚大员坐镇指挥。厉行保甲以靖"内乱"，举办团练以御"外匪"，是吴文镕、张亮基治理云南以后防堵外省反清势力波及，严密防范省内民众乘机起事的应对之策。然而，云南汉族团练组织出现与牛丛会、香把会合流的趋势，成员鱼龙混杂，业已成为基层社会尾大不掉的势力，在汉回冲突事件中，屡屡发生清朝官府、军队与团练勾结、合谋，激化矛盾，扩大纷争，制造流血，阻碍和局等不法行径，因而为"招降派"封疆大吏忌惮，一度遭到裁撤遣散。岑毓英自投效云南军队以来，在绿营兵丧失战斗力的情况下，招募"乡勇"即团练武装参加征战，他改变先前"四面救火"战术，实施"先东后西"军事战略，逐步绞杀滇东、滇东北和滇东南反清武装，剪除对省城昆明的威胁，打通了内地援助云南粮饷通道，使滇东地区成为清军反扑大理政权的稳固的后方基地。"先东后西"是清方重大军事战略调整，对于咸同云南战争的结果起到决定性的作用，岑毓英借此将云南反清大起义镇压下去，并积累政治资本，从宜良知县一路升迁至云南巡抚。

光绪朝云南进入社会经济恢复期，西南边疆外部政治地理格局发生重大变化。光绪元年（1875），英国凭借"马嘉理事件"作为借口进行讹诈，索取云南权益，随之而来的是法国加快侵略越南北部的步伐，光绪十年（1884）悍然挑起中法战争，停战后通过与清政府谈判，化败为胜，达到沦越南为"保护国"的殖民目标。不久，英国发动侵略上缅甸的战争，通过武力一举吞并全缅甸，刚从战争中脱身的云南迅速被边疆危机的新阴云所笼罩。云南成为抗击英法侵略的前沿阵地，承担着重大国防任务。封疆大吏治理云南面临全新的外部环境，如何捍卫主权、抵御侵略成为时代的严峻挑战。法军大兵压境之际，云南巡抚唐炯内心主和，不愿与法国开战，他提出的抗法方案是抛出刘永福率黑旗军与法军周旋，云南、广西军队撤回关内自守。他将治理重心放在兴修内政上，裁革夫马，减轻人民负担，整顿厘金，归并厘金局卡，筹办铜务，迅速增加滇铜产量。唐炯整顿云南内政取得相当成效。

张凯嵩接替唐炯抚滇，主政三年间治绩主要有：第一，创设储才馆，培养、选拔有用之才；第二，全力为出师越南的清军提供后勤保障；第三,整顿矿务和盐务；第四，处理日形棘手的勘界、通商、传教和筹边等洋务难题。在洋务自强浪潮面前，张凯嵩始终持怀疑态度，他的政治主张在于崇圣道、培人才、禁外债和核军实。他指出，洋人入内地游历和传教，完全出于为列强侵略阴谋服务，视传教为离间民心、制造矛盾的心腹大患，主张预为防范，然而其所提出的秘密钳制洋教四项办法在实际层面根本行不通。

中法战争之后，清政府对西南边疆的管控能力走向衰弱，英法殖民国家进行蚕食和煽动，地方士绅和百姓发动抗官抗税斗争，秘密会社组织起事，裁撤的兵勇流变为游民，扰害滋事，边疆离心趋向与增强国家认同、维护统一之间的斗争日趋激烈。巡抚谭钧培采取了一系列治理措施：政治上，大张旗鼓地整肃吏治，选贤任能，创造了一个较为清明的吏治环境；经济上，减轻苛繁的钱粮赋税，与民休养生息，恢复农业生产，发展经济，筹备开采铜、盐矿藏，开炉铸钱；文化教育上，倡导士子学习经古实学，开办经正书院；社会方面，办理云南积谷备荒。他主动、及时向中央政府报告云南各地灾情，积极赈济灾民，高度重视、关心民生。严厉打击"牛丛会"，取缔民间私刑，将边疆社会秩序纳入到统一王朝的法制体系下，加强对边疆地区的行政管辖力度，促进少数民族地区的文明开化进程，调整云南各地军事部署，推动实施晚清军制变革。谭钧培治滇，维持了云南社会秩序总体稳定。

面对复杂的国际国内局势，清政府面临着重建云南统治秩序以及巩固国防应对边疆危机的双重任务。治理边疆民族方面，云南封疆大吏因时制宜，因地制宜，采取了对靠内土司和沿边土司有所区别的政策。其一，正常办理土司世职的承袭，但对土司自为的行为绝不姑息，对新封土司持非常谨慎态度；其二，在改土归流条件不成熟的边区，实行分袭制，众建土司，削弱土司势力；其三，对发动叛乱、聚众抗官的内地土司，战略位置重要的靠内地区土司，以及发生争袭事件、仇杀互斗威胁边疆安全的边境要地土司实行改土归流。改土归流并非彻底革废土司，而是使土司"虚衔化"，剥夺土司原有的行政管理权。从保卫疆土和国防安全的高度，封疆大吏注意对沿边土司加以笼络，改土归流采取稳健步骤，成熟一家改流一家，以增强其国家认同感，树立其守疆护土的民族主义意识。上述土司政策是一种明智选择，既能有效整合边区政治力量，增强国家认同感，又有利于加强对土司的治理，阻止其外向性和摇摆性，对外宣示国家领土主权和行政管理权。

20世纪头十年，清王朝统治走向穷途末路，在全国推行新政。对云南而言，清末新政是一个重要发展机遇期，魏光焘、林绍年、锡良等云南封疆大吏顺应潮流，启动云南近代化进程，推动云南治理模式近代化转型。云南封疆大吏贯彻中央政府一系列的改革政令，进行地方官制改革，办理地方自治，原来云贵总督、云南巡抚同为封疆大吏的双首长体制演变成云贵总督一元化领导体制。鼓励创办实业，成立各级商会组织，修筑铁路。停废科举考试，建立专门的教育行政管理体系，举办各级各类新式学堂，多批次成规模派遣留学生留洋学习。裁撤绿营，整编边防军，编练新军，设立云南陆军讲武堂，实行新式军事学堂教育。社会管理上大力禁烟，禁止妇女缠足，改良司法、审判、监狱，办理巡警，调查户口。新政对于云南封疆大吏而言，经历着一场从传统掌土治民治理模式向以积极建设、实行宪政为主题的近代治理模式转型。总体上看，云南封疆大吏举办的新政在创办实业、改革教育、社会管理、建设新军等方面确实取得了实效，官制改革按部就班地推行。新政强行筹款加重了底层人民负担，激化了社会矛盾。新政推行过程磕磕绊绊，得到的民意支持不足，总体上成效有限。宪政改革举步维艰，原有国家治理体系瓦解，新治理体系迟迟不能确立，在过渡时期清政府国家治理能力下降，统治权威被严重稀释、消解。中央与地方的矛盾、社会各阶层与清朝皇族的矛盾格外尖锐，离心效应发生，执政力量涣散，统治基础动摇，政局陷入震荡。封疆大吏效忠清王朝的决心减退，减轻了革命阻力，与革命的发生和发展相反相成。清云南地方政府表面上是亡于革命党人策划、发动的武装起义，实质上是治理模式近代转型不成功的结果。

云南辛亥革命前夜，云南地方统治集团不再是"铁板一块"，出现了明显的分化。以云贵总督为代表的大多数成员受到道统和法统的束缚，要他们公开反对清政府、倒向革命阵营很困难，但顽固维护封建君主专制政体的人越来越少，观望分子增多，统治集团士气低落，前途悲观；与之相反的是，资产阶级民主革命思想日益高涨，引领军心、民心。昆明"重九起义"爆发后，地方统治集团基本上未作坚决抵抗，而是意识到大势已去，以逃跑和投降为主，不做君主专制体制的牺牲品，所以云南辛亥革命没有出现地方统治集团拼死相争、大面积流血的惨烈局面。云南辛亥革命是清政府统治秩序在边疆省份崩溃的典型案例。

通过梳理上述演变脉络，我们分析得出：

第一，清代后期云南封疆大吏所代表的国家治理是云南历史演变进程的重要动因。封疆大吏是中央政府派驻地方的代表，代表中央政府掌土治民。封疆大吏治理边疆代表中央王朝意志，其施政行为是国家行政管理权的具体体现。中央王朝国家治理大政方针是否正确，是否符合地方实际，封疆大吏实施国家治理是否全面、准确、有力，成效如何，将外化为云南治乱、经济兴衰、疆土安危等表征，也将对封疆大吏的政治命运起伏和生前身后评价产生决定性影响。

第二，封疆大吏对云南省情的认知是施政的前提和基础。清代后期云南封疆大吏无一例外都是外省籍，根据任职回避制度由中央王朝从外省调入云南，对云南地理环境复杂性、族群多样性、文化多元性、边疆问题严峻性都经历一个认知过程。封疆大吏对云南省情的认知程度，集中反映在经济运行、族群矛盾、社会问题、边疆危机等棘手问题上，是其行政所面临的重大挑战。封疆大吏认知云南省情，关系着行政决策，确定施政重点和区域，以及民情上达，为中央政府制定、调整治边政策提出对策建议等，一言以蔽之，是决定国家治理成败的关键因素。

清乾隆朝国家治理体系具有定制化特征，就云南而论，国家治理进入稳定、成熟阶段，反映在腹里地区政区设置成型，以后府（直隶）州（直隶）厅一级是局部修补、完善，县及县以下是致力于行政管理落地，沿边民族地区通过设置特殊过渡型政区，逐步消除行政管理薄弱地区及空白地带，推进国家行政管理一体化进程。这说明中央王朝对云南的治理达到一个前所未有的高度。与之相应，嘉庆年间云贵总督伯麟主持修纂的《滇省舆地图说》，代表清前期中央王朝对云南省情认知的高度总结，是国家治理体系建构的"蓝本"。后期封疆大吏正是在此基础上，针对云南省内外部环境的变化，以及政治、经济、民族、社会、外事领域出现的新矛盾、新问题、新危机，调整国家治理方式、目标，并因应时代形势转移，探索国家治理模式近代转型。

第三，清朝云南省地处内陆，幅员广大，滇东属于云贵高原一部，滇西地处中国发育最典型的南北向山系——横断山脉区，境内地形崎岖，大江大河多，山高谷邃，坝区与坝区之间通达性较差，对外联系和内部沟通交往十分不便，封闭性较强。民族众多，地区开发进度不一致，经济社会发展程度差异大。云南腹里地区、过渡地区与沿边地区发展不平衡，国家治理力度、难度和效果呈现地域分异，具有一定的层次性和复杂性。

第四，在国家治理解析框架之下，云南与内地的联系越来越紧密，边疆内地一体化趋势不可阻挡，演进的方向是清晰的。清代后期，中央王朝疆域范围内的边疆省份都遭受殖民强国的侵略威胁，内部矛盾也大体相似，即所谓内忧外患的挑战，国家治理大政方针保持统一性，边疆内地省份之间以及边疆各省之间在国家治理上的差异性，主要表现在中央王朝治理时序有先后，步骤有快慢缓急，重心（区域官员配备、军队投放、财政支持等）有转移，难度和力度有大小，成效有卓鲜。云南作为边疆省份，由于区位和交通不便等因素影响，演进节奏与沿海、内地相比相对迟滞，然而边省所具有的特殊性并不影响中国历史发展的整体性。

参 考 文 献

一 古籍文献与资料集

赵尔巽等纂修：《清史稿》，中华书局 1977 年点校本。

《清国史》，中华书局 1993 年影印本。

《清实录》，中华书局 1985 年影印本。

《清实录有关云南史料汇编》，云南人民出版社 1984 年版。

（清）朱寿朋编：《光绪朝东华录》，中华书局 1958 年标点本。

（清）王先谦编：《东华续录》，清光绪年间刻本。

光绪《清会典》，中华书局 1991 年影印本。

光绪《钦定大清会典事例》，《续修四库全书》，上海古籍出版社 1996 年
　　影印本。

刘锦藻：《清朝续文献通考》，《续修四库全书》，上海古籍出版社 1996 年
　　影印本。

中国第一历史档案馆编：《光绪朝朱批奏折》，中华书局 1995 年影印本。

台湾故宫博物院故宫文献编辑委员会：《宫中档光绪朝奏折》，故宫文献
　　特刊 1974 年版。

中国第一历史档案馆编：《光绪朝上谕档》，广西师范大学出版社 1996 年
　　影印本。

（清）伯麟修纂，揣振宇主编：《滇省舆地图说·滇省夷人图说》，中国社
　　会科学出版社 2009 年影印本。

（清）贺长龄：《耐庵奏议存稿》，台湾成文出版社 1968 年影印本。

（清）李星沅：《李文恭公奏议》，台湾文海出版社 1969 年影印本。

（清）李星沅撰，袁英光、童浩整理：《李星沅日记》，中华书局 1987

年版。

来新夏等主编：《林则徐全集》，海峡文艺出版社 2002 年版。

（清）吴养原编：《吴文节公遗集》，台湾文海出版社 1969 年影印本。

（清）吴养原编：《文节府君（吴文镕）年谱》，《北京图书馆藏珍本年谱丛刊》第 146 册，北京图书馆出版社 1999 年影印本。

《张惠肃公年谱》，《北京图书馆藏珍本年谱丛刊》第 153 册，北京图书馆出版社 1999 年版。

（清）刘岳昭：《滇黔奏议》，台湾文海出版社 1970 年影印本。

（清）刘长佑：《刘武慎公遗书》，台湾成文出版社 1968 年影印本。

（清）邓辅纶、王政慈编：《刘武慎公年谱续编》，台湾文海出版社 1970 年影印本。

（清）岑毓英：《岑襄勤公奏稿》，台湾成文出版社 1969 年影印本。

（清）张凯嵩：《抚滇奏疏》，台湾文海出版社 1967 年影印本。

（清）谭钧培：《谭中丞奏稿》，清光绪二十八年（1902）湖北粮署刻本。

（清）林绍年：《林文直公奏稿》，台湾成文出版社 1968 年影印本。

康春华、许新民校注：《林文直公奏稿校注》，中国书籍出版社 2013 年版。

（清）锡良：《锡良遗稿·奏稿》，中华书局 1959 年标点本。

（清）贺长龄纂辑：《皇朝经世文编》，台湾文海出版社近代中国史料丛刊本 1966 年版。

（清）葛士濬纂辑：《皇朝经世文续编》，台湾文海出版社近代中国史料丛刊本 1966 年版。

（清）奕䜣修：《钦定平定云南回匪方略》，中国书店 1985 年影印本。

中国史学会主编：《回民起义》，神州国光社 1952 年版。

中国史学会主编：《辛亥革命》，上海人民出版社 1957 年版。

荆德新编：《云南回民起义史料》，云南民族出版社 1986 年版。

谢本书等编：《云南辛亥革命资料》，云南人民出版社 1981 年版。

云南省文史研究馆整理：《云南丛书》，中华书局 2009 年影印本。

方国瑜主编：《云南史料丛刊》，云南大学出版社 1998—2001 年版。

方树梅：《滇南书画录》，家刻本，刊刻时间不详。

（清）王文韶撰，袁英光、胡逢祥整理：《王文韶日记》，中华书局 1989 年版。

（清）唐炯：《成山老人自撰年谱》，台湾广文书局1971年影印本。

孙光庭：《东斋诗文抄》，曲石精庐民国十三年（1924）刻本。

（清）彭崧毓：《云南风土纪事诗》，清同治二年（1863）刊本。

《官箴书集成》第7册，黄山书社1997年影印本。

（清）黄六鸿：《福惠全书》，康熙三十八年（1699）金陵濂溪书屋刻本。

（清）吴其濬：《滇南矿厂图略》，清刻本。

秦国经主编：《清代官员履历档案全编》，华东师范大学出版社1997年版。

故宫博物院明清档案部编：《清末筹备立宪档案史料》，中华书局1979年版。

（清）王庆云：《石渠余纪》，台湾文海出版社近代中国史料丛刊本1973年版。

中国科学院历史研究所第三所编：《云南杂志选辑》，科学出版社1958年版。

中国第一历史档案馆、北京师范大学历史系编：《辛亥革命前十年间民变档案史料》，中华书局1985年版。

王铁崖编：《中外旧约章汇编》，生活·读书·新知三联书店1982年版。

邓之诚著，邓瑞整理：《邓之诚日记》（外五种）第8册，北京图书馆出版社2007年版。

程贤敏选编：《清圣训西南民族史料》，四川大学出版社1988年版。

马鸿谟编：《民呼、民吁、民立报选辑》（1909.5—1910.12），河南人民出版社1982年版。

中国社会科学院近代史研究所中华民国史组编：《中华民国史资料丛稿》第2辑《清末新军编练沿革》，中华书局1978年版。

余嘉华、易山主编：《云南历代文选·散文卷》，云南教育出版社2013年版。

二　地理志书

（清）穆彰阿、潘锡恩等：《嘉庆重修一统志》，中华书局1986年影印本。

（清）阮元、伊里布等修，王崧、李诚纂：道光《云南通志稿》，道光十五年（1835）刻本。

（清）岑毓英修，陈灿纂：光绪《云南通志》，光绪二十年（1894）刻本。

（清）王文韶、魏光焘修，唐炯等纂：光绪《续云南通志稿》，光绪二十七年（1901）刻本。

龙云、卢汉修，周钟岳纂：民国《新纂云南通志》，民国三十七年（1948）刊本。

云南省志编纂委员会办公室：《续云南通志长编》，1985年整理本。

（清）王崧撰，杜允中注，刘景毛点校：《道光云南志钞》，云南省社会科学院文献研究所《云南文献》1995年第2期特刊。

李春曦等修，梁友檍纂：民国《蒙化志稿》，民国九年（1920）铅印本。

（清）叶如桐修，刘必苏、朱庭珍纂：光绪《永北直隶厅志》，光绪三十年（1904）刻本。

三　近人、今人著作

《列宁选集》，人民出版社1995年版。

钱实甫编：《清代职官年表》，中华书局1980年版。

蔡冠洛编著：《清代七百名人传》，中国书店1984年版。

魏秀梅编：《清季职官表附人物录》，台湾"中研院"近代史研究所史料丛刊，2002年版。

朱彭寿编著：《清代人物大事纪年》，北京图书馆出版社2005年版。

谭其骧：《长水集》（上、下、续编），人民出版社2009年版。

邹逸麟主编：《中国历史人文地理》，科学出版社2001年版。

葛剑雄：《中国历代疆域的变迁》，商务印书馆1997年版。

周振鹤主编，傅林祥、林涓等著：《中国行政区划通史·清代卷》，复旦大学出版社2013年版。

周振鹤：《中国地方行政制度史》，上海人民出版社2005年版。

方国瑜：《滇史论丛》第1辑，上海人民出版社1982年版。

方国瑜主编，木芹编写：《云南地方史讲义》（下），云南广播电视大学1983年版。

方国瑜：《云南史料目录概说》，中华书局1984年版。

方国瑜：《中国西南历史地理考释》，中华书局1987年版。

江应樑：《江应樑民族研究文集》，民族出版社1992年版。

木芹：《中华民族历史整体发展论》，民族出版社 1995 年版。

王树槐：《咸同云南回民事变》，台湾"中研院"近代史研究所专刊 1968 年版。

荆德新编著：《杜文秀起义》，云南民族出版社 1991 年版。

唐晓峰：《文化地理学释义》，学苑出版社 2012 年版。

段义孚：《逃避主义》，河北教育出版社 2005 年版。

张伟然：《中古文学的地理意象》，中华书局 2014 年版。

陆韧：《变迁与交融：明代云南汉族移民研究》，云南教育出版社 2001 年版。

陆韧主编：《现代西方学术视野中的中国西南边疆史》，云南大学出版社 2007 年版。

方铁、方慧：《中国西南边疆开发史》，云南人民出版社 1997 年版。

方铁主编：《中国边疆通史丛书·西南通史》，中州古籍出版社 2003 年版。

秦树才：《清代云南绿营兵研究：以汛塘为中心》，云南教育出版社 2004 年版。

潘先林：《民族史视角下的近代中国论稿》，云南大学出版社 2009 年版。

周琼：《清代云南瘴气与生态变迁研究》，中国社会科学出版社 2007 年版。

李中清：《中国西南边疆的社会经济，1250—1850》，林文勋、秦树才译，人民出版社 2012 年版。

陈庆江：《明代云南政区治所研究》，民族出版社 2002 年版。

周智生：《商人与近代中国西南边疆社会》，中国社会科学出版社 2006 年版。

张轲风：《民国时期西南大区区划演进研究》，人民出版社 2012 年版。

马琦：《国家资源：清代滇铜黔铅开发研究》，人民出版社 2013 年版。

杨国桢：《林则徐论考》，福建人民出版社 1989 年版。

杨国桢：《林则徐传》（增订本），人民出版社 1995 年版。

来新夏：《林则徐年谱长编》，上海交通大学出版社 2011 年版。

黄泽德编：《林则徐信稿》，福建人民出版社 1985 年版。

王崇焕：《中国古代交通》，商务印书馆 1996 年版。

蓝勇：《四川古代交通路线史》，西南师范大学出版社 1989 年版。

瞿同祖：《清代地方政府》，法律出版社 2003 年版。

张研、牛贯杰：《19 世纪中期中国双重统治格局的演变》，中国人民大学出版社 2002 年版。

刘伟：《晚清督抚政治：中央与地方关系研究》，湖北教育出版社 2003 年版。

罗养儒：《云南掌故》，云南民族出版社 1996 年版。

吴庆坻修，金梁补：《辛亥殉难记》，台湾文海出版社 1981 年版。

李根源、李希泌：《新编曲石文录》，云南人民出版社 1988 年版。

方行、经君键、魏金玉主编：《中国经济通史·清代经济卷》，经济日报出版社 2000 年版。

吕昭义：《英属印度与中国西南边疆》（1774—1911），中国社会科学出版社 1996 年版。

秦和平：《云南鸦片问题与禁烟运动》（1840—1940），四川民族出版社 1998 年版。

龚荫：《明清云南土司通纂》，云南民族出版社 1985 年版。

李世愉：《清代土司制度论考》，中国社会科学出版社 1998 年版。

罗尔纲：《绿营兵制》，中华书局 1984 年版。

刘子杨：《清代地方官制考》，紫禁城出版社 1988 年版。

马大正主编：《中国边疆经略史》，中州古籍出版社 2000 年版。

马汝珩、马大正主编：《清代的边疆政策》，中国社会科学出版社 1994 年版。

云南近代史编写组：《云南近代史》，云南人民出版社 1993 年版。

何耀华总主编，蒋中礼、王文成主编：《云南通史》第 5 卷，中国社会科学出版社 2011 年版。

王声跃主编：《云南地理》，云南民族出版社 2002 年版。

［英］H. R. 戴维斯：《联结印度与扬子江的锁链：19 世纪一个英国人眼中的云南社会状况及民族风情》，李安泰等译，云南教育出版社 2000 年版。

［美］理查德·哈特向：《地理学的性质——当前地理学思想述评》，叶光庭译，商务印书馆 1996 年版。

［英］R．J．约翰斯顿主编：《人文地理学词典》，柴彦威等译，商务印书馆 2004 年版。

［英］阿兰·R.H. 贝克：《地理学与历史学：跨越楚河汉界》，阙维民译，商务印书馆 2008 年版。

［日］菊地利夫：《历史地理学的理论与方法》，辛德勇译，陕西师范大学出版总社有限公司 2014 年版。

David G. Atwill, *The Chinese Sultanate*: *Islam*, *Ethnicity*, *and the Panthay Rebellion in Southwest China*, 1856—1873, Stanford：Stanford University Press，2006.

四　论文

魏秀梅：《从量的观察探讨清季督抚的人事嬗递》，台湾“中研院”近代史所《近代史研究所集刊》1973 年第 4 期。

吴乾就：《云南回族的历史与现状》，《云南省历史研究所研究集刊》1982 年总第 16 期。

王钟翰：《嘉庆与白莲教》，《清史满族史讲义稿》，鹭江出版社 2006 年版。

葛剑雄：《面向新世纪的中国历史地理学》，载复旦大学历史地理研究中心主编《面向新世纪的中国历史地理学——2000 年国际中国历史地理学术讨论会论文集》，齐鲁书社 2001 年版。

吴松弟、侯甬坚：《中国历史人文地理学研究进展与展望》，《地理科学进展》2011 年第 12 期。

周振鹤：《建构中国历史政治地理学的设想》，《历史地理》第 15 辑，上海人民出版社 1999 年版。

周振鹤：《行政区划史研究的基本概念与学术用语刍议》，《复旦学报》（社会科学版）2001 年第 3 期。

王振忠：《历史社会地理研究刍议》，《中国历史地理论丛》2005 年第 4 辑。

祁庆富、李德龙：《〈伯麟图说〉考异》，《民族研究》2007 年第 1 期。

董孟雄：《辛亥革命时的云南社会经济》，《思想战线》1981 年第 5 期。

董孟雄：《辛亥革命时的云南社会经济（续）》，《思想战线》1981 年第

6 期。

林超民：《方国瑜与西南边疆史地研究》，《中国边疆史地研究》1988 年第 3 期。

林超民：《汉族移民与云南统一》，《云南民族大学学报》（哲学社会科学版）2005 年第 3 期。

陆韧：《清代直隶厅解构》，《中国历史地理论丛》2010 年第 3 期。

陆韧：《云南边疆的现代化起步与社会变迁——基于贺宗章、丁文江红河地区亲历记的研究》，《云南民族大学学报》（哲学社会科学版）2010 年第 1 期。

林文勋：《"贝币之路"及其在云南边疆史研究中的意义》，《中国边疆史地研究》2013 年第 1 期。

秦树才：《绿营兵与清代的西南边疆》，《中国边疆史地研究》2004 年第 2 期。

马大正：《中国古代的边疆与边疆政策》，《光明日报》2001 年 2 月 13 日 B03 版。

马大正：《中国古代的边疆政策与边疆治理》，《西域研究》2002 年第 4 期。

马大正：《深化边疆理论研究与推动中国边疆学的构筑》，《中国边疆史地研究》2007 年第 1 期。

李世愉：《关于构建"土司学"的几个问题》，《云南师范大学学报》（哲学社会科学版）2011 年第 2 期。

李世愉：《清政府对云南的管理与控制》，《中国边疆史地研究》2000 年第 4 期。

李国强：《中国边疆学学科构筑的透视》，《云南师范大学学报》（哲学社会科学版）2008 年第 5 期。

方铁：《清朝治理云南边疆民族地区的思想及举措》，《思想战线》2001 年第 1 期。

方铁：《古代治边观念的研究内容与主要特点》，《中国边疆史地研究》2006 年第 1 期。

方铁：《论元明清三朝的边疆治理制度》，《云南民族大学学报》（哲学社会科学版）2016 年第 1 期。

邹建达：《清代云贵总督之建置演变考述》，《中国边疆史地研究》2008
　　年第 2 期。

邹建达：《乾隆年间"云南边外土司"建置研究》，《中国边疆史地研究》
　　2011 年第 2 期。

朱端强：《云南古代烟毒史初探》，《云南师范大学学报》（哲学社会科学
　　版）1999 年第 1 期。

李大龙：《试论中国疆域形成和发展的分期与特点》，《中国边疆史地研
　　究》2011 年第 3 期。

李伯重：《"道光萧条"与"癸未大水"——经济衰退、气候剧变及 19 世
　　纪的危机在松江》，《社会科学》2007 年第 6 期。

张一鸣：《试论林则徐在处理云南"汉回互斗"事件中的几个问题》，《福
　　建论坛》（人文社会科学版）1985 年第 6 期。

林有能：《林则徐与云南少数民族问题》，《学术研究》1984 年第 6 期。

马寿千：《"但分良莠，不问汉回"决不是民族平等的政策》，《中央民族
　　大学学报》（哲学社会科学版）1981 年第 4 期。

吴妙玲：《评林则徐处理永昌惨案》，《回族研究》1991 年第 3 期。

陈支平：《林则徐研究的重新思考》，《东南学术》2011 年第 5 期。

罗尔纲：《杜文秀》，《回族研究》2010 年第 1 期。

林荃：《杜文秀京控时间考》，《云南师范大学学报》（哲学社会科学版）
　　1985 年第 1 期。

李典蓉：《编户下的回民：以清朝杜文秀京控案为例》，《清史研究》2007
　　年第 2 期。

黄家信：《从被怀疑到受重用——云南回民起义时期的岑毓英》，《蒙自师
　　范高等专科学校学报》2000 年第 1 期。

施铁靖：《论岑毓英》，《广西民族研究》2009 年第 2 期。

黎瑛：《审时度势未雨绸缪——论中法战争前岑毓英的边防思想》，《中国
　　边疆史地研究》2008 年第 3 期。

杨伟兵：《宣统云南统县政区数目考》，《历史地理》第 22 辑，上海人民
　　出版社 2007 年版。

王文成：《近代云南边疆民族地区改土归流述论》，《思想战线》1992 年
　　第 6 期。

王文成：《土流并治在近代云南边疆的全面确立》，《云南师范大学学报》（哲学社会科学版）1993 年第 4 期。

马健雄：《哀牢山腹地的族群政治——清中前期改土归流与倮黑的兴起》，《中央研究院历史语言研究所集刊》2007 年第 78 本第 3 分册。

杨煜达：《清代中期滇边银矿的矿民集团与边疆秩序——以茂隆银厂吴尚贤为中心》，《中国边疆史地研究》2008 年第 4 期。

杨煜达：《嘉庆云南大饥荒（1815—1817）与坦博拉火山喷发》，《复旦学报》（社会科学版）2005 年第 1 期。

董枫：《明清县域地图与地方地理认知：以明清之际泰顺县域地图的分析为中心》，《复旦学报》（社会科学版）2012 年第 1 期。

陈元惠：《从国防与外交机构到特别行政区——清末民国时期云南对汛督办的设立与演变》，《中国边疆史地研究》2008 年第 2 期。

邓亦兵：《清末的巡防队与辛亥革命》，《社会科学战线》1981 年第 4 期。

郭世佑：《辛亥革命与清末"新政"的内在联系及其他》，《学术研究》2002 年第 9 期。

朱英：《清末新政与清朝统治的灭亡》，《近代史研究》1995 年第 2 期。

刘伟：《清末地方官制改革与辛亥革命》，《华中师范大学学报》（人文社会科学版）2001 年第 5 期。

关晓红：《种瓜得豆：清季外官改制的舆论及方案选择》，《近代史研究》2007 年第 6 期。

关晓红：《清季外官改制的"地方"困扰》，《近代史研究》2010 年第 5 期。

祝鸿基：《陆军第十九镇及云南讲武堂对云南辛亥革命的关系》，《云南文史资料选辑》第 1 辑，1962 年版。

《清末云南兵制概略》，《云南文史资料选辑》第 17 辑，云南人民出版社1982 年版。

李树东：《云南陆军小学堂概况》，《云南文史资料选辑》第 20 辑，云南人民出版社 1983 年版。

茅海建：《云南陆军讲武堂与辛亥云南起义》，《华东师范大学学报》1982 年第 3 期。

许新民、康春华：《张凯嵩事迹与〈抚滇奏疏〉的史料价值》，《西南古籍研究》2008 年刊，云南大学出版社 2010 年版。

许新民、康春华：《林绍年与〈林文直公奏稿〉概说》，《西南古籍研究》
　　2011 年刊，云南大学出版社 2012 年版。

康春华、许新民：《清末新政与云南辛亥革命》，载范建华主编《云南省
　　社科界纪念辛亥革命 100 周年文集》，云南大学出版社 2011 年版。

［日］石岛纪之：《近代云南的地域史》，《读书》2006 年第 4 期。

后　记

　　本书是在博士学位论文基础上修改、完善而来。记得博士论文杀青的日子，恰逢"倒春"寒潮退去。推开书房的窗户，院子里阳光明媚，春暖花开。三十多年的行走，足履及于大河上下、江头江尾，唯有云岭大地的春天来得格外之早，春意格外之浓。唐代先贤说"岂伊地气暖，自有岁寒心"，古人今人，相通相契。

　　博士论文的写成及顺利通过3位校外同行专家的匿名评审，首先要感谢导师陆韧教授，是她一手把我领进历史地理学大门。入学以来，陆师在学术上耳提面命，诲人不倦，身体力行，鼓励进取，生活上给予无微不至的关心。鉴于我是在职攻读学位，在单位上正常履行教学、科研、服务等各项岗位职责，陆师体谅难处，提供最大程度的方便和照顾，对我工作上遇到的问题以及如何克服工作、学业二者不能兼顾的思想顾虑，不断予以开导，付出热心、耐心、包容和支持。在数年的学习中，我耳濡目染陆师学科点和学术平台建设上深谋远虑，学术队伍培养上用心良苦，规划研究方向，创造各种研究条件，举办各类学术活动，追踪、介绍历史地理学界新理论、新方法和最新研究成果，使师生同人开阔眼界，得到锻炼，受益匪浅。在陆师的鼓励和垂范之下，我改变了做读书笔记和写作方面的传统方式，学会了做电子卡片和电脑写作，极大地提高了学习效率。我经常被陆师言谈举止中散发出来的浓厚学术兴趣，饱满的研究热情，全身心投入于学术事业的毅力和决心所熏陶、激励、感动。陆师给我们讲"君子之交淡如水""教练员训练登山运动员勇攀顶峰"，至今言犹在耳，振聋发聩。当我们还在微信朋友圈里秀恩爱，晒美食、美景、美颜照，分享"心灵鸡汤"，发布代购广告时，陆师成为积极使用微信平台推送学术信息的先锋，传递着满满的"正能量"。学位论文从酝酿方向、商讨选题、资料收集、调整构思、修改完善，陆师都倾注了大量心力，反复指点，分担压力，承担风险，帮助克服患得患失的心理。本书作为博士阶段学习成果与个人学术求索的阶段性小结，是与陆师的悉心指导密不可分的，当然，文责自负，书中出现的错误和缺陷要由作者本人承担。

会泽百家，至公天下。感谢云南大学为我提供优良的学习、研究、生活环境。问学云大期间，我有幸结识、结交了许多良师益友，历史地理学师门陈庆江教授、张轲风副教授、马琦副教授、刘灵坪博士为我们授课，指点迷津，带领学术考察，孜孜以求地帮助我们进步，文中所附地图由马琦副教授编绘，特此致谢。感谢林超民、林文勋、王文成、罗群、潘先林、秦树才、周琼、郑志惠、王世丽、马勇诸位老师的勉励和不吝赐教。凌永忠、杨海挺、钱秉毅、林晓燕、夏自金等师兄弟和我情同手足，时常切磋学问，增益新知，聂迅、彭洪俊替我处理了无数事务性工作。感谢赵小平、黎志刚、辛亦武、丁艳秋等道兄的古道热肠。

事非经过不知难。能够实现在职攻读博士学位的梦想，需要鸣谢我的工作单位云南师范大学各部门领导和历史与行政学院同人的支持、关怀。感谢邹建达、周智生、高建国、何跃、白云教授的照顾和提携，为我阻挡了许多人事纷扰和杂务琐事，尽量给我多一点时间安心思考、写作。朱端强、何磊教授引领我走上学习、研究云南史的道路，想方设法关心我、帮助我，让我深切感受到人间冷暖。纸短情长，还有很多没有列出名字的同事、家属、挚友以各种形式支持、祝福我，谨致以衷心谢忱和美好祝愿！

时光清浅，滑过指尖。我是改革开放时代同龄人，经历了从"赤脚下田"到"洗脚上岸"的巨大转变，见证了一个波澜壮阔的伟大变革时代，过往际遇如天光云影。未来有许多心愿，希望有机会去实现。世界变化那么快，话又何必说得那么远那么满呢？走笔至此，遥想起我早年在村小学读书的时候，父亲曾用一种调侃口气说："你读书要读快一点，校园里那棵老樟树快要倒了。"幸运的是，我赶在树倒之前毕业了，不幸的是，那棵百年树龄的香樟终究还是被村里人伐倒当柴烧了。谨以这段往事铭记父母双亲的养育之恩。

特别鸣谢云南省哲学社会科学规划办资助著作出版。中国社会科学出版社编辑刘芳女士待人诚恳，热情相助，从申报选题到编审、排版和装帧设计均付出了辛勤、细致、专业的劳动，在此表示衷心的感谢！交稿前，云南省社会科学院康春华研究员对全书纪年、页下注释和参考文献进行了校核。由于作者才疏学浅，书中肯定存在许多不当之处，祈盼读者惠予教正。